DE L'ÉVOLUTION

DE LA CONDITION-JURIDIQUE

DES

EUROPÉENS EN ÉGYPTE

THÈSE POUR LE DOCTORAT

PAR

Henri LAMBA

PARIS

LIBRAIRIE NOUVELLE DE DROIT ET DE JURISPRUDENCE

ARTHUR ROUSSEAU

ÉDITEUR

14, rue Soufflot, et rue Toullier, 13

1896

THÈSE

DE :

DOCTORAT

THÈSE

DE :

DOCTORAT

DE L'ÉVOLUTION
DE LA CONDITION JURIDIQUE
DES
EUROPÉENS EN ÉGYPTE

THÈSE POUR LE DOCTORAT

L'ACTE PUBLIC SUR LES MATIÈRES CI-APRÈS

Sera soutenu le Samedi 25 Juillet 1896, à 1 heure

PAR

Henri LAMBA

Président : M. L. RENAULT.

Suffragants : { MM. LAINÉ, WEISS, } *professeurs.*

PARIS

LIBRAIRIE NOUVELLE DE DROIT ET DE JURISPRUDENCE

ARTHUR ROUSSEAU

ÉDITEUR

14, rue Soufflot, et rue Toullier, 13

1896

TABLE DES MATIÈRES

CHAPITRE IV

Projets d'extension de la Réforme.
Commission Internationale de 1890.

ANNEXES

AVANT-PROPOS

L'histoire judiciaire de l'Egypte dans ses rapports avec les Etats étrangers, depuis leur début jusqu'à la fin de ce siècle, a suivi une évolution qui peut se scinder en trois phases :

Le droit des capitulations, le droit coutumier, le droit égyptien mixte.

Le droit des capitulations embrasse deux périodes : la première comprend les capitulations particulières accordées isolément à certaines villes du littoral méditerranéen ; la seconde, inaugurée par la capitulation française de 1535 entre François Ier et le Grand Soliman, comprend, au contraire, des capitulations d'intérêt général signées de nation à nation. C'est dans cette seconde période que se place l'application la plus rigoureuse du droit capitulaire, sous la forme de juridictions consulaires rendant la justice civile et pénale sur les étrangers soustraits à l'autorité locale. Ce qui la caractérise, c'est un abandon partiel du droit régalien de justice par l'autorité territoriale, abandon que deux ordres d'idées expliquent : les intérêts commerciaux et la personnalité des lois au moyen âge.

Le droit coutumier repose tout entier sur l'application du principe « *actor sequitur forum rei* ». Les événements politiques et militaires dont l'Egypte a été le théâtre au commencement du XIXe siècle, en brisant les règles trop étroites de la constitution des colonies sous le régime précédent, ont permis à des usages particuliers de s'implanter au profit d'étrangers dont le nombre allait sans cesse croissant. Ce droit coutumier affecte moins la loi elle-même que la juridiction, les impôts et la propriété. Elargissant les capitulations, il entraîne devant les juridictions consulaires, les indigènes dans leurs rapports avec les étrangers, et règlemente jusqu'au sort de la propriété foncière possédée par les Européens. Un mot le caractérise : l'anarchie judiciaire.

Le droit égyptien mixte est né, en 1875, d'une réaction de l'autorité territoriale dépossédée par ces usages d'une partie des droits que les traités lui avaient laissés. Les capitulations et les usages avaient constitué, au profit des Européens, un régime d'exception. Aux garanties que cette situation leur donnait, le Souverain a offert de substituer une institution dans laquelle l'élément indigène et l'élément étranger étaient combinés pour rendre la justice entre étrangers de nationalité différente et entre indigènes et étrangers. La juridiction consulaire, sauf en matière pénale, est remplacée par des tribunaux « *égyptiens* » par l'investiture qu'ils reçoivent du Khédive, « *internationaux* » par la nationalité de leurs membres et la législation mixte qu'ils appliquent. Si cette juridiction représente l'abrogation des usages et constitue par là un retour aux principes du droit public qui veut que chaque Etat soit maître chez lui, elle n'en occupe pas moins une position unique dans l'histoire des institutions judiciaires (1). Autorité absolue et sans contrôle, pouvoir législatif autant que judiciaire, sa tendance est de se développer le plus possible dans un esprit de protection des intérêts occidentaux.

Telles sont les trois phases judiciaires que les Européens ont parcourues dans ce pays. En en clôturant l'étude, nous n'avons pu nous empêcher d'exprimer le vœu que le vingtième siècle voie s'ouvrir une phase nouvelle : « Une justice unique appliquant une loi égale pour tous ». La juridiction mixte ne saurait être en effet le dernier mot de l'évolution historique ; ce serait l'immobilité. Un pas reste encore à franchir : une magistrature et des tribunaux véritablement égyptiens, inspirant une confiance égale aux indigènes et aux étrangers. C'est un devoir de justice d'y coopérer ; son heure n'a pas encore sonné, mais il est permis de l'entrevoir, dans cette grande loi du progrès qui règle la marche des institutions juridiques comme celle des sociétés.

(1) Rapport de Lord Cromer, du 29 mars 1891. *Blue-Book Egypt,* 1891, nº 3.

CHAPITRE PREMIER

SECTION I

EXPLICATION HISTORIQUE ET SCIENTIFIQUE DU PRIVILÈGE DE JURIDICTION.

Si l'on a pu dire que l'Orient fut le berceau des nations, on peut dire que l'Égypte est le berceau des consulats. Plusieurs siècles avant l'ère chrétienne, on y voyait, comme aujourd'hui, des étrangers soumis à leurs lois propres et jugés par des magistrats à eux (1). Étudier dans un pays où elle plonge des racines aussi invétérées, une institution qui porte atteinte à la plus belle prérogative de la souveraineté : le droit de rendre justice, présente donc un attrait juridique tout particulier. Et, bien qu'on ne puisse saisir d'une manière complète son développement que dans l'étude parallèle de l'histoire du commerce, nous ne remonterons ni aux *proxènes* de l'époque grec-

(1) 526 ans avant J.-C., le roi Amasis avait concédé aux marchands grecs le droit d'avoir des magistrats chargés de juger d'après les lois de la Grèce leurs nationaux commerçants en Égypte. V. FERAUD-GIRAUD. — Miltilz, *Manuel des Consuls*, t. I, liv. I, chap. 2.

que, ni au *prætor peregrinus* de l'époque romaine, ni
même aux consuls installés au moyen âge dans les principales villes d'Europe et rendant la justice à leurs nationaux selon leurs lois propres, sans ingérence de la justice
locale (1). Quant aux consulats d'Orient, les recherches
antérieures aux croisades sont généralement controversées
et présentent trop peu d'intérêt pratique pour que nous
nous y arrêtions (2) ; celles qui suivent sont trop connues
pour qu'il ne suffise pas, au point de vue historique de
cette étude, de rappeler qu'en 1173, Saladin, roi d'Égypte,
accorda à la République de Pise le premier traité connu
sous le nom de capitulation, et qu'on fait remonter à Saint-
Louis, en 1251, l'institution du premier consul permanent
à Alexandrie. Après les républiques italiennes de Pise,
Gênes, Venise et Florence, qui eurent de bonne heure des
relations commerciales très étendues avec les Arabes,
l'empire grec et les Turcs, les villes du Midi de la France
qui s'étaient organisées en associations communales et
commerçantes indépendantes de la couronne, Montpellier,
Marseille, Narbonne, etc..., obtinrent des différents ports

(1) Les marchands arabes avaient obtenu le même privilège en
Chine. Au IXe siècle, ils se trouvaient établis en nombre si considérable à Kanfou (Canton) qu'ils obtinrent d'y avoir un cadi de leur
choix pour juger leurs différends selon les lois mahométanes et une
mosquée pour leur culte. Sir Travers-Twiss Q. C., qui rapporte ce fait,
dit qu'il résulte du témoignage d'un célèbre historien, Ali-Aboul
Hassan Mas Oxdy, mort en Egypte en 956 et dont le manuscrit
est conservé à la bibliothèque nationale de Paris. (Travers-Twiss.
Le Droit des Gens, t. I, p. 420 et s.). V. aussi Feraud-Giraud. *De la
Juridiction française dans les Échelles du Levant*, t. I, p. 30.

(2) *Relations de Charlemagne avec le Khalife Aaroun-el-Raschid
aux VIIIe et IXe siècles.-Vita Caroli Magni per Eginhardum scripta*,
p. 95; *Chroniques de Saint-Denis*, liv. II, p. 250, cités par Feraud-
Giraud.

du Levant des traités qui protégeaient les intérêts de leur commerce.

Marseille, ancienne colonie grecque de l'Asie Mineure, avait, pendant les croisades, rivalisé d'activité avec Gênes et Venise; grâce au privilège qu'elle avait obtenu des rois de Jérusalem, droit d'avoir, dans chaque ville de Syrie, une rue, une église, un four, etc.; grâce aux comptoirs français qu'elle n'avait cessé de maintenir dans l'Archipel, en Syrie, en Egypte surtout, les relations commerciales de ces contrées avec la France ne s'étaient jamais interrompues. Les contestations qui naissaient entre les marchands et marins allant aborder dans ces ports étaient tranchées par des magistrats spéciaux généralement élus par les négociants et qui portaient le nom de consuls. « Dix Marseillais réunis en pays étranger pouvaient élire un consul » (1).

La législation qu'ils appliquaient était une législation spéciale appropriée aux intérêts mercantiles que les croisades avaient développés. Des ordonnances faites d'emprunts au code des Rhodiens et à celui du Bas-Empire, placées sous la puissance protectrice des Templiers et des Hospitaliers, ordonnances approuvées par Louis VI et revisées par Louis IX, réglementaient la navigation des Francs dans le Levant (2). Les successeurs de Saint-Louis, Philippe-le-Hardi, Louis XI, Louis XII, par les bons rapports qu'ils eurent soin d'entretenir avec les sultans d'Egypte, avaient obtenu, pour les négociants du Languedoc et de la Provence, la confirmation de la protection accordée au commerce français dans les Echelles.

(1) MONTREUIL. *Consulats Marseillais dans le Levant*. 1859.
(2) Théophile LAVALLÉE. *Histoire de la Turquie*, t. I, p. 309.

Les consuls (appelés bailes ou vicomtes), après avoir été élus par leurs compatriotes, dont ils étaient les fondés de pouvoirs, insensiblement étaient devenus les représentants des associations communales ou commerçantes des villes méditerranéennes auxquelles se rattachaient, comme autant de groupes isolés, les petites colonies établies en Orient.

Entretenu par la ville dont relevait la colonie, le consul était chargé de veiller à l'exécution des traités ; aux yeux des Musulmans, il était le représentant de tous les chrétiens que l'on désignait sous le nom de Francs. Son rôle consistait surtout à trouver des débouchés aux marchandises apportées par ses compatriotes et à leur faciliter l'achat de marchandises à remporter ; il avait aussi à défendre les intérêts des commerçants, dont la position était parfois rendue fort difficile par leur double titre d'étranger et de chrétien. Quant à la juridiction que, dans cette période embryonnaire des consulats, les consuls, en leur qualité d'agents commerciaux, pouvaient exercer, c'était une juridiction purement amiable. Ils avaient le droit de juger, mais non celui de contraindre. Payés par les négociants qui les nommaient, ces juges marchands ne statuaient donc entre eux que comme arbitres.

Dans cette première période des capitulations qui va jusqu'au XVI⁰ siècle, on ne voit que des villes maritimes traiter isolément, pour leur compte propre, avec les ports du Levant.

Mais tandis qu'aux XIII⁰ et XIV⁰ siècles, la supériorité, dans les relations commerciales, avait appartenu surtout à Pise et à Florence (1), en 1307, les marchands marseil-

(1) Au XIV⁰ siècle, les Florentins donnant à leurs manufactures de

lais et catalans obtinrent du sultan d'Egypte, Khamsou-
Ghavri, des privilèges renouvelés par Selim en 1517, lors
de la conquête qu'il fit de l'Egypte, et confirmés par son
fils Soliman en 1528. C'est dans ces privilèges que l'on
retrouve les éléments de la capitulation de 1535, à l'aide de
laquelle ces intérêts commerciaux, particuliers jusque-là aux
villes du littoral méditerranéen, vont se généraliser. Avec
François Ier commence une seconde période. Désormais,
c'est directement entre le sultan et le roi de France, et
tous les États chrétiens successivement, que vont se signer
les conventions importantes qui forment le droit public
externe de la Turquie et qui portent dans l'histoire le nom
de « Capitulations » (1). De restreintes qu'elles étaient restées à quelques centres de commerce, elles forment subi-
tement la base d'une politique nouvelle dont l'honneur
revient à la France.

Après la bataille de Pavie, qui avait vu sombrer toutes
ses espérances, François Ier entra en relations avec Soliman, qui, de son côté, réserva le plus encourageant
accueil à ses ambassadeurs. Jean de la Forêt n'eut donc
pas de peine à conclure avec le puissant monarque, en
1535, une alliance qui, sous les apparences de clauses
réglementant le commerce, cachait un traité politique (2).
Mais le fanatisme qui, dans les deux camps, avait survécu

drap et de soierie une supériorité décidée, étendent au loin leurs relations et leurs échanges; ils viennent à Alexandrie et partagent avec
les Vénitiens le commerce que faisaient auparavant ceux-ci sans concurrence. Ils établissent des banques et prennent un rang distingué
parmi les nations commerçantes de l'époque. *Description de l'Egypte*
par PANCKOUCKE. 1826. T. XVIII.

(1) « Capitulations », ce mot vient de ce que l'acte était divisé par
petits chapitres : *capitula.*

(2) V. Théophile LAVALLÉE. *Histoire de la Turquie,* t. I, p. 306.

aux croisades était encore tel que ce traité, un des événements les plus importants de l'histoire, fut signé comme
en cachette de l'Europe à qui l'on n'osait pas avouer qu'une
entente pût s'établir entre les fils des Croisés et les secta-
teurs du Coran. Et de fait lorsqu'on sut qu'un roi de
France avait pactisé avec les Turcs, ce fut une réproba-
tion générale. Mais peu à peu le calme se fit dans les
esprits ; on s'habitua à l'idée d'une alliance qui relevait la
fortune militaire de la France contre les armes de Charles-
Quint en même temps qu'elle permettait au commerce
français de pénétrer en Orient avec des avantages et des
honneurs que nul jusque-là n'avait obtenus. Le revirement
fut même assez brusque lorsqu'on apprit que loin de garder pour lui seul ces avantages, François Ier en avait
stipulé le bénéfice pour la chrétienté tout entière. La
capitulation de 1535 réserve en effet formellement au pape
et aux rois d'Angleterre et d'Écosse le droit de se prévaloir
des avantages accordés par le sultan, et, en second lieu,
tous les Européens voyageant ou trafiquant en Turquie
sous la bannière de la France, purent se réclamer des
mêmes garanties. « A cette époque la France demeura,
dit M. Mancini (1), presque l'unique anneau de conjonction
avec l'Empire musulman et la seule sauvegarde des populations catholiques et de la civilisation européenne. C'est
dans cette mémorable période que la politique de la France
dans le Levant mérite l'admiration et la reconnaissance de l'Europe entière. Des capitulations couvraient
réellement de leurs garanties non seulement les Français,
mais encore les Européens trafiquant ou voyageant sur le

(1) Rapport présenté à la Chambre des députés d'Italie par
M. MANCINI, rapporteur de la Commission sur la Réforme judiciaire
en Egypte, Rome. 1875.

territoire ottoman » (1). En retour, un droit de préséance était reconnu à l'ambassadeur du roi de France, qui avait le pas sur tous les ambassadeurs, et à son consul sur tous les consuls (2); en outre les Français jouissaient de certaines exonérations d'impôts et de réductions dans les droits de douane.

Aussi l'exemple de la France fut-il bientôt suivi par tous

(1) Au début, sauf les Vénitiens et plus tard les Anglais, tous les étrangers devaient se placer sous la protection de la France pour voyager et trafiquer en territoire ottoman. La capitulation française de 1581 s'exprime ainsi :

« Que, les Véniciens en hors, les Génois, Anglais, Portugais, Espagnols, Catalans, Siciliens, Anconitains, Ragusois, et entièrement tous ceux qui ont cheminez soubs le nom et la bannière de France, d'ancienneté jusqu'à ce jourd'huy, et en la condition qu'ils ont cheminez, d'ici en avant, ils aient à y cheminer de la même manière. »

Capitulation française de 1604 :

« ART. 2. Que les Vénitiens et Anglais en hors, les Espagnols, Portugais, Catalans, Ragusois, Génois, Anconitains, Florentins et généralement toutes autres nations quelles qu'elles soient, puissent librement venir trafiquer par nos pays, *sous l'aveu et sûreté de la bannière de France, laquelle ils porteront comme leur sauvegarde;* et, de cette façon, ils pourront aller et venir trafiquer par les lieux de notre empire, comme ils y sont venus d'ancienneté, *et qu'ils obéissent aux consuls français,* qui résident et demeurent par nos havres, ports et villes maritimes. Nous commandons aussi que les sujets dudit empereur et ceux des princes ses amis, alliés et confédérés, puissent, sous son aveu et protection, venir visiter librement les saints lieux de Jérusalem, sans qu'il leur soit fait ou donné aucun empêchement.

« ART. 4. Derechef nous commandons que, les Vénitiens et Anglais en hors, toutes les autres nations ennemies de notre Grande Porte, lesquelles n'y tiennent ambassadeur, voulant trafiquer par nos pays, elles ayent d'y venir sous la bannière et protection de la France, sans que jamais l'ambassadeur d'Angleterre ou autres ayent de s'en empescher. »

. (2) Capitulations de 1581, 1597, 1604, 1740.

les pays de la chrétienté, qui, peu à peu, s'affranchirent de l'appui qu'elle leur avait donné : tous recherchèrent l'amitié de la Turquie et successivement tous obtinrent des capitulations analogues : l'Angleterre en 1579, la Hollande en 1598, l'Empereur des Romains comme roi de Hongrie 1615, Russie 1700, Suède 1737, Naples 1740, Danemark 1756, Prusse 1761, Espagne 1782, Amérique 1830, Belgique 1838, Confédération germanique 1840, Portugal 1843, Grèce 1854.

Que sont exactement les capitulations ? Ce sont, pour nous servir d'une expression de l'époque, des chartes de privilège, c'est-à-dire des actes qui garantissent aux Européens, en pays musulmans, certains droits et certaines immunités qui les soustraient à l'action de l'autorité locale. Elles n'ont pas la forme de traités proprement dits ; l'orgueil ottoman semblait ne pas vouloir traiter d'égal à égal avec les chrétiens, et c'est sous la forme d'ordre, — hatti-chérif, — émané du sultan, que ces concessions ont été publiées. On a, par suite, beaucoup discuté sur le caractère unilatéral ou synallagmatique de ces actes ; mais la nécessité de les renouveler à l'avènement de chaque sultan ; les privilèges nombreux et importants qu'ils contenaient et qu'on ne peut expliquer que comme des faveurs et non comme des démembrements de la souveraineté de sultans alors très puissants ; l'absence de cette réciprocité qui est la base des traités ; le style même employé, sont autant d'arguments décisifs en faveur de la thèse qui soutient qu'il n'y avait là qu'un accommodement de faveur concédé à titre temporaire et gracieux (1). La Porte a

____

(1) V. Féraud-Giraud. — V. en sens contraire Gavillot, *Essai sur les droits des Européens*. 1875.

donc toujours soutenu que ces actes étaient unilatéraux, et par conséquent révocables; mais ce caractère ne peut plus leur être reconnu depuis la capitulation de 1740 qui constate nettement le caractère synallagmatique de stipulations « discutées, traitées et réglées en bonne et due forme ». D'autre part les différents traités intervenus au cours de ce siècle entre la France et la Turquie, en 1802, 1838 et 1861, ayant confirmé les capitulations, la Porte se trouve liée aujourd'hui par un acte bilatéral.

Les principes que ces capitulations reconnaissent, et dont on peut dire qu'ils inaugurèrent un droit des gens entre chrétiens et musulmans, peuvent se résumer ainsi :

1º Liberté respective pour les sujets du roi de France et du Grand Seigneur d'aller et de naviguer dans tous les ports de leurs États et d'y acheter, vendre, transporter toutes sortes de marchandises non prohibées, en payant les droits ordinaires ;

2º Reconnaissance aux consuls du roi de France de pouvoir, au civil comme au criminel, à l'exclusion des Cadis, juger selon leur foi et loi les différends nés entre les sujets du roi, et *obligation pour les officiers du Grand Seigneur de prêter main-forte à l'exécution des jugements des consuls ;*

3º Dans les différends entre Turcs et Français, défense, en matière civile, de juger les sujets du roi hors la présence de leur drogman, et, en matière criminelle, de les traduire devant les tribunaux ordinaires des Cadis ;

4º Remise aux consuls des successions des Français morts intestat ;

5º Liberté complète de conscience et libre exercice du culte garantis dans les églises et lieux saints de la Palestine.

La liberté de conscience, la liberté individuelle, la liberté commerciale, tels sont, on le voit, les droits primordiaux garantis par les capitulations. Mais par une série de concessions accessoires dont la plus importante était l'exemption de toute contribution personnelle et de divers impôts, il en résultait tant de dérogations au droit commun, qu'il ne fallait rien moins que toute l'amitié et toute l'estime du sultan Soliman pour François Ier et son désir ardent de se liguer avec lui dans la lutte contre l'Empereur, leur ennemi commun, pour les lui accorder.

Sous beaucoup de rapports elles donnaient en effet aux européens dans l'empire ottoman plus de droits et de libertés que n'en possédaient les Ottomans eux-mêmes. Mais ce qu'il est intéressant pour nous de dégager des capitulations de cette seconde période, c'est la double transformation qui s'opère dans le rôle des consuls. Ils cessent tout d'abord d'être les représentants de commerce de certaines villes pour devenir les agents du roi. Nommés par le pouvoir central, entourés d'honneurs et de prérogatives personnelles, ils deviennent de véritables fonctionnaires publics représentant leur pays. En même temps, leur juridiction, de volontaire qu'elle était, devient obligatoire; le sultan la reconnait comme légitime au civil et au criminel; il ordonne à ses officiers d'y prêter main-forte et défend aux cadis de juger les étrangers : « Que toutes fois que « le roy mandera à Constantinople ou Péra et autres lieux « de ceste empire ung baille, comme de présent il tient un « consul en Alexandrie, que lesdits bailles et consuls « soient acceptés et entretenuz en authorité convenante, « en manière que chacun d'eulx en son lieu et sellon leur « foy et loy, sans qu'aucun juge, caddi, sousbassy, ou « autre empêche, doibve et puysse ouyir, juger à terminer

« tant en civil qu'en criminel toutes les causes, procès et
« différans qui naistront entre marchands et autres subjets
« du roy. Seullement et au cas que les ordonnances et
« sentences desdits bailles et consulz ne fussent obeyes,
« et que pour les faire exécuter ils requissent les sous-
« bassy ou autres officiers du G. S. ; lesdits sousbassy et
« autres requis devront donner leur aide et main-forte
« nécessaire, non que les caddis ou autres officiers du
« G. S. puyssent juger aulcuns différans des dicts mar-
« chans et subjets du roy, encore que lesdits marchands
« le requissent, et si d'adventure, lesdits caddis jugeoient,
« que leur sentence soit de nul effet » (Capitulation de
1535).

Tel est l'article initial du privilège de juridiction *comportant force coactive aux sentences des consuls.*

Mais en autorisant le chef de ces marchands à rendre la
justice entre eux, en assurant à ses sentences la force
exécutoire sans laquelle sa justice restait jusque-là lettre-
morte, en un mot en permettant à ces étrangers de ne
relever que de leurs lois, de leurs usages et de l'autorité
protectrice de leurs magistrats nationaux, le sultan se dou-
tait-il de l'empiètement qu'il venait de consentir sur ses
droits de souverain ? Non, et il n'est même pas téméraire
d'affirmer que ni l'un ni l'autre des contractants ne comprit
la portée du Hattichérif de 1535. L'Europe, par contre,
devait, dans la suite, se charger de lui donner une extension et une interprétation si favorables à ses intérêts que
ce droit de protection des consuls et leur juridiction, dépassant les limites primitives, iraient un jour s'étendre jusque
sur les sujets du sultan lui-même.

A partir de 1535, les Francs purent donc voyager ou
résider dans les Échelles du Levant avec certaines garanties

de droit pour l'exercice de leur religion, de leur commerce et la sécurité de leur personne, que ne leur assurait pas jusque là le simple droit des gens d'une époque où le fanatisme était déchaîné en Europe, en Afrique et en Asie.

Mais si le traité de 1535 est né des combinaisons du roi de France et du Sultan ligués contre l'Empereur, la politique ne suffirait pourtant pas à elle seule à l'expliquer. Même à l'apogée de sa puissance et alors que ses armées faisaient trembler l'Europe, le Sultan n'eût pu faire entrer dans la pratique, des relations nouvelles, basées sur les concessions que nous connaissons, si des intérêts plus profonds et plus durables ne leur en avaient depuis longtemps préparé le terrain. Les nombreux rapports que les croisades avaient fait naître dans cette poussée formidable de l'Occident contre l'Orient avaient fait, qu'en se rencontrant plus souvent, on se connaissait davantage ; des nécessités religieuses et des raisons économiques avaient peu à peu créé, entre musulmans et chrétiens, un terrain neutre où s'était amorti le choc des deux races dont le contrat avait donné naissance à tant de conflits sanglants. C'est l'explication de ces différents facteurs de rapprochement qui va nous permettre de saisir la raison des privilèges contenus dans les capitulations.

A. — Précédents religieux.

Le privilège de juridiction était intimement lié à la liberté de conscience et celle-ci s'appuyait sur des précédents historiques qui, dès l'origine, avaient amené les princes musulmans à user de beaucoup de modération envers les chrétiens. Ils avaient compris que, pour des sociétés juxtaposées et impénétrables l'une à l'autre, le seul moyen de les protéger contre leurs préjugés et leurs excès était de les isoler dans le respect de leur vie intime en leur laissant le seul régime qu'elles pussent supporter. Par la force même des choses, la faculté de conserver leurs usages et leurs lois avait donc été concédée aux sujets chrétiens tributaires de l'empire. « Dans une capitulation accordée « par le calife Omar, second successeur de Mahomet, aux « chrétiens de Jérusalem, en 636, et rapportée dans le « *Journal des Voyages*, t. IX p. 259, et Miltitz, t. II, p. « 500, il est fait mention d'un acte du Prophète, ména-« geant les chrétiens et leur accordant sûreté (1). »

Puis, régulièrement, au cours de leur invasion, le respect des lois et de la religion des vaincus était promis comme une des conditions de la soumission aux villes et provinces qui se rendaient devant les armes des Turcs. Il suffit de rappeler ce qui se passa à la chute de Constantinople : les Grecs conservèrent leurs églises, le libre exercice de leur culte, leur administration de communauté séparée, en quelque sorte, de la nation conquérante : « Mohamed II, dit M. Féraud-Giraud, nomma à Constantinople, un patriarche grec, chef de la nation, président du synode et juge suprême de toutes les affaires civiles et religieuses des Grecs. Les Arméniens ont, à Constantinople, Césarée et Jérusalem, trois patriarches investis du droit de juger les affaires civiles ; et même le pouvoir de répression des crimes et délits, quoique réservés par les lois aux tribunaux turcs, en fait est souvent exercé par les Patriarches. Les Juifs ont également leurs tribunaux,

(1) FÉRAUD-GIRAUD, *De la juridiction française dans les Échelles du Levant*, t. I, p. 36. — L'authenticité de ce document n'a pourtant pas été établie. V. *Dictionnaire de la Politique*, de BLOCK, p. 302.

et un triumvirat, composé de trois rabbins, leur sert de tribunal suprême à Constantinople. Ces privilèges sont plus ou moins étendus suivant que les différences de culte, de mœurs, d'habitudes sont plus tranchées. »

Ainsi, aux premiers jours de l'Islam, on voit les religions dissidentes pratiquées librement parmi les sujets de la Porte. Inspirée par la sagesse ou due à une habile tolérance, cette pratique était devenue un principe. Il était difficile, d'ailleurs, qu'il en fût autrement à une époque où la juridiction confessionnelle était universellement admise, parce que le caractère théocratique de la loi ne permettrait pas d'en faire application à des infidèles sans la profaner. Plus ou moins fidèlement suivie dans le cours des siècles, cette tradition est, aujourd'hui, consacrée dans l'Empire ottoman, par le Hatti Humayoun de 1856, qui en garantit l'exercice de droit (1).

La politique des sultans vis-à-vis des populations chrétiennes soumises à leur sceptre par la conquête était donc basée sur une égalité de traitement entre leurs sujets musulmans et non musulmans. Or, dans les idées musulmanes, la loi civile se confondant avec la loi religieuse, cette égalité eût cessé d'exister si les chrétiens avaient été obligés de porter les contestations dépendant de leurs lois religieuses devant des juges musulmans. « Les musul-« mans, dit M. Renault (2), se font du droit et de la jus-« tice une idée toute différente de la nôtre ; pour eux,

____

(1) Hatti Humayoun de 1856 : « Le culte de toutes les croyances et religions existants dans mes États y étant pratiqué en toute liberté, aucun de mes sujets ne sera empêché d'exercer la religion qu'il professe. »

(2) L. RENAULT, *Bulletin de la Société de Législation comparée.* mai 1875, p. 258.

« c'est une partie de la religion. Ils ne pouvaient donc,
« ajoute M. Laget (1), avoir la pensée de communiquer
« leur droit aux infidèles, alors même qu'ils entretenaient
« avec eux des relations pacifiques ; en vertu de la sain-
« teté de leur loi civile, ils devaient permettre aux chré-
« tiens de vivre sous l'empire de leurs lois personnelles,
« et, au besoin, les y obliger. C'était pour eux à la fois
« un acte de dignité et de foi religieuse. »

Il semblait donc naturel à la Sublime-Porte de laisser à
chaque communauté, en même temps que sa foi, sa juridiction spéciale, sa législation et ses chefs particuliers. Le
contraire eût amené cette antinomie de faire juger des infidèles par la loi musulmane essentiellement religieuse et
réservée aux seuls croyants. Ce n'est là qu'une application
du principe dominant alors de la personnalité des lois,
principe de droit commun au moyen âge, pénétré du particularisme des petites cités et des petites patries. Partout
où ils étaient établis à l'étranger, les négociants formaient
des communautés autonomes s'administrant elles-mêmes ;
et, moins exclusive qu'aujourd'hui, la loi territoriale admettait couramment cet usage dont ne pouvait se froisser la
susceptibilité des États où se rencontraient des différences
très grandes de civilisation avec les mœurs de ces étrangers. Les rois de Jérusalem, de Chypre et d'Arménie,
l'empire Grec, les comtes d'Antioche permirent aux négociants des villes maritimes, Gènes, Venise, Marseille,
Montpellier, etc., d'avoir des colonies formant un quartier
séparé, administré par leurs magistrats nationaux ayant
entre autres privilèges le droit de juger leurs diffé-

____

(1) L. LAGET, *De la condition juridique des Français en Egypte,*
1890 (thèse), p. 16.

rends (1). Les princes musulmans n'en agirent pas autrement envers eux ; ç'eût été d'ailleurs demander aux étrangers d'abdiquer leur caractère national, que de vouloir les faire obéir aux lois musulmanes, et cette exigence eût rendu les relations impossibles.

Il fallait donc ou exclure les étrangers ou autoriser en leur faveur un régime exceptionnel leur permettant de vivre sous l'empire de leurs lois propres. C'est ce qui fait dire à M. Feraud-Giraud que l'institution des justices extraterritoriales dans les États hors chrétienté est en quelque sorte plus que conventionnelle ; elle est imposée par une nécessité qu'il faut subir à moins de renoncer à tous rapports entre certaines nations (2).

Par conséquent le privilège de juridiction préparé déjà par la juridiction arbitrale dont les républiques italiennes avaient la possession séculaire, trouve sa première explication dans le caractère théocratique de la loi musulmane, et sa raison d'être dans la différence profonde des mœurs et des religions compliquée de l'aversion générale contre les étrangers.

B. — Intérêts économiques.

Si les croisades avaient rapproché l'Orient et l'Occident par la guerre, le commerce, en effaçant les haines de race et de religion, les rapprocha par la paix. L'évolution en fut lente, et les premiers marchands qui succédèrent

---

(1) V. *Répertoire général alphabétique de Droit français*, au mot : « Capitulations d'Orient. »

(2) *Les Justices mixtes dans les États hors chrétienté*, par FERAUD-GIRAUD, Paris, 1884.

aux croisés furent les pionniers d'une œuvre difficile.

. Alors que faire le commerce était pour les étrangers un privilège (1), puisque l'état normal était la guerre, ils vivaient entre eux, renfermés, dit Volney (2), dans un grand cul-de-sac, sans beaucoup de communications au-dehors et les craignant même. Le plus souvent groupés dans un caravansérail, composé au rez-de-chaussée de magasins donnant sur une cour intérieure où les marchands étalaient leurs marchandises, où se trouvaient la boucherie, le four, le bain ; au premier étage le consulat, la chapelle et le logement des pèlerins, ils passaient là trois ou quatre mois, dans cet enclos fermé, le temps d'écouler leurs marchandises et d'en remporter d'autres.

En dehors de ces relations commerciales, qui la plupart du temps ne donnaient lieu qu'à des achats et ventes au comptant, ces étrangers pouvaient, s'ils le voulaient, n'avoir aucun rapport avec la population musulmane qui les entourait. Et quand le soir, on fermait les portes et l'on tendait les chaines, dans cette cité rendue inaccessible, ils pouvaient vraiment se considérer chez eux, à l'ombre de leur drapeau (3).

Le temps des croisades était passé. Peu à peu le com-

(1) « On ne pourra forcer les marchands français à prendre contre leur gré certaines marchandises et ils ne seront point inquiétés à cet égard ». (Capitulation de 1535, reproduit dans l'art. 21 de la capitulation de 1740).

(2) VOLNEY, *Voyage en Egypte*, 1786.

(3) « Le Caire renferme de superbes bains publics et de vastes okals : ce sont des bâtiments carrés, construits autour d'une grande cour avec un portique qui soutient une galerie tournante. Le rez-de-chaussée est composé de spacieux magasins. Au-dessus règne un étage qui contient des appartements nus et sans ornement. Les étrangers habitent ces okals et y déposent leurs marchandises. Une seule porte

merce prenait une extension qui devenait la base avouée
des nouveaux rapports entre l'Orient et l'Occident. On
comprenait en Europe, dit Ampère, que tout n'était pas
mauvais chez les musulmans et les musulmans s'accoutu-
maient à traiter les chrétiens avec certains égards ; ainsi
on s'acheminait vers l'abaissement des barrières qui par-
quaient les hommes en fractions ennemies et dont chaque
jour voit tomber quelqu'une (1). En inaugurant une politique commerciale empreinte d'un libéralisme inconnu
au moyen âge, la capitulation de 1535 donnait donc corps
à un besoin de rapprochement ressenti de part et d'autre,
lorsqu'elle stipulait que « *Lesdit subgets et tributaires
desdits seigneurs pourront, respectivement achepter,
vendre, charger, conduire et transporter par mer et par
terre d'un pays à l'autre toutes sortes de marchandises
non prohibées en payant les accoustumées et antiques daces
et gabelles ordinairement seulement, assavoir les Turcqs
au pays du roy comme payent les Françoys, et lesdits
Françoys au pays du G. S. comme payent les Turcqs,
sans qu'ils puyssent estre contraintz à payer aucun
autre nouveau tribut, imposition ou angarié* » (2).

Par sa position géographique entre les trois grandes
parties de l'ancien monde, par la richesse et la variété de

semblable à celle d'une citadelle les met à l'abri de toute insulte dans
les temps de révolte. Ces kans sont les seules hôtelleries que l'on
trouve en Egypte. On est obligé de les meubler et d'y préparer sa
nourriture, car dans ce pays on ne trouve point un dîner pour de
l'argent. » (SAVARY, *Lettres sur l'Egypte*, 1785, p. 107).

(1) AMPÈRE, *Voyage en Égypte*, 1868.

(2) La capitulation de 1569 est intitulée : « *Articles accordez par
le Grand Seigneur en faveur du Roy et de ses subjets à messire
Claude du Bourg, chevalier... pour liberté et seurté du trafficq,
commerce et passage es pays, es mers de Leuant* ».

ses produits agricoles qui en avaient fait le grenier de
Rome, par la douceur de son climat et la fascination
qu'exerçait sur les Européens l'antiquité de sa civilisation,
l'Egypte, plus que toute autre partie de l'Empire, devait
les attirer à elle. En ce qui concerne la France, afin de
ne pas compromettre la liberté d'aller et venir que les
capitulations avaient accordée si complète, la Chambre de
commerce de Marseille la réglementa. Elle prit la charge
et la direction des établissements français des Échelles.
Nul n'y pouvait venir s'il n'était majeur de vingt-cinq
ans, ni y séjourner plus de dix ans. Les chefs de maisons étaient tenus d'y déposer un cautionnement et
les artisans et employés de se faire délivrer un certificat (1). Formés en une communauté qu'on appelait
« la nation » et qui était comme l'image de la patrie trans-
portée sur un lointain rivage, les négociants vivaient côte à
côte dans leurs fondiques, n'ayant chacun qu'une chambre,
et menant l'existence la plus laborieuse et la plus sévère.
Afin que rien ne pût les en distraire, les femmes étaient
exclues des Échelles ; les consuls ne pouvaient amener les
leurs que si elles étaient « d'un âge avancé et de bonnes
mœurs », et les ordonnances interdisaient tout mariage avec
les femmes du pays : « Ce sexe divise les négociants et
les détourne de leur commerce » *L'inventaire des archives de la Chambre de commerce de Marseille* a fourni à
M. Vandal (2) ces détails qui montrent combien était sage et

(1) Ce n'est qu'en 1835 que fut rapportée définitivement l'obligation
de demander une permission pour venir dans les Echelles et que les
dépenses des consulats cessèrent d'être portées au budget de la Chambre de commerce de Marseille. De ce jour, Marseille a perdu son rôle
officiel de protectrice des établissements français en Orient.

(2) Voir un article très intéressant de M. VANDAL dans les *Annales*

rangée la conduite que l'on exigeait de ceux dont le moindre écart pouvait compromettre la « nation » tout entière, et par contre combien était grande la considération et le prestige qui s'attachaient à « Messieurs du Commerce ».

La branche la plus importante du commerce égyptien était l'importation et l'exportation des cafés d'Arabie ; en outre, les caravanes de Darfour et de Sennar apportaient en Egypte une foule d'articles précieux, tels que la poudre d'or, l'ivoire, l'ébène, l'ambre gris, les plumes d'autruche, les gommes, etc. Le commerce d'exportation de l'Egypte consistait principalement en denrées indigènes, riz, sucre, blé, drogues médicinales, légumes secs. La capitulation de 1604 avait autorisé par faveur les marchands français à emporter des cuirs cordoans, cires, cotons filés dont l'exportation était prohibée. En retour, la France fournissait à l'Egypte de la cochenille, des armes, de la quincaillerie et surtout des draps très légers du Languedoc, dits *londrins*, que leurs qualités et leurs nuances faisaient préférer à tous autres pour les vêtements des habitants et l'habillement des troupes ; l'Allemagne donnait des porcelaines, de la verrerie, et Venise apportait des bois de construction, des métaux, des étoffes de soie, des sequins, des broderies et des miroirs (1).

« Jusqu'au XVIe siècle, dit M. Vandal, l'Egypte avait été le grand entrepôt du commerce des Indes. Toutes les marchandises sorties de ces riches régions, objets de nécessité et de luxe, épices, parfums, tissus éclatants, étoffes soyeuses, jusqu'à ces produits d'un art délicat dont les peuples de l'Extrème-Orient ont conservé le secret, arri-

de l'École des sciences politiques, n° du 15 juillet 1886 : *La France en Orient au commencement du XVIII° siècle.*

(1) *Description de l'Egypte*, par PANCKOUCKE, 1826.

vaient par la mer Rouge, jusqu'aux États des Soudans d'Égypte. Transportés à dos de chameau des ports du golfe Arabique aux rivages du Nil, le grand fleuve les conduisait, par un système de multiples canaux, jusqu'aux abords d'Alexandrie. Dans cette ville, des marchands chrétiens venaient les attendre et s'en emparaient pour les distribuer à l'Europe. Venise s'était assuré la plus grande partie de ce négoce ; elle tenait le premier rang parmi les nations étrangères établies en Egypte ; la France occupait le second, et Marseille partageait avec la grande république marchande, l'avantage de pourvoir l'Europe des richesses apportées d'Asie. A cette époque, l'Egypte jouissait d'une prospérité qu'elle n'a plus retrouvée. Chaque année, la mer Rouge lui amenait des flottes chargées de trésors ; de Suez au Nil, d'innombrables caravanes sillonnaient le désert ; le Caire, la cité féérique des conteurs arabes, n'était qu'un immense et populeux bazar, et Alexandrie méritait le surnom qui lui avait été donné de « marché des deux mondes » (1).

L'Orient représentait donc, pour les États d'Europe, un empire colonial où ils plaçaient leurs produits et s'approvisionnaient des articles nécessaires à leur consommation. Les Français, les Anglais, les Hollandais, les Vénitiens trouvaient, dans ces échanges, l'aliment indispensable à leurs industries, et de ce mouvement d'importation et d'exportation, Marseille, Gênes et Venise étaient les points principaux. On conçoit par conséquent l'intérêt que les nations européennes avaient à obtenir des capitulations

(1) *Louis XIV et l'Égypte*, par ALBERT VANDAL, Paris, A. PICARD, 1889.

qui accordaient sûreté à leurs navires et à leurs marchands.

La découverte du Cap de Bonne-Espérance arrêta cet essor : en détournant de la Méditerranée la direction du trafic, la nouvelle voie des Indes mit le monopole du commerce de l'Extrême-Orient entre les mains des Anglais et des Hollandais, et les avanies (1) qu'avaient à subir les marchandises de la part des autorités turques aidant, le commerce de l'Égypte devint insignifiant.

Une période de déclin survint, durant laquelle l'Égypte, à peu près abandonnée des vaisseaux qui fréquentaient ses ports, vit se détourner d'elle jusqu'au pavillon de Venise. Commandée par des Doges belliqueux qui l'avaient rendue maîtresse de Corfou et des îles Ioniennes, la fière république se bornait à être la souveraine incontestée de l'Adriatique dont elle avait semé de ses colonies toute la côte occidentale. Mais au XVIIe siècle, la France, sous l'impulsion de Colbert, tenta de faire revivre, pour le centraliser, le commerce avec le Levant. Marseille avait été détrônée par Londres et Amsterdam ; il fallait, pour lui rendre sa prépondérance, en faire la tête de ligne du mouvement des échanges. C'est à quoi s'employa Colbert. En

---

(1) Les avanies étaient des taxations arbitraires. Les douanes étaient affermées à un fermier général qui fixait comme bon lui semblait les droits d'entrée, de sortie, de circulation pendant l'année que durait sa ferme. Le prix de la ferme était, en 1783, dit VOLNEY, de mille bourses « auquel on doit joindre un casuel *d'avanies* ou de demandes accidentelles, c'est-à-dire que lorsque MOURAD-BEY ou IBRAHIM ont besoin de 500,000 livres, ils font venir le douanier, qui ne se dispense jamais de les compter. Mais sur le rescrit qu'ils lui délivrent il a la faculté de reverser *l'avanie* sur le commerce dont il taxe à l'amiable les divers corps ou nations, tels que les Francs, les Barbaresques, les Turcs, etc., etc. ; il arrive souvent que cela même devient une aubaine pour lui. » VOLNEY, *Loc. cit.*, p. 203.

négociant, en 1673, le renouvellement des capitulations, il voulut obtenir, pour les marchands et les vaisseaux français, la liberté de navigation dans la mer Rouge et des facilités de douane pour le passage des marchandises entre Alexandrie et Suez. Son but était de ramener ainsi dans la Méditerranée, au profit de la France, le commerce des Indes que la découverte de Vasco de Gama en avait détourné. Mais les Turcs ne voyaient pas sans crainte les infidèles approcher des lieux saints de la Mecque ; ils refusèrent d'ouvrir la mer Rouge au commerce, et l'isthme de Suez resta fermé. Poursuivant néanmoins son œuvre, Colbert, après avoir obtenu du Sultan de nouvelles capitulations confirmant toutes les garanties précédemment accordées au commerce, dota les consulats d'une législation plus régulière par la célèbre ordonnance de la marine d'août 1681. Grâce à lui, Marseille devint la reine de la Méditerranée, et, par le nombre de ses vaisseaux et de ses commerçants, la France prit en Égypte une position non seulement prépondérante mais exclusive. Seule elle possédait au Caire une nation, dit M. Vandal ; seule, jusqu'à la fin du XVIIe siècle, elle y tenait un consul ; et si quelques autres Européens se risquaient sur les bords du Nil, ils devaient invoquer notre protection et se confondre dans nos rangs (1).

Lorsque ces mêmes capitulations furent renouvelées, en

(1) Dans sa brochure intitulée *Louis XIV et l'Égypte* (p. 40). M. VANDAL, fait un tableau intéressant de la situation de la France en Égypte à la fin du règne de Louis XIV. On y voit, grâce à Colbert, la marine marchande et les produits français du Languedoc et de la Provence en constant progrès. En 1725, 113 navires au pavillon blanc fréquentaient le port de Damiette, et Rosette où, en 1688,

1740, entre Louis XV et le Sultan Mahmoud, ce fut toujours sous la préoccupation d'intérêts commerciaux : « Voulant, dit le préambule, procurer au commerce une activité, et aux allants et venants une sûreté qui sont les fruits que doit produire l'amitié, non seulement nous avons confirmé par ces présentes, dans toute leur étendue, les capitulations anciennes et renouvelées, de même que les articles insérés lors de la susdite date ; *mais pour procurer encore plus de repos aux négociants, et de vigueur au commerce*, nous leur avons accordé l'exemption du droit de Mezètérie (1), qu'ils ont payé de tout temps, de même que plusieurs autres points concernant le commerce et la sûreté des allants et venants. » Par cette capitulation, les droits de douane sont réduits de 5 0/0 à 3 0/0, payables en monnaie courante, sans égard à la plus ou moins-value (art. 37) ; leur mode de perception est régularisé (art. 39) ; le règlement des créanciers en cas de faillite est établi (art. 53) ; à l'exception des marchandises prohibées, la liberté d'entrée et de sortie pour toutes les marchandises importées de France en Turquie ou exportées de Turquie en France, est stipulée (article 56) ; l'exportation des fruits secs, l'achat du sel, le paiement des lettres de change, le traitement des bâtiments de commerce français dans les ports de Turquie, etc., sont réglementés. Tous

on n'en voyait que 24. Sur les traces de la France quelques nations pénètrent en Égypte ; en 1698 les Anglais ont un consul au Caire mais il n'y est suivi que d'un seul marchand et quelques années plus tard, tandis que la France y avait 11 maisons de commerce et 50 négociants, la Grande-Bretagne et la Hollande n'y sont représentées chacune que par 2 de leurs sujets.

(1) D'après M. Féraud-Giraud, ce droit est une surtaxe imposée seulement à Constantinople.

ces articles sont renouvelés des capitulations antérieures et étendus dans le sens de la liberté du commerce et la protection des commerçants (1).

Or ce n'est qu'à titre de consécration de ces garanties données au commerce et nécessitées par son extension, qu'apparaît la juridiction des consuls dans les capitulations. Par conséquent, si nous devions qualifier la justice de cette première phase de la condition des Européens en Égypte, nous l'appellerions la justice commerciale. C'est le commerce qui a amené les Européens ici ; c'est lui qui les a fait y établir ces fondiques gouvernés par des marchands ; c'est le besoin d'une protection commerciale qui les a fait se réfugier sous le patronage des villes méditerranéennes ; et quand la centralisation a substitué le pouvoir du Roi à celui des chambres de commerce, plus que jamais les consuls sont devenus les surveillants du négoce et les représentants de l'État auprès des marchands établis en Orient. Quand plus tard la loi vint associer les délégués des marchands aux consuls dans leurs fonctions judiciaires, c'est que les litiges étaient presque uniquement des litiges commerciaux. Et si leur juridiction nationale fut accordée si volontiers à ces étrangers, c'est que, simples commerçants de passage, peu nom-

---

(1) Les divers traités conclus avec la Turquie au cours de ce siècle procèdent de la même pensée dominante, le développement du commerce : « S. M. le Roi des Français et S. H. le Sultan, dit le traité de 1838, sont convenus de régler les rapports commerciaux de leurs sujets, le tout dans le but d'augmenter le commerce entre leurs États respectifs, comme dans celui de faciliter davantage l'échange des produits de l'un des deux pays avec celui de l'autre. » La même idée est formulée dans le traité de 1861.

breux (1), incapables d'acquérir la propriété immobilière, ils ne pouvaient porter ombrage à la justice du sultan. Pourquoi leur eût-on refusé une juridiction qui, exercée dans les conditions que nous venons de décrire, n'était pas une rivale pour l'autorité locale.

Ce ne sont pas les intérêts religieux, mais les échanges qui ont été la raison d'être des capitulations (2). La clause réservant à ces marchands leur juridiction personnelle ne venait que comme une application toute naturelle du droit commun chez les Turcs, application que la constitution matérielle des colonies franques facilitait, en rendant moins gênantes autrefois qu'aujourd'hui, les capitulations, et moins choquante l'atteinte portée à la souveraineté. Aussi, à l'abri de telles prérogatives de tolérance et de justice, les petites colonies franques se développèrent ; la sollicitude des consuls investis de pouvoirs de police et d'une véritable magistrature y contribua grandement.

En résumé le privilège de juridiction né des capitulations ne constituait pas un droit si exceptionnel puisque le désintéressement des sultans dans les différends des Européens était conforme à une tradition politique en faveur de leurs sujets chrétiens ; et, d'autre part, l'honneur qu'ils accordaient au pavillon français, et, sous ses plis, aux

---

(1) De Hammer appelle la *négociation* de 1535 *un traité de commerce* fait « pour régler les rapports commerciaux entre la Turquie et la France. » (*Histoire de l'empire ottoman*, t. V, p. 228).

(2) En 1613, le P. Boucher, lors de son voyage, constate qu'à Alexandrie il y avait une cinquantaine de marchands français et autant d'italiens (*Voyage de Terre Sainte*, par le P. Boucher, 1613). — En 1770, Volney dit que l'on comptait neuf maisons françaises au Caire, Volney, *op. cit.*, p. 210.

Européens en général, n'était pas étranger à la prospérité
des populations maritimes et de leur empire (1).

Si, au cours de cette première partie de notre étude,
nous avons insisté sur les rapports de la France avec
l'Egypte, c'est que son rôle y a été prépondérant. Par sa
protection, sur terre comme sur mer, des peuples qui
n'avaient pas de consuls, par sa protection des Lieux
saints de la Palestine et des populations chrétiennes de la
Syrie, son influence, appuyée sur cette triple base : politique, religion et commerce, dans un pays qui était le
marché du monde, donnait à son action en Orient un
caractère européen (2). Au point de vue juridictionnel en
particulier, la transformation qui s'est opérée dans le rôle
des consuls, fut son œuvre : la capitulation de 1535, en

(1) Les relations de l'Egypte avec l'Europe sont très avantageuses
à la balance de son commerce ; l'Egypte ne donne jamais d'argent et
les retours se font toujours en marchandises, tandis que l'Europe est
souvent obligée de fournir du numéraire (*Description de l'Egypte*,
par PANCKOUCKE, 1826, t. 18).

(2) « Pendant la durée des croisades, dit E. Charrière, l'Europe, mais
surtout l'Occident, mû par une seule volonté, ne paraît plus faire
qu'un corps dont la France est la tête. C'est de là que tous les peuples
semblent recevoir l'impulsion qui les dirige .... La France est unie
au dehors, sa politique se confond, sur ce point, avec celle des autres
nations, et son histoire ne cesse d'être par là l'histoire de la chrétienté
et de la civilisation européenne. C'est sous cette forme que la France
apparut aux peuples de l'Orient, puisqu'on les voit toujours convaincus que c'est à elle qu'ils ont affaire, même quand la France est
absente de la scène. Aussi, dans leur manière de les désigner, c'est
sous le nom générique de Francs qu'ils embrassent tous les peuples
chrétiens..... Quelle a été la position tout exceptionnelle et privilégiée
de la France ? Les faits nous la montreront exerçant une sorte de
suzeraineté dans l'Orient ; médiatrice perpétuelle dans les rapports
particuliers de la Turquie avec ses sujets, elle l'était également dans
ses rapports généraux avec les autres Etats de l'Europe, presque toujours inspirant sa politique et la maintenant dans les voies qu'elle

soumettant les étrangers non plus à des sentences arbi-
trales, mais à des jugements ayant force exécutoire aux
yeux même de l'autorité locale, a été véritablement le
point de départ de toute une évolution dans cette partie
du droit international.

<h2 style="text-align:center">SECTION ·II</h2>

JURIDICTION CIVILE ET PÉNALE DES CONSULS.

CAPITULATION FRANÇAISE DU 30 MAI 1740. — ÉDIT DE JUIN 1778.
·LOI DU 28 MAI 1836.

Les capitulations françaises ont servi de modèle à toutes
les autres, et, dans la capitulation de 1740, la plus complète,
.les divers États ont puisé comme dans un fond commun.
C'est ce texte, composé de 85 articles dont un grand nom-
·bre sont encore en vigueur, qui règle, en général,́ les
relations de la France avec l'empire ottoman au point de
vue de la juridiction. Sauf des variations de détail, les
Puissances s'en étant approprié les dispositions dans les
traités conclus avec la Porte et tous les avantages leur
·ayant été successivement assurés par l'insertion de la
clause de la nation la plus favorisée, nous croyons pouvoir, alors surtout qu'il ne s'agit que d'une vue d'ensemble, prendre ce traité comme type du régime capitulaire
dans la mesure où il survit encore en matière civile.

avait prises dès l'origine de l'alliance, par la direction commune de
·leurs intérêts. » (*Négociations de la France dans le Levant*, t. I,
·introd. pages IV et XLVII). Cité par FERAUD-GIRAUD. T. I.)

En matière pénale, la situation des divers consulats est également la même au regard de l'autorité locale ; dans leur administration intérieure de la justice, les mêmes principes de droit et de procédure les gouvernent, de sorte qu'ici encore, nous pouvons prendre comme base d'une exposition sommaire, la pratique suivie devant le consulat de France.

Nous présenterons donc, dans un premier paragraphe, l'examen de la juridiction civile, et, dans un second, l'examen de la juridiction pénale, formant un tableau complet, bien que succinct, de la situation juridique des Européens en général, et des Français en particulier, sous le régime capitulaire. .

§ 1er. — Juridiction civile.

Trois hypothèses sont à envisager :

1º Procès d'un Français contre un autre Français ;

2º Procès d'un Français contre un étranger ;

3º Procès d'un Français contre un indigène.

Procès entre Français :

L'art. 26 de la capitulation de 1740, reproduit de l'article 3 de la capitulation de 1535, s'exprime ainsi : « S'il arrive quelque contestation entre les Français, les ambassadeurs et les consuls en prendront connaissance et en décideront selon leurs us et coutumes, sans que personne puisse s'y opposer. »

Et l'article 13 interdit aux cadis de juger les différends des sujets du roi à peine de nullité. Développant ces dispositions, l'édit adressé en juin 1778, par le roi à ses consuls·dans les échelles du Levant, trace ainsi leur rôle judiciaire : « Nos consuls connaîtront en première instance des contestations, de quelque nature qu'elles soient,·qui s'élèveront entre nos sujets négociants, navigateurs et autres, dans l'étendue de leurs consulats ; nos dits consuls pourvoiront, chacun dans son district, au maintien d'une bonne et exacte police entre nos dits sujets, de quelque qualité et condition qu'ils puissent être, soit à terre, soit dans les ports et dans les différents mouillages et rades où les navires du commerce font leur chargement et leur déchargement : ordonnons à nos dits consuls de rendre fidèlement la justice. » (Art. 1, Edit de 1778).

Et comme consécration du droit des consuls autant que comme sanction à l'égard des contrevenants, l'art. 2 défend aux Français, à peine de 1,500 livres d'amende, de se faire juger par les autorités locales. Aux termes de l'édit, la seule juridiction compétente est donc le tribunal consulaire, présidé par le consul assisté de deux commerçants notables. Les fonctions de greffier et d'huissier y sont remplies par le chancelier. Ni ministère public, ni avoué. La partie présente sa requête qui est signifiée à l'adversaire par le chancelier. Les parties comparaissent elles-mêmes et exposent leur affaire. L'exécution des sentences a lieu « par toutes les voies praticables », et, au besoin, par le ministère de l'autorité locale, qui doit prêter main-forte aux consuls si elle en est requise. En cas d'absence, le jugement est rendu par défaut avec un délai de trois jours pour former opposition. L'appel est porté devant la Cour d'Aix suivant les délais du droit commun.

L'édit dont nous venons de résumer les dispositions n'a pour but que de formuler une série de règles faciles à observer afin de rendre la justice « d'une manière uniforme et avec toute la célérité requise ». Aussi est-ce moins le fond que la forme du droit qu'il réglemente. Coordonnant les diverses dispositions des édits antérieurs, il met en relief le système de juridiction consulaire dont il est le code de procédure. C'est donc à lui que les consuls s'en réfèrent et, à son défaut, au Code de proc. civ. français, sous la réserve du principe posé dans son préambule : « les affaires doivent être instruites devant nos consuls par les voies les plus simples et les plus sommaires ». Quant au fond du droit, c'est la législation française qui s'applique à nos nationaux dans le Levant. Mais cette législation devait, par la force des choses, tenir compte de certains usages locaux. C'est ainsi que la Cour d'appel d'Aix a statué que la lettre de change était, bien qu'entre Français, régie, quant à sa forme et à ses effets, par l'usage suivi dans les Échelles (arrêt 29 avril 1844) ; que l'endossement était régulier, fait dans les termes usités en Orient (arrêt 24 mai 1858); que c'était le calendrier adopté au lieu du contrat qu'il fallait consulter pour déterminer une échéance de ce contrat (arrêt du 3 décembre 1863). Enfin, la règle *locus regit actum* avait reçu de fréquentes applications en matière de stipulation d'intérêts. Bien que l'intérêt commercial fût, en France, de 6 0/0 d'après la loi de 1807 et que cette fixation fût liée à une question d'ordre public, la Cour d'Aix avait décidé qu'entre Français, en Orient, cet intérêt pouvait être de 12 0/0, si telle avait été la convention des parties, la loi du pays autorisant ce taux (arrêt 10 juillet 1856) (1).

Des magistrats français appliquant la loi française miti-

____

(1) Féraud-Giraud, *De la juridiction française dans les Échelles du Levant*, t. II, p. 236.

gée par les usages locaux, et jugeant comme tribunal de
1re instance en matière civile et commerciale, tel était le
forum de nos nationaux.

Ce qui se passait pour les Français se passait également
pour les autres étrangers entre eux ; les capitulations de
tous les Etats avec la Turquie sont formelles. Toute ingérence du juge local dans les procès entre co-nationaux
était absolument écartée et au cas où elle se fût produite,
fut-ce même sur la demande des intéressés, elle était d'ores
et déjà déclarée radicalement nulle.

Après le savant ouvrage, devenu classique, de M. Féraud-Giraud sur la procédure, la compétence, la mise en
œuvre de la juridiction française dans les échelles du Levant, après des guides comme MM. Leroy, Laget, Dislère
et de Moüy, nous ne saurions reprendre des questions
traitées à fond. Elles laissent trop peu de place aux observations personnelles et il suffit, d'ailleurs, au cadre de
cette étude que nous en ayons présenté l'idée générale.

Cette première partie de la juridiction capitulaire n'a
point été atteinte par la réforme judiciaire de 1875 ; dans
les consulats français, elle fonctionne aujourd'hui à peu de
chose près comme sous Louis XV, sauf l'application de la
loi. On verra plus loin que la Commission internationale
du Caire en 1890 a émis un avis unanime en faveur
de sa modification.

Quant aux deux autres hypothèses, procès d'un Français
contre un étranger ou d'un Français contre un indigène,
c'est à l'étude du droit coutumier que nous en réservons
l'examen, car, bien que les capitulations aient prévu ce
double cas de juridiction, c'est la coutume et non le droit,
tel qu'il découlait des capitulations, qui en a réglé le fonctionnement.

§ 2. — Juridiction pénale.

Si la France stipulait, en 1535, l'immunité de la juridiction locale pour les affaires commerciales de ses nationaux, on comprend qu'elle ait attaché un prix plus grand
encore à une égale prérogative en matière pénale.

Cette juridiction criminelle des consuls qui, aujourd'hui,
nous apparait comme portant atteinte aux lois de sûreté
et de police, ne pouvait avoir cette signification lorsque
l'ordre public n'était pas en jeu. Nous savons en effet
qu'autrefois les Francs vivaient à part dans leur quartier
où la police locale ne pénétrait jamais. Les crimes et délits
qui s'y commettaient, du moment qu'ils n'atteignaient pas
les indigènes, laissaient l'autorité indifférente, et c'est là
ce qui explique qu'elle en ait abandonné la répression aux
représentants des colonies. Loin donc de voir dans cette
stipulation « le signe solennel et éclatant d'une défiance
injurieuse contre la justice turque, car l'orgueil d'un Sé-
lim Ier ou d'un Soliman le Magnifique n'aurait pas souffert
pareille humiliation (1) », la Porte, en vertu des considérations que nous avons déjà développées en matière civile,
caractère théocratique de la loi locale et personnalité de
cette loi admise au profit des sujets rayas du sultan, n'y
voyait aucun inconvénient et concédait volontiers aux consuls une juridiction criminelle analogue à leur juridiction
commerciale. Ces raisons se fortifiaient d'ailleurs de cette
considération, que dans les crimes et délits contre les personnes, la loi musulmane voit surtout une action civile

(1) LAGET, *op. cit.*, p. 17.

compétant à la victime et permettant à elle seule ou à ses héritiers, de faire grâce ou de se contenter d'une satisfaction pécuniaire.

Les crimes et délits commis par les Francs pouvaient donner lieu à trois situations, suivant qu'ils intéressaient des nationaux entre eux,

des étrangers de nationalité différente,

ou des étrangers avec des indigènes.

1° Crimes et délits des Français entre eux.

L'art. 7 de la capitulation de 1535 défendait de les traduire devant les officiers du Grand Seigneur, laissant à leurs consuls le droit de s'en saisir. « S'il arrivait quelque meurtre ou quelque autre désordre entre les Français, leurs ambassadeurs et leurs consuls en décideront selon leurs us et coutumes » (Art. 15 capitulation de 1740). Par conséquent, comme en matière civile, c'était la juridiction nationale obligatoire. Comment l'autorité française l'avait-elle organisée ? Le consul ne pouvait juger que les affaires de simple police. Pour les crimes et délits il fallait renvoyer l'inculpé à Marseille, devant le tribunal de l'Amirauté. Quant aux peines, elles étaient, on le sait, arbitraires sous l'ancien régime. Dans le bouleversement de la Révolution, le tribunal de l'Amirauté disparut avec les anciennes juridictions, et les dispositions de l'édit du roi de 1778 ne répondant plus, après 1789, aux principes modernes du droit pénal, le système répressif de l'ancien régime avait, en bien des points, cessé d'être appliqué. Il était difficile d'autre part d'adapter à des colonies qui n'y étaient pas préparées, les institutions telles qu'elles étaient issues de la Révolution. La combinaison des idées nouvelles avec les nécessités de la répression présentait pourtant une certaine urgence. La Révolution avait sans transition rendu

libre à tous l'accès des Échelles et, après diverses tergi-
versations, l'ordonnance du 18 avril 1835 avait levé les
dernières entraves (1). A l'ordre rigoureux de l'ancien
régime avait succédé le désordre, et des faits regrettables,
restés impunis, réclamaient impérieusement que la solution de continuité qui existait entre l'ancienne et la nouvelle juridiction prit fin. Cette situation, il importe de le
dire, était la même pour les colonies des différents États.
En ce qui concerne la France, la loi du 28 mai 1836 est
venue combler cette lacune. Cette loi qui, tient compte des
changements politiques et des nouvelles dispositions du
Code pénal, abroge les articles 39 à 81 de l'édit de juin
1778 et établit une organisation parallèle à la juridiction
civile, rendant tout Français justiciable du tribunal
consulaire. L'économie générale en est ainsi résumée
par la circulaire de M. Thiers, ministre des Affaires
étrangères :

« Cette loi détermine les formes de procédure et donne
aux prévenus des garanties conformes à l'esprit général
de notre législation actuelle; elle attribue aux consuls
seuls le jugement en dernier ressort des contraventions,
et aux tribunaux consulaires la double mission de remplir
les fonctions qui appartiennent, dans nos tribunaux, aux
chambres du conseil, et de juger toute espèce de délits en
première instance; elle constitue le tribunal qui devra
connaitre en France des appels contre les jugements rendus dans les Échelles en matière correctionnelle, et des
crimes qui auront été commis; elle indique enfin les

____

(1) Bien que les capitulations aient reconnu le droit aux européens
de venir, circuler, et s'établir librement en Orient, le Gouvernement
français, dans un esprit de discipline, avait toujours mis certaines
restrictions à cette faculté pour ses nationaux. V. *Suprà*.

peines applicables à tous les genres de crimes, de délits
ou de contraventions, le mode du pourvoi en cassation,
ainsi que certains droits ou devoirs des consuls et du
ministère public ». (Circulaire des affaires étrangères du
15 juillet 1836) (1).

Les contraventions de simple police sont donc jugées
par le consul seul et en dernier ressort ; il juge en première instance les délits, assisté de deux assesseurs pris
parmi les notables ; comme en matière civile, son jugement peut être frappé d'appel devant la Cour d'Aix ; quant
aux crimes, le tribunal consulaire n'a que le rôle d'une
juridiction d'information : faire arrêter l'inculpé et instruire l'affaire ; le jugement a lieu devant une chambre de
la Cour d'Aix, sans assistance du jury.

La compétence pénale des consuls n'est pas restreinte aux
infractions commises à terre ; l'autorité musulmane ayant
renoncé à son droit de juridiction sur tout le territoire, il
faut y comprendre, par interprétation de l'art. 15 de la capitulation de 1740, les ports et tous les lieux où accèdent
les bâtiments de commerce ; les crimes et délits maritimes
ressortissent donc aussi de la juridiction consulaire.

Enfin, par une disposition spéciale aux Échelles, le
tribunal, en cas de condamnation à l'emprisonnement, a
la faculté de convertir cette peine en une amende calculée
à raison de 10 francs au plus par chaque jour de prison
(art. 75).

Tels sont les traits principaux de cette législation pénale,
dans le détail de laquelle le savant ouvrage de M. Féraud-
Giraud, qui en a fait une étude approfondie, nous dispense d'entrer. Quant aux deux autres situations, crimes

____

(1) Féraud-Giraud, t. 2, p. 341.

et délits entre européens de nationalité différente ou entre européens et indigènes, comme les situations correspondantes en matière civile, et, pour les mêmes raisons, nous en reportons l'examen au droit coutumier.

§ 3. — Inviolabilité de la personne et du domicile. Droit d'expulsion. — Extorritorialité.

Le privilège de juridiction trouvait son complément dans l'inviolabilité de la personne et du domicile de l'étranger. Aucun officier de justice de la Sublime-Porte, dit l'article 70 de la capitulation de 1740 (1), ne pourra, sans la présence du consul, pénétrer dans une maison habitée par un Français. Cette mesure, généralisée par les capitulations avec les divers États, avait rendu inviolables la personne et le domicile des européens. L'intérêt de cette garantie était considérable. Dans les contestations d'ordre civil entre les européens et les indigènes, elle s'opposait à toute exécution de jugement dans le domicile d'un étranger, sans la présence et la surveillance du délégué de son consul. En empêchant toutes recherches de la justice locale dans la demeure des particuliers, elle prévenait des illégalités d'une part, des résistances fàcheuses de l'autre et évitait des réclamations diplomatiques qui pou-

(1) « Les gens de justice et les officiers de ma Sublime-Porte, de même que les gens d'épée, ne pourront, sans nécessité, entrer par la force dans une maison habitée par un Français ; et lorsque le cas requerra d'y entrer, on en avertira l'ambassadeur ou le consul, dans les endroits où il y en aura, et l'on se transportera dans l'endroit en question, avec les personnes qui auront été commises de leur part. » (Art. 70, Cap. de 1740).

vaient devenir innombrables dans un pays peuplé de juridictions consulaires. Par contre, il dépendait du bon ou
du mauvais vouloir des agents consulaires d'aider ou d'empêcher l'exécution des titres et sentences portant force
exécutoire ; ce danger, qui n'était pas seulement théorique
dans les différends entre européens de nationalité différente, a donné lieu à de graves abus qui ont permis de
dire, que si on avait à se plaindre de la justice en Egypte,
on avait encore plus à regretter l'impossibilité de faire
exécuter ses sentences (1). Nous verrons comment la Réforme judiciaire de 1875 est venue parer à ces difficultés
en restreignant une inviolabilité qui, si elle avait pu para-
lyser ses sentences, aurait entravé son œuvre. Qu'il
nous suffise de dire ici, que le domicile de l'européen n'est
plus inviolable devant un agent porteur d'un titre exécutoire émanant de la juridiction mixte, quand avis de l'exécution a été donné au consul.

En matière pénale, l'inviolabilité n'a pas subi de restriction, la justice répressive se rendant aujourd'hui encore
sous le régime des capitulations. Le domicile et la personne
de l'étranger jouissent donc des anciennes immunités, sauf
les dérogations apportées par la réglementation des établissements publics et la loi sur la propriété foncière.

Inviolabilité de la personne. — Cette inviolabilité ne
cesse qu'en cas de flagrant délit. « Dans ce cas, ou si le
fait constitue un crime ou un délit intéressant l'ordre public, tel que meurtre, vol, etc., l'officier de police intervient soit pour faire les constatations nécessaires et dresser un procès-verbal qu'on envoie au consulat de l'in-

____

(1) Rapport de la Commission de 1869, Borelli, *Législ. égyp.*,
p. 44.

culpé, soit pour faire cesser le trouble s'il y a lieu (1). »
L'étranger est donc arrêté par la police en cas de flagrant
délit, soit sur la voie publique, soit dans un établissement
public ; il peut même, sans qu'il y ait flagrant délit, être
arrêté dans un établissement public s'il s'y refugie en étant
recherché par la police (2) ; mais si, pour l'appréhender, il
faut pénétrer dans son domicile particulier, les agents ne
peuvent y entrer sans l'assistance de son consul. L'autorité locale peut en outre arrêter un étranger recherché
par ordre de son consulat, et, s'il existe à l'encontre d'un
étranger de graves soupçons de crime ou de délit déterminé, la police, après s'être adressée confidentiellement
à son consulat et à défaut d'opposition de sa part, arrête
l'individu pour le mettre à la disposition de son consul (3).
Dans tous les cas, dès que l'autorité consulaire réclame son
ressortissant, la police locale doit le lui remettre immédiatement, et aucune formalité d'instruction, constatation ou
autre ne peut l'autoriser à le garder plus de 24 heures à
sa disposition. Toute atteinte injustifiée à la liberté, toute
tracasserie dégénérant en persécution donnerait nais-

----

(1) Articles 2, 5, 11, 12 des instructions reproduites du volume I
« *Police Regulations* », p. 84 (Devoirs de la police) publié par la
Division de la sécurité publique en 1893. Ces instructions données
par le Gouvernement Égyptien à ses agents sur la conduite à tenir
vis-à-vis des étrangers, sont purement d'ordre intérieur. V. *Législation
de police de l'Egypte*, p. XVII.

(2) Art. 19 de l'arrêté du ministère de l'Intérieur du 21 novembre
1891. *Législation de police*, p. 477. V. infra.

(3) « Lorsque l'arrestation d'un sujet étranger n'a eu lieu que sur
autorisation du Consulat dont il relève, et que ce dernier, sur dénon-
ciation de la police locale, a poussé l'instruction criminelle jusqu'à le
traduire devant un jury, le verdict d'acquittement dont a bénéficié
l'inculpé ne lui donne pas action contre le Gouvernement égyptien. »
Alexandrie, 1er février 1893, *Bull.*, t. V, p. 109.

sance, en faveur de celui au préjudice de qui elle se serait produite, à une action en dommages-intérêts (1).

Inviolabilité du domicile. — Cette inviolabilité ne cesse que dans les cas d'appel au secours, d'incendie ou d'inondation. En toute autre hypothèse, même en cas de flagrant délit, la police ne peut, sans le consentement de l'étranger, s'introduire dans son domicile hors l'assistance du consulat dont il relève.

Dans le cas où un criminel viendrait, alors que le délit est encore flagrant, s'il était par exemple poursuivi par la clameur publique, à se réfugier dans le domicile d'un étranger d'une autre nationalité que la sienne, si celui-ci refuse de le livrer, la police ne peut que cerner l'immeuble, de façon à empêcher la fuite du criminel et recourir au consulat de l'étranger pour l'assistance. La présence du consul de ce dernier suffit pour l'arrestation, bien que le criminel soit d'une nationalité différente. Mais si le délit n'est pas flagrant et si le criminel et celui chez qui il s'est réfugié n'appartiennent pas à la même nationalité, il faut l'assistance des deux consulats, l'un pour autoriser la police à entrer, l'autre pour procéder à l'arrestation.

L'inviolabilité du domicile a subi une double atteinte :

(1) « Le fait pour un sujet étranger d'avoir été déféré aux tribunaux du pays, incompétents à statuer à son égard, condamné à quitter l'endroit où il était établi et où il faisait le commerce depuis longtemps, traqué par la police, arrêté ou obligé de fuir malgré les protestations incessantes de son consulat, cerné dans sa maison sans pouvoir en sortir ni lui, ni aucun membre de sa famille, et enfin contraint de quitter le pays, donne à celui qui en a été la victime droit à une indemnité, alors que, pendant cette longue persécution, son commerce et ses affaires ont été ruinés, ses marchandises, meubles et effets gâtés et perdus, sa famille chassée et dispersée. » (Arrêt du 30 janvier 1895. *Bull.*, t. VII, p. 129).

1° par l'accession des européens à la propriété foncière ;
2° par la réglementation des établissements publics. Nous
réservons ce second point à l'étude des pouvoirs de police
du gouvernement, et, quant au premier, bien que la loi de
1867 sur la propriété foncière constitue aujourd'hui le droit
commun en Égypte comme en Turquie, dans la pratique
cependant elle ne paraît pas y avoir introduit les mêmes
restrictions à l'inviolabilité du domicile.

Le protocole Bourée, du 9 juin 1868, auquel ont adhéré
les puissances (1), a soumis les étrangers en Turquie à des
visites domiciliaires dans les conditions suivantes : quand
l'étranger habite dans un rayon supérieur à neuf heures de
distance de son consulat, les agents de la force publique
peuvent, sur la réquisition de l'autorité locale, et avec l'assistance de trois cheikhs et omdehs, pénétrer chez lui sans
la présence de son consul. Cette exception ne peut avoir
lieu qu'en cas d'urgence et pour la recherche et la constatation du crime de meurtre, de tentative de meurtre, d'incendie, de vol à main-armée ou avec effraction ou de nuit
dans une maison habitée, de rébellion armée, de fabrication de fausse monnaie. Dans tous les cas, un procès-
verbal de la visite domiciliaire doit être dressé et communiqué immédiatement au consul. Le protocole définit la
demeure d'un étranger par la maison d'habitation et ses
attenances, c'est-à-dire « les communs, cours, jardins et
enclos contigus, à l'exclusion de toutes les autres parties
de la propriété ».

Mais quand les étrangers habitent à moins de neuf
heures de distance de leurs consulats, la police ne peut
pénétrer chez eux sans l'autorisation du consul ; de son

---

(1) ARISTARCHI-BEY, *Législation ottomane*, t. I, p. 22.

côté, le consul est tenu, de prêter son assistance immédiate
à l'autorité locale, et, à partir du moment où il a été prévenu, la visite domiciliaire ne doit pas être retardée de
plus de six heures. Toutefois, dit le protocole, « la loi qui
accorde aux étrangers le droit de propriété immobilière
ne ,porte aucune atteinte aux règles consacrées par les
traités et qui continueront à couvrir la personne et les
biens meubles des étrangers devenus propriétaires d'immeubles...... la demeure du sujet étranger est inviolable
conformément aux traités et ·les agents de ·la force
publique ne peuvent y pénétrer sans l'assistance du consul
ou du délégué du consulat dont relève cet étranger. » En
son absence, l'autorité locale ne ,peut donc passer outre.

De ce qui précède, il résulte que les agents de l'autorité
ne peuvent, à moins qu'il n'existe pas de consulat ou agent
consulaire dans un rayon de neuf heures de distance, pénétrer pour aucun motif chez un européen. Le tribunal consulaire de France à·Alexandrie a même jugé récemment que
les agents de police ne pouvaient pénétrer chez un étranger
,pour dresser un procès-verbal· de contravention et que
l'étranger qui s'oppose dans ce cas, par la force, à l'entrée
dans son domicile des agents de la police locale, loin de commettre un délit de rébellion ne fait qu'user de son droit ; car
en pays ottoman, dit-il, l'observation des formalités ordinaires ne suffit pas ; il existe, à l'égard du domicile des étrangers, une sorte d'exterritorialité, et, hors le cas d'urgence
absolue, les agents de l'autorité territoriale ne peuvent,
sans la présence du consul, pénétrer dans la maison d'un
Français. (Art. 70 de la capitulation de 1740) (1).

(1) Le Tribunal,
Siégeant en matière correctionnelle,
Attendu que le sieur D., sur une plainte émanée de S. E. le Gou-

Mais il ne faut pas exagérer l'inviolabilité. Ainsi ne constituerait pas une violation de domicile le fait d'un officier de police judiciaire envoyant chez l'étranger un

verneur d'Alexandrie en date du 5 septembre 1885, a été cité en police correctionnelle sous l'inculpation de rébellion et voies de fait envers un agent de l'autorité dans l'exercice de ses fonctions ;

Attendu que les conditions constitutives de la rébellion sont, aux termes de l'art. 209 du code pénal : 1° qu'il y ait une attaque ou résistance avec violence et voies de fait ; 2° qu'elle ait été dirigée contre certains agents déterminés de l'autorité publique ; 3° qu'elle l'ait été au moment où ils agissaient pour l'exécution des lois, ordonnances ou mandats de justice ;

Attendu que, sans préjuger de l'existence en l'espèce des deux premiers éléments du délit, il importe tout spécialement de rechercher si le mawon W., qui se trouvait chez D., avait pu y pénétrer légalement et s'il avait qualité pour dresser procès-verbal de contravention ;

Attendu qu'il est de principe en droit français qu'aucun agent de la force publique ne peut, en dehors des cas et formalités prévues, s'introduire chez un particulier contre le gré de ce dernier ; que cette règle qu'on retrouve également dans le Code indigène égyptien (Cod. Pén. art. 119) et dans la législation anglaise, a pour sanction, d'après l'art. 184 de notre Code Pénal, des peines qui peuvent s'élever contre l'agent coupable jusqu'à un an d'emprisonnement et 500 francs d'amende ;

Attendu qu'en pays ottoman l'observation des formalités ordinaires ne suffit même pas ; qu'il existe à l'égard du domicile des étrangers une sorte d'exterritorialité et que, hors le cas d'urgence absolue, les agents de l'autorité territoriale ne peuvent, sans la présence du consul, pénétrer dans la maison d'un Français, sous peine d'être châtiés, comme le stipule l'art. 70 de la Capitulation de 1740 ;

. . . .

Attendu, en droit, que l'envahissement de la maison de D. par l'officier W. et ses agents, n'étant autorisé ni par les dispositions de la loi et des traités, ni par le consentement de l'intéressé, D., en s'y opposant et en cherchant à mettre un terme à la violation de son

agent pour l'informer qu'un procès-verbal a été dressé contre lui et l'invitant à se présenter au caracol pour fournir ses explications. Ce n'est là, de la part de l'officier de justice, que l'accomplissement d'un devoir imposé par la nécessité d'assurer les droits de la défense (1).

Droit d'expulsion. — L'autorité 'locale se trouvant ainsi mise en échec, dans un grand nombre de cas il était nécessaire de renforcer l'autorité des consuls. On le fit par une mesure particulière à l'Orient : le droit d'expulsion. L'ordonnance de 1681 permettait aux consuls, « après information faite et par l'avis des députés de la nation, de faire sortir des lieux de leur établissement les Français de vie et de conduite scandaleuse ». Complétant cette disposition, l'art. 82 de 'l'ordonnance de 1778 s'exprime ainsi : « Dans tous les cas qui intéresseront la politique ou la sûreté du commerce de nos sujets, pourront nos consuls faire arrêter et renvoyer en France tout Français qui, par sa mauvaise conduite et par ses intrigues pourrait être nuisible au bien général ».

---

domicile, n'a fait que se placer dans le cas d'une résistance légale, d'où il suit que le délit de rébellion n'existe pas ;

Attendu au surplus que le mawon W. n'a point, dans ses dépositions à l'audience, relevé d'autre charge soit de blessure, soit d'injure contre D., qui s'est borné à repousser l'intrusion susvisée ;

Par ces motifs :

Dit que D. n'est point coupable du délit de rébellion et voies de fait ;

Le renvoie en conséquence des fins de la plainte sans dépens.

Alexandrie, le 29 octobre 1892.

Le Président : Bobot-Descoutures. *Assesseurs :* Facier, Padoa Bey. *(Bull. de Législ. et de Jurisp.,* t. V, p. 15.)

(1) Arrêt d'Alexandrie du 16 novembre 1892. *Bulletin de Législ. et de Jurispr.,* t. V, p. 6.

Cet article est toujours en vigueur ; quelle que soit la nature de l'acte reproché, qu'il soit ou non visé par la législation pénale, qu'il s'agisse de crimes politiques ou de droit commun, de malfaiteurs ou simplement de vagabonds, que le fait soit répréhensible ou licite, peu importe, il suffit que par sa conduite (1) le Français puisse nuire au bien général, à la politique ou à la sûreté du commerce, pour qu'en vertu des ordonnances le consul ait le droit de le faire embarquer. (Ord. 1781, titre 2, art. 1, 8 et suiv.).

(1) En 1894 et 1895 les consulats de France et d'Italie au Caire ont chacun expulsé d'Egypte un de leurs nationaux pour faits de presse non punis par la loi mais qu'ils jugeaient contraires à leur politique. Dans le même ordre d'idées nous donnons à titre documentaire le texte d'une expulsion prononcée contre une Française à raison de sa mauvaise conduite.

Nous, consul gérant l'agence et consulat général de France à Alexandrie d'Egypte,

Attendu que la fille X . . . . a, depuis longtemps et par toutes sortes de moyens, essayé de nuire à la considération d'un Français notable de la colonie et cela dans un but constant de chantage qui lui a déjà réussi à se faire remettre des sommes d'argent ;

Attendu que loin de tenir compte des avertissements qu'elle a reçus du consulat, elle continue ses manœuvres et que, notamment, dans la soirée du 31 juillet, elle a failli occasionner une rixe déplorable entre les Français et les Grecs, en faisant insulter ledit notable Français par un Grec avec lequel elle vit en concubinage. . . . . ;

Attendu que la fille X . . . . est de nature à déconsidérer la colonie française et à amener des désordres graves entre elle et une colonie étrangère et qu'il importe dès lors à la dignité nationale et à la sécurité publique qu'elle ne puisse continuer à résider en Egypte ;

Vu l'article 82 de l'édit de juin 1778,

Avons ordonné et ordonnons ce qui suit :

Que ladite fille X... sera appréhendée au corps et renvoyée en France par le paquebot des Messageries maritimes le *Pelné*.

Ainsi fait et ordonné à Alexandrie d'Egypte, le . . . . 1857.

Le consul (Signé) : Th. ROUSTAN.

L'expulsion est prononcée par une ordonnance du consul qui la fait signifier à l'intéressé avec ordre de quitter le pays. En pratique on arrête et on embarque le sujet dangereux avec instruction au capitaine de ne le débarquer que dans un port français du continent. La décision du consul ne peut former l'objet d'un pourvoi devant la juridiction contentieuse, mais peut être déférée à l'appréciation du ministre des Affaires étrangères.

Le fondement juridique du droit d'expulsion réside dans un droit de haute police. Dans les pays de chrétienté on admet sans conteste, aujourd'hui, que tout gouvernement a le droit d'exclure de son territoire les étrangers qui, par leurs agissements, constitueraient un danger. Dans les pays musulmans, l'autorité locale a consenti à une dérogation, en permettant que les consuls pussent agir eux-mêmes.

Une certaine solidarité relie en effet, en pays musulman, tous les membres d'une même nation chrétienne, et il fallait tenir compte de la tendance qu'on avait autrefois à les y rendre tous responsables de la faute d'un seul. C'est ainsi qu'au début des relations commerciales, les chrétiens, dans leur fondique, restèrent longtemps responsables en corps, aux yeux des Musulmans, des dettes de l'un d'entre eux (1). Mais en cas de conflit de race, de religion ou de nationalité, cette solidarité pouvait avoir des

____

(1) La capitulation de 1740 établit ainsi le principe de l'individualité de la dette : « Si quelque Français se trouve endetté, on attaquera le débiteur et l'on ne pourra rechercher ni prendre à parti aucun autre à moins qu'il ne soit sa caution. » (Art. 22.) « Si un Français venait à s'absenter pour cause de dette ou de quelque faute, on ne pourra saisir ni inquiéter à ce sujet aucun Français qui serait innocent et qui n'aurait point été sa caution. » (Art. 23.)

conséquences plus sérieuses ; il importait que la collectivité tranquille et laborieuse ne pût être menacée par le fait d'un seul et de prévenir des complications que la distance aurait pu rendre plus graves. On jugea donc indispensable que ceux qui répondaient des auteurs de troubles pussent les éloigner dans un intérêt supérieur de sécurité générale. Aussi, la plupart des États ont-ils armé leurs représentants du droit d'expulsion (loi belge de 1851 ; règlement russe de 1820, art. 18 ; loi sarde de 1858 ; order in council du gouvernement anglais de 1864 ; ordonnance du 2 décembre 1857 du gouvernement austro-hongrois, art. 31, etc. ;) et, malgré la rigueur d'un pouvoir aussi illimité, on n'a pas à en signaler d'abus.

Tout au contraire, il semble que les consuls en aient fait un usage si modéré que le gouvernement égyptien, ému de certains faits graves restés impunis, dut intervenir. Se trouvant désarmé vis-à-vis des étrangers, il réunit le corps diplomatique et lui exposa que, dans la nécessité où il était d'assurer l'ordre public, il lui était impossible de le faire sans le concours des consuls. Il fut donc convenu, dans une délibération du 28 avril 1866 (1), que le gouver-

---

(1) Texte de la délibération du 28 avril 1866, transmise en expédition conforme aux agents et consuls généraux, par circulaire du ministère des Affaires étrangères en date du 30 avril 1866 :

DÉLIBÉRATION

A la suite de certains faits assez graves au point de vue de la sécurité publique, et qui ont éveillé toute l'attention du gouvernement de Son Altesse le vice-roi, justement soucieux de tout ce qui touche à la tranquillité générale et désireux de l'assurer par toutes les mesures opportunes :

Son Excellence Raghed Pacha, ministre p i. des Affaires étran-

nement égyptien pourrait provoquer l'expulsion de son territoire des étrangers compromettants pour la morale ou la sécurité publique. Cette délibération n'est pas une renonciation à l'inviolabilité de la personne ou du domicile, mais une simple mesure de police intérieure délibérée entre le gouvernement et les consuls auxquels on ne demandait que « de vouloir bien prêter leur concours » et « sans aucune atteinte aux droits résultant des traités ». L'expulsion ne peut donc être prononcée que moyennant le consentement du consul, et c'est lui qui reste chargé de l'exécuter. Néanmoins, depuis l'institution de la réforme judiciaire en Egypte, plusieurs arrêts de la Cour d'appel[1] d'Alexandrie, tout en reconnaissant que les étrangers jouissent, en vertu des capitulations, du droit de séjourner sur le territoire égyptien, ont déclaré que le gouvernement avait le droit de procéder lui-même à l'expulsion quand

gères, a, sur l'ordre de Son Altesse, convoqué messieurs les membres du Corps consulaire en son ministère à Alexandrie, le 28 avril 1866, à dix heures du matin, et, après avoir expliqué qu'il y a nécessité pour le gouvernement d'expulser de son territoire les étrangers manquant de moyens d'existence et dont la conduite compromettrait la morale ou la sécurité publique, il a demandé que messieurs les Représentants des Puissances étrangères voulussent bien prêter leur concours au gouvernement égyptien, qui est tout disposé à entourer l'application de cette mesure de toutes les garanties de conciliation et de légalité désirables, et qu'ils émissent leur opinion au sujet de ces garanties. Après délibération, messieurs les membres du Corps consulaire sont tombés d'accord avec Son Excellence Ragheb Pacha que, dans le cas où il y aurait lieu d'appliquer cette mesure, le gouvernement local s'entendrait préalablement avec le consul compétent ; s'il y avait désaccord, la difficulté serait soumise à un comité du Corps consulaire qui jugerait de l'opportunité de ladite mesure ; l'expulsion une fois jugée nécessaire serait exécutée par le consul compétent, et sans aucune atteinte aux droits résultant des traités.

Le comité ci-dessus indiqué sera composé de neuf membres et

des circonstances de fait la légitimaient, notamment des
manœuvres ou agissements de l'étranger, dangereux pour
la sûreté et la tranquillité du pays et de ses habitants.
Cette théorie, dit M. Laget, est la violation flagrante des
capitulations et des usages (1). Sans contester qu'elle ne
soit contraire aux usages (la délibération de 1866 ne
le permet pas), il y a lieu pourtant de se demander si,
restreinte aux cas où il en a été fait application, elle viole
réellement les capitulations. La solution négative peut se
déduire d'une double raison :

a) Les capitulations n'ont garanti que l'immunité de
juridiction ; or l'expulsion n'est pas une condamnation
pénale. Lors donc qu'elle n'est pas accompagnée d'une
violation de domicile on ne peut pas dire que les capitulations soient enfreintes. Les lois de police et de sûreté

choisi d'un commun accord entre le gouvernement et le consul compétent ; il décidera à la majorité des voix.

Ce premier point établi, un second a été exposé par Son Excellence
Ragheb Pacha, dans la même séance, et, à propos de ce second
point, messieurs les membres du Corps consulaire sont tombés d'accord avec lui que la police locale a le droit de pénétrer à toute
heure, et sans avoir besoin du concours des consulats, dans les cafés,
restaurants, cabarets, maisons suspectes et autres lieux semblables,
étant seul excepté le domicile privé de l'individu.

Ces perquisitions ou arrestations seront opérées par un préposé de
la police qui devra procéder avec tous les ménagements nécessaires.

Les consuls pourvoiront à ce que leurs administrés n'apportent
aucune entrave aux démarches ci-dessus prévues de la police.

Dans tous les cas, avis sera donné le plus tôt possible, et dans les
vingt-quatre heures au moins, au consulat, de l'arrestation qui aurait
été effectuée sur la personne d'un de ses administrés.

(Suivent les signatures des consuls généraux des dix-sept puissances
représentées en Egypte).

Extrait du Bull. de Leg. et Jur., t. IV, p. 276.

(1) LAGET, *loc. cit.*, p. 216.

sont territoriales, applicables par conséquent aux étrangers comme aux indigènes (C. civ., art. 10). Le gouvernement, en procédant à l'expulsion, ne fait donc que se conformer à un principe général de défense sociale dont la légitimité est reconnue par la législation de tous les peuples.

b) En second lieu, quel a été l'esprit des capitulations? C'est de favoriser le commerce et d'éviter que ceux qui voyageaient paisiblement ne fussent molestés ; mais il n'était certainement pas dans l'intention des contractants de faire, de l'un des deux pays, un refuge aux malfaiteurs de l'autre et de l'obliger, en cas d'inaction du consul, à conserver un individu qui constituait pour lui un danger permanent[1]. Si large qu'elle soit, l'hospitalité ne peut en effet aller jusque-là. « Il est évident, dit la jurisprudence de la Cour d'Alexandrie, qu'à côté du droit de séjour des étrangers en Égypte, il y a l'intérêt de l'État et les conditions que, pour la sûreté et la tranquillité du pays et de ses habitants, l'étranger doit respecter, et ce dernier ne saurait, par son propre fait, en violant ces conditions, provoquer un avantage quelconque à son profit » (11 avril 1888) [2]. Accentuant encore ce principe, la Cour décidait

---

[1] « Si le gouvernement turc a assuré aux étrangers le droit de venir résider et exercer le commerce en Turquie, dit M. Salem, il a entendu parler des étrangers dont la conduite est irréprochable et dont la résidence dans l'empire ottoman ne peut pas être nuisible à l'intérêt général. Le gouvernement ottoman ne pourrait pas admettre et les gouvernements étrangers ne devraient pas commettre l'injustice d'exiger que les malfaiteurs étrangers, gens de pire espèce, pussent, sous l'égide des capitulations, s'assurer en Turquie une impunité qui blessât la morale et la justice. » (*Le droit d'extradition en Turquie,* par M. SALEM, *Rev. dr. int.,* 1891, p. 380).

[2] *R. O.,* t. XIII, p. 157. V. aussi arrêt du 5 janvier 1882, *R. O.,* t. VII, p. 61.

récemment que les agents de la police n'avaient usé que
de leur droit en arrêtant un individu très suspect et « qu'en
exerçant ses hautes fonctions de gardien de l'ordre public,
le Gouvernement n'engageait pas sa responsabilité. La
mesure d'expulsion ne pourrait donner lieu à une action
en dommages et intérêts contre lui que s'il était démontré qu'il ait agi avec arbitraire et mauvaise foi, ce qui
n'est pas le cas lorsque la personne expulsée a donné
lieu à de fortes et légitimes suspicions » (1). Cette faculté
reconnue au gouvernement n'enlève pas, bien entendu,
à l'autorité consulaire le droit de faire valoir, de son côté,
par voie de représentations diplomatiques, les griefs auxquels l'exercice de la mesure pourrait éventuellement
donner lieu au point de vue des prérogatives consulaires (2).

La conséquence du pouvoir de haute police des consuls
sur leurs nationaux est de rendre inutiles avec la Turquie les traités d'extradition, chaque consul pouvant,
directement et sans recourir à l'autorité locale, arrêter ses
ressortissants poursuivis pour crimes ou délits et réfugiés
dans l'empire ottoman. Il y a lieu pourtant de faire observer que l'expulsion n'équivaut pas à l'extradition : c'est
ainsi qu'un consul ne peut s'emparer que de son ressortissant et non de l'étranger qui aurait commis un crime
dans le pays représenté par le consul et réfugié en
Turquie ; le gouvernement ottoman ne peut le livrer ; c'est
ainsi encore que l'extradition ne s'applique pas aux crimes
et délits politiques (3).

(1) 28 Janv. 1892, *Bull.*, t. IV, p. 276.
(2) *R. O.*, t. XIII, p. 157.
(3) La cour de cassation de Paris a rendu en cette matière un arrêt
de principe intéressant à rapporter.
Cass., 18 décembre 1858... Attendu que pour tout État le droit de

Exterritorialité. — Pour expliquer l'immunité de la juridiction et l'inviolabilité de la personne et du domicile des Européens en Orient, un certain nombre d'auteurs

protection sur son territoire et le droit de justice rentrent au même titre dans les attributions de la souveraineté ; que par les Capitulations toujours en vigueur qui régissent les rapports de l'empire ottoman avec la France, l'empire ottoman a concédé à la France le droit de poursuivre et de faire juger par ses consuls les crimes et délits commis sur le territoire ottoman par des Français, au préjudice de Français ; — Attendu que de la délégation de cette partie de la puissance souveraine accordée par les Capitulations à la France et exercée par ses consuls, résulte nécessairement pour ceux-ci le droit d'amener l'exécution, sur le territoire ottoman, de tous mandats et ordonnances de justice décernés contre des Français poursuivis ou mis en jugement en France ; qu'il serait tout à fait contraire à l'esprit des Capitulations que nos nationaux rendus justiciables de nos consuls, pour crimes et délits commis dans toutes les Échelles du Levant, puissent, à l'égard des crimes et délits commis en France, obtenir un droit de protection et d'asile sur cette portion du territoire étranger qui, par la volonté du souverain du pays, a été soumise à la justice française ; — Attendu, en outre, qu'aux termes de l'article 82 de l'édit du mois de juin 1778, article maintenu par la loi du 28 mai 1836, les consuls de France dans les Echelles du Levant peuvent, dans tous les cas qui intéresseront la politique et la sûreté du commerce, faire arrêter et renvoyer en France tout sujet français qui deviendrait nuisible au bien général ; que le consul de France à Alexandrie a pu considérer à bon droit que la présence, au milieu de la colonie française, d'un individu poursuivi en France pour escroquerie était menaçante pour la sûreté du commerce ; — Que dans de tels cas d'ailleurs, le consul agit sous sa propre responsabilité, avec l'obligation d'en rendre immédiatement un compte circonstancié au ministre compétent, et que les tribunaux seraient sans droit pour prononcer l'annulation d'une semblable mesure ; — Attendu que le demandeur, prévenu d'abord d'un délit d'escroquerie, maintenant mis en accusation pour faux, était, en mars 1858, placé sous le coup d'un mandat d'amener et d'un mandat d'arrêt décerné par le juge d'instruction du tribunal de Marseille ; qu'il s'était soustrait par la fuite à l'exécution de ces mandats ; — Que signalé au Consul général français, il a été arrêté à Alexandrie

ont recours à la fiction de l'exterritorialité. « La fiction d'exterritorialité, dit M. Vercamer (1), c'est le privilège d'être affranchi de la souveraineté territoriale et de ne relever que de sa juridiction nationale, dans toutes les matières juridiques qui intéressent la personnalité politique ou privée du bénéficiaire. » Ainsi s'expliquerait, par cette fiction, l'application qui est faite aux étrangers de leurs lois et de leur juridiction nationale : tout en étant à l'étranger, on suppose qu'ils demeurent dans leur pays d'origine. La majorité des auteurs, et parmi eux M. Feraud-Giraud, dont la compétence est si grande dans ces questions, est de cet avis. M. F. Piétri prend vivement à partie cette théorie dans son étude remarquable sur la fiction d'exterritorialité (2). Il trouve l'explication insuffisante, inutile et aboutissant à des conclusions absurdes. « Il serait étrange autant qu'inutile, dit-il, d'appliquer au domicile des ressortissants étrangers, dans les pays musulmans, la fiction d'exterritorialité. Outre qu'il n'est jamais question d'exterritorialité dans les textes des Capitulations et que la fiction est insoutenable en raison même de la restriction apportée à l'inviolabilité du domicile, à savoir que les autorités locales peuvent y pénétrer avec l'assistance du consul, on aboutirait par elle à des conséquences inadmissibles, comme les suivantes : l'enfant né dans la maison d'un ressortissant

et renvoyé en France ; qu'en décidant qu'il n'y avait rien là que de conforme aux Capitulations passées avec la Porte ottomane, et à l'article 82 de l'Édit de 1778, l'arrêt attaqué, loin d'avoir violé les lois de la matière, en a fait une juste appréciation ; — Rejette.

(1) Voir le très intéressant ouvrage de M. VERCAMER, conseiller à la Cour d'appel mixte d'Alexandrie sur les *Franchises diplomatiques et l'exterritorialité*, 1891, n° 84, p. 147.

(2) *Etude critique sur la fiction d'exterritorialité*, par M. François Piétri, substitut du contentieux de l'Etat, Paris, 1895.

étranger devrait être considéré comme né dans la patrie de ce dernier et non dans le pays ; si un criminel se réfugiait dans la maison d'un ressortissant étranger d'une autre nationalité que la sienne, une demande d'extradition deviendrait nécessaire pour l'en faire sortir et le livrer à la juridiction compétente. Nous n'insistons pas » (1).

L'exterritorialité est insoutenable, dit-il, parce que le consul peut la lever ; mais est-ce parce qu'un privilégié renonce à un privilège qu'on peut dire que le privilège n'existe pas ? Elle est inadmissible parce que l'enfant né à l'étranger devrait être considéré comme né dans son propre pays ; mais au point de vue juridique, quelle différence y a-t-il entre l'enfant d'un Français né en France et l'enfant d'un Français né en Égypte ? Elle est inadmissible encore, parce qu'il faudrait une demande d'extradition pour faire sortir un criminel, réfugié dans la maison d'un étranger d'une nationalité autre que la sienne ! Mais ne pourrait-on pas objecter qu'à une fiction comme l'exterritorialité la présence du consul suffit amplement pour constituer une sorte d'extradition ? Les Européens avaient autrefois leurs quartiers francs (2) et personne ne conteste que sur ce coin du sol isolé de tout rapport avec l'autorité locale, sous leurs lois, leurs mœurs, leurs usages, leur religion, leur drapeau, ils n'aient été chez eux. A peine peut-on dire que ce fut

(1) F. Piétri, *loc. cit.*, p. 306.

(2) « De ces quartiers à part résulte, dit M. Gavillot, le principe « *d'exterritorialité* qui est admis pour les ambassades, même en « Europe, et qui a survécu en Orient à l'abolition de la résidence « obligée des chrétiens et des juifs dans des quartiers séparés des « fidèles observateurs de la loi du Coran. » *(Essai sur les droits des Européens en Turquie et en Egypte,* par A. Gavillot, p. 45).

une fiction cette situation qui subordonnait tous leurs rapports, lois sur les personnes, lois sur les choses, lois relatives aux actes de la procédure, voire même en Égypte le sort de la propriété foncière, à la législation de leur pays! Si cette exterritorialité a subi plus tard des restrictions dues à des nécessités pratiques, c'est que par la désuétude d'une grande partie des capitulations, graduellement certaines barrières sont tombées qui la maintenaient et qu'avec elles la fiction s'est évanouie. Mais il est certain que les colonies étrangères ont longtemps formé comme le prolongement de la Mère-Patrie et que sous l'administration et la juridiction de ses représentants elles avaient l'exterritorialité pour principe. Mais on pourrait aujourd'hui citer un certain nombre de cas dérivés de la règle *locus regit actum*, mariage, intérêts, lettre de change etc., sans parler de la juridiction des contraventions, qui viennent sérieusement battre en brèche cette théorie. On peut donc considérer qu'elle a fait son temps, et l'étude de M. F. Pietri a le mérite de dégager le côté dangereux d'une fiction à laquelle il est impossible d'assigner de limites ; prise en effet dans toute sa rigueur cette thèse aboutit à soustraire les étrangers à toutes les lois du pays puisqu'ils sont censés ne pas l'habiter.

Or, les entraves qu'une pareille théorie apporte dans l'État lui rendent toute réforme impossible. C'est ce que, pour l'Égypte en particulier, signalait M. Ch. de Roccaserra dans une consultation (1) dont nous extrayons le passage suivant :

(1) Consultation de M. Ch. de Roccaserra, conseiller khédivial, sur le pouvoir réglementaire du gouvernement égyptien à l'égard des étrangers. *Blue Book. Egypt.*, 1887, n° 5, p. 19.

« Le gouvernement égyptien, dit-il, ne possède pas le pouvoir législatif à l'égard des étrangers. Les capitulations avaient assuré aux chrétiens en pays musulman la sécurité pour leurs personnes, leurs biens et leurs bâtiments ; l'usage a singulièrement étendu les capitulations, et peu à peu les étrangers ont fini par se considérer comme couverts par le principe d'exterritorialité. En d'autres termes, l'étranger qui habite l'Égypte est toujours censé habiter sa patrie ; il ne reconnaît donc d'autre loi, d'autre autorité que celles de son pays d'origine ; toute loi émanée de l'autorité territoriale seule, sans l'assentiment de son gouvernement, est pour lui nulle et sans valeur. Et comme il y a en Égypte seize ou dix-sept puissances régulièrement représentées, qui ont adhéré aux tribunaux de la réforme, aucune mesure législative n'est reconnue obligatoire par les tribunaux si elle n'a au préalable obtenu l'assentiment de toutes les puissances contractantes. Voilà donc le gouvernement égyptien obligé de négocier avec dix-sept puissances, et il suffira de la mauvaise volonté ou du refus d'une seule pour le mettre dans l'impossibilité d'édicter une loi à laquelle la prospérité de l'Égypte pourrait être attachée ».

Quand une théorie aboutit à une pareille conséquence : faire des consulats un État dans l'État, elle doit être répudiée. Aussi nous nous rallions à l'interprétation restreinte qu'en a fait la Cour d'appel d'Alexandrie, en souhaitant qu'elle devienne de plus en plus la règle de sa jurisprudence (1). Tout en reconnaissant que sous les capitulations les européens jouissaient en Égypte du privilège

____

(1) Alexandrie, 4 janvier 1877, *Jurisprudence*, t. II, p. 63.

de l'exterritorialité, la Cour déclare que ce privilège n'étant écrit dans aucun texte, doit, par le seul fait qu'il est contraire au droit des gens, être ramené aux strictes limites des traités et des usages :

« En dehors des stipulations relatives aux immunités diplomatiques et consulaires, dit-elle, les anciennes capitulations n'avaient manifestement d'autre but que « de procurer l'activité et la vigueur au commerce », en établissant en faveur « des allants et venants étrangers », pour la sûreté de leurs personnes et de leurs relations d'affaires, un ensemble de garanties spéciales qu'ils n'auraient pas rencontrées à un degré suffisant dans l'application des lois et des institutions propres du pays ;

« Ces garanties premières, bien que considérablement élargies depuis lors, ont cependant conservé leur nature originaire, ainsi que leur caractère propre de spécialité, et elles peuvent toutes se résumer ou se classer comme suit : Immunités pour le libre exercice des cultes chrétiens ; — Inviolabilité du domicile ; — Immunités en matière de douane, de commerce et d'industrie ; — Immunités en matière fiscale par l'indication de certaines taxes légitimement dues, à l'exclusion d'autres impôts dont la perception est prohibée ; — Immunités judiciaires consistant en principe dans le maintien des juridictions consulaires.

« Or, chaque État indépendant, qu'il s'agisse de pays de chrétienté ou de pays hors chrétienté, est *nécessairement*, le siège d'une souveraineté propre dont l'essence est d'être *territoriale*, c'est-à-dire d'étendre son empire à toutes les personnes qui habitent le territoire, sans distinction entre les nationaux et les étrangers, sauf les immunités reconnues à ces derniers par des actes diplomatiques, ou bien consacrées par un usage suffisamment ancien pour que l'État doive être présumé en avoir reconnu l'existence.

« Que si les immunités reconnues dans les possessions de l'Empire ottoman ont une étendue plus considérable qu'en tous autres pays, il n'en résulte pas que la souveraineté locale y soit destituée, dans ses rapports avec les étrangers, de tout principe primordial d'autorité, et qu'elle n'ait d'autres pouvoirs envers eux que ceux expressément concédés par des traités ou des conventions particulières ;

« Que cette proposition, qui substituerait l'exception à la règle, est d'autant moins soutenable que les capitulations de la Porte n'avaient, à l'origine, que le caractère *d'octrois volontaires*, et que si plus tard elles ont été confirmées par des traités bilatéraux, ayant force d'obligations internationales, l'existence même de ces traités implique déjà la reconnaissance non équivoque de la souveraineté ottomane, avec tous ses attributs ordinaires, sauf les droits et privilèges *spécialement concédés ;*

« Il est donc impossible, conclut la Cour, de ne point reconnaître au Gouvernement égyptien, dans les limites de la constitution propre du pays et des pouvoirs délégués par le Sultan, le droit d'édicter toutes lois d'administration intérieure, obligatoires en principe, tant pour les étrangers que pour les indigènes, sauf le respect absolu des droits et immunités reconnus par les anciennes Capitulations et les conventions de toute nature qui les ont complétées (1) ».

En France, la Cour de cassation argumente de la même façon : « S'il est incontestable, dit-elle, que le Français jouit, en Orient, de franchises et d'immunités plus larges que celles

____

(1) Arrêt Carpi, 16 mars 1880, *R. O.*, t. V, p. 226.

qui lui sont assurées dans les États de la chrétienté et qu'il
s'y trouve plus spécialement placé sous la protection des
lois de la souveraineté française, ce serait dénaturer le
caractère de cette protection et en exagérer les conséquences que d'en induire qu'elle s'impose à lui dans toutes
les situations et ne laisse place en aucun cas à l'application
du droit commun. La fiction d'exterritorialité n'est éri-
gée nulle part en règle absolue ; on ne peut l'admettre que
dans la limite des concessions de la Porte dont on l'induit,
et, créée seulement pour certains cas prévus et parfaitement définis, elle laisse intacts, pour tous les autres, les
principes du droit public en matière de souveraineté (1). »

(1) 18 avril 1865, V. FERAUD-GIRAUD, *loc. cit.*, t. II, p. 104.

CHAPITRE ·II

DROIT COUTUMIER.

SECTION ·I

APPLICATION ET INCONVÉNIENTS DU DROIT COUTUMIER.

La coutume est, en Orient, une source de droit. Sa force
obligatoire a été reconnue dans plusieurs traités avec
l'Empire ottoman ; différentes lois des Etats d'Europe s'y
rapportent dans les dispositions concernant leurs nationaux (1), et la plupart des publicistes s'y réfèrent (2). Pour

(1) « Quant à la juridiction, tant en matière civile que criminelle,
les consuls se conformeront *à l'usage* et aux capitulations faites avec
les souverains des lieux de leur établissement. » Ordonnance de la
Marine, août 1681, titre IX, art. 12 ;

« Dans les cas prévus par les traités et capitulations ou *autorisés
par les usages*, les consuls des Échelles du Levant, etc. » Loi française
du 28 mai 1836, art. I.

V. la loi belge du 31 décembre 1851, art. 23 ; la loi sarde du
15 août 1858, art. 42 et 89.

La Cour d'appel d'Alexandrie a, également, en divers arrêts, reconnu
la force obligatoire des usages en Orient. (Arrêt 21 avril 1892, *Bull.*
t. IV, p. 275).

(2) Voir notamment Martens, qui, dans son introduction au « *Précis du Droit des Gens* », parle du droit conventionnel et coutumier des
Turcs.

connaître la situation des chrétiens étrangers sous le régime des capitulations, il faut donc tenir compte, non seulement des dispositions des traités, de la législation ottomane et de la législation des puissances européennes, mais des usages qui complètent ou expliquent les capitulations (1). Ce qui est vrai pour la Turquie, l'est bien plus encore pour l'Égypte. Comme l'alluvion qui se dépose lentement sur les bords du Nil, des pratiques se sont peu à peu superposées en Égypte au texte des capitulations et dans un pays aussi traditionaliste, l'usage ne devait pas tarder à acquérir une force supérieure au droit écrit.

« Le régime judiciaire qui fonctionne aujourd'hui en Égypte, dit un rapport de 1874, (2) ne résulte pas, à proprement parler, des capitulations. C'est un régime spécial basé en partie sur les anciens traités conclus avec la Porte ottomane par les nations de l'Occident, et, en partie, sur un ensemble d'usages locaux qui constituent *un droit coutumier spécial* ». Ce droit coutumier s'était formé dans l'espace qui sépare la dernière capitulation, de l'état de choses tel qu'il fonctionnait à la veille de la Réforme judiciaire. Devenues trop étroites pour des colonies qui avaient quitté les fondiques dont elles étaient la loi, les règles anciennes avaient été délaissées, de sorte que, de toutes les provinces de l'empire ottoman, l'Égypte, sans lois sur ces étrangers, présentait une situation spéciale.

Dans un pays où tout se passait en famille, ces usages créèrent bien vite au profit des étrangers une situation juridique dont les dispositions des traités ne représentèrent plus qu'une partie de la législation. Non pas que ces usages

(1) *Rep. Gén. Alph. du Droit français : Capitulations d'Orient.*
(2) Rapport de juin 1874 au ministère des Affaires étrangères de France. *Archives diplom.*, 1875, p. 190.

vinssent modifier le fond du droit lui-même. Il ne s'agit pas, qu'on le remarque bien, d'un droit coutumier tel qu'on entend généralement sous cette expression le droit tirant son origine des mœurs et des usages d'une population, créant la loi, se développant avec elle comme un enfant du sol et dont l'expression la plus parfaite se trouve dans le droit coutumier de la féodalité. Ce qu'on doit entendre en Egypte par droit coutumier, c'est l'application au droit public international, d'usages détournant les personnes et les choses de leur juridiction normale. L'usage n'affectait pas directement la loi, il n'affectait que le forum, mais en vertu de l'influence qu'exerce la *lex fori* sur l'exercice des actions qui découle du fond du droit, le justiciable amené devant un tribunal qui n'était pas régulièrement le sien, se voyait faire application d'une loi qui n'était pas la sienne. C'est dans cette distraction du forum que réside le droit coutumier égyptien, compris tout entier dans la règle : *actor sequitur forum rei,* dont il était fait une application absolue.

§ 1er. — Droit coutumier civil.

Le droit de juridiction réglé par les capitulations prévoyait trois situations dont la première, différends entre co-nationaux, nous est connue.

Les deux autres : contestations entre étrangers appartenant à des nationalités différentes ou entre étrangers et indigènes, insuffisamment réglementées, avaient donné lieu à des usages différents dans toutes les provinces de l'empire ottoman. En Égypte, les consuls les avaient ajoutées à leur juridiction sur leurs nationaux. Quand un indigène était en cause, les capitulations avaient rendu obligatoire la juridiction du tribunal local, et facultative seulement, quand les plaideurs étaient des étrangers de nationalité différente. Mais évincée, par suite de son insuffisance, quand elle était facultative, la juridiction locale le fut également quand l'européen avait pour adversaire un indigène. Ainsi, abusivement, les tribunaux consulaires en vinrent à juger des sujets locaux.

Pour expliquer comment, dans l'évolution juridique, ce droit coutumier a pris la place du droit strictement capitulaire de la phase précédente, il est nécessaire de rappeler que depuis le commencement du siècle, l'Égypte a subi des transformations profondes. A l'appel de Mehemet-Ali et de ses successeurs, un grand nombre d'étrangers actifs et entreprenants vinrent s'y livrer au commerce et à l'industrie. Avec eux les capitaux étrangers affluèrent dans des entreprises dont quelques-unes furent considérables ; l'agriculture s'enrichit de produits nouveaux ; des fabriques et des usines se développèrent, jetant dans le pays un mouvement de colonisation et de travail qui lui donna une ère de grande prospérité. Dans cette transformation de la situation économique, les fondiques disparurent, et les européens, instruments principaux de cet essor industriel et commercial, s'affranchirent facilement de ce que les capitulations avaient de gênant, au point de vue de la propriété, des impôts et de la justice, tout en en conservant les privilèges. C'est ainsi qu'un système judiciaire adapté autrefois à quelques commerçants paisibles qu'il s'agissait de protéger au milieu de la population indigène, devint insuffisant et qu'à sa place, un régime d'exception créé au jour le jour, s'établit peu à peu.

« La pratique journalière et l'initiative éclairée des autorités légales et des consuls étrangers, dit l'exposé des motifs de la loi française sur la réforme judiciaire, ont suppléé à l'insuffisance des institutions, la coutume a complété la loi et il s'est progressivement formé un corps d'usages, commentaire nécessaire du texte écrit, ayant la même valeur légale, mais pouvant mieux que lui, suivant les temps et les lieux, être l'objet de modifications consenties d'un commun accord (1). »

Comment ce régime, particulier à l'Égypte, a-t-il réglé, au point de vue judiciaire, les deux situations que nous avons réservées : procès entre européens de nationalités différentes et procès entre européens et indigènes? Bien que ce régime ait disparu, il est utile de l'exposer brièvement, parce que les usages font partie intégrante du système capitulaire, auquel les puissances ont expressément stipulé le retour, au cas où elles jugeraient qu'il y aurait lieu de retirer leur approbation à l'ordre de choses qui y a dérogé.

Quand une contestation s'engageait entre européens de nationalités différentes (2), deux moyens étaient à la disposition des parties : ou se pourvoir devant la justice locale, ou s'en remettre à leurs ambassadeurs.

« S'il arrive que les consuls et les négociants français aient quelques contestations avec les consuls et les négo-

_(1) Exposé des motifs de la loi relative à la *Réforme judiciaire en Egypte*. Dalloz, 1876. 4, p. 57.

(2) Ce cas ne pouvait être prévu par les premières capitulations, car c'était sous la bannière de la France que les européens devaient autrefois pénétrer dans l'empire ottoman. Aux yeux de la Porte, les étrangers étaient donc tous des Français ou protégés de la France. (*Acte additionnel du 20 avril 1607 aux lettres patentes du 20 mai 1604*).

ciants d'une autre nation chrétienne, il leur sera permis, du consentement et à la réquisition des parties, de se pourvoir par devant leurs ambassadeurs qui résident à ma Sublime-Porte ; et tant que le demandeur et le défendeur ne consentiront pas à porter ces sortes de procès par devant les pachas, cadis, officiers ou douaniers, ceux-ci ne pourront pas les y forcer ni prétendre à en prendre connaissance. » (Art. 52. Cap. de 1740).

Le recours à la justice locale avait toujours été écarté par les européens et le droit à la juridiction des ambassadeurs se bornait à poser un principe de compétence sans rien préciser. D'autre part, comme il n'était pas à la portée de tout le monde d'aller à Constantinople, on avait pris l'habitude de s'adresser sur place aux consuls considérés comme leurs représentants (1). La vieille maxime du droit romain : *actor sequitur forum rei,* qui dans toutes les nations européennes fixe la compétence, avait déterminé le choix du tribunal. Le forum du défendeur était justifié

(1) D'ailleurs, même en Turquie, la coutume avait remplacé la juridiction des ambassadeurs par des commissions judiciaires mixtes qui ont fonctionné, à Constantinople, de 1820 à 1851.

Ces commissions, substituées elles-mêmes à d'anciens tribunaux mixtes, remontant à une époque très éloignée, jugeaient comme tribunal de 1re instance les litiges entre Européens. Elles étaient composées de deux juges de la nationalité du défendeur et d'un juge de celle du demandeur. Pour être exécutoires, leurs sentences devaient être homologuées par le tribunal de la légation du défendeur et c'est ce tribunal qui était chargé d'en surveiller l'exécution. (CALVO, *Dr. Int.,* t. I, p. 620). Mais la Cour d'appel d'Aix, se basant sur ce que cette juridiction ne s'appuyait sur aucun texte écrit et n'avait jamais été régulièrement sanctionnée, a décidé, dans un arrêt célèbre généralement critiqué (28 nov. 1864), que ces commissions mixtes n'avaient aucune existence légale et leur décision aucune force obligatoire. C'était méconnaître complètement la force de la coutume en Orient.

d'ailleurs par deux raisons : certitude de compétence et possibilité d'exécution.

En poursuivant en effet le défendeur devant son propre tribunal, on était sûr qu'il n'en déclinerait pas la compétence ; on était sûr aussi de pouvoir exécuter la décision qui serait rendue. En vertu de l'inviolabilité du domicile, seul le consul du défendeur pouvait pénétrer chez lui et procéder à l'exécution de son jugement. Les autres tribunaux consulaires ne pouvaient exécuter leurs sentences contre un étranger qu'en s'adressant au consul de ce dernier. Or celui-ci pouvait refuser de reconnaître un jugement d'un consulat voisin. Par la force des choses, il en résultait qu'entre étrangers, ce n'était ni l'une ni l'autre voie indiquée par les capitulations que l'on observait.

Quand une contestation s'engageait entre un indigène et un européen, elle aurait dû être portée devant les juges locaux : « si quelqu'un avait un différend avec un marchand français et qu'ils se portassent chez le cadi, ce juge n'écoutera point leur procès si le drogman français ne se trouve présent. » (Art. 26 capitulation de 1740). La compétence de la justice indigène était donc formellement réservée sous la seule condition de la présence du drogman du consulat de l'étranger, de façon que celui-ci ne fût pas condamné sans avoir pu s'expliquer. Pour lui donner même un surcroît de garantie, les capitulations défendaient aux indigènes de poursuivre l'étranger devant les juges ordinaires quand la valeur du litige excédait 4000 aspres (125 fr.) ; la connaissance en était réservée au divan impérial (Art. 41 et 69 de la cap. de 1740). Mais l'impossibilité de recourir au Divan impérial pour les procès excédant 4000 aspres, procès les plus nombreux, avait fait tomber cette règle en désuétude. Si l'indigène était demandeur dans un procès contre un européen, légalement la demande aurait dû être portée devant la justice indigène. Mais l'indigène ayant besoin du concours du consul pour amener devant le tribunal local le défendeur assisté du drogman, si celui-ci ne se rendait pas à la convocation, le tribunal indigène était frappé d'impuissance et le consul était saisi d'une réclamation. Il en profitait soit pour apprécier la compétence du tribunal devant lequel on appelait son administré, soit pour juger le fond de la contestation (1). Si au contraire un européen était demandeur contre un indigène, alors que rationnellement il aurait dû, d'après le principe *actor sequitur*, le poursuivre devant le tribunal local, il le poursuivait devant son consulat; et l'indigène était porté à accepter cette juridiction, pour les mêmes raisons pratiques que dans les cas où la contestation surgissait entre européens de nationalités différentes ; de sorte que l'usage s'établit de poursuivre les indigènes devant les consulats !

C'était le renversement du principe et la violation formelle des capitulations. Néanmoins si bizarre que se présentât la situation, elle ne soulevait pas ou peu de protestations : l'impossibilité d'aller à Constantinople pour les procès excédant 4,000 aspres et le défaut d'organisation de la justice locale qui n'inspirait pas de confiance aux euro-

(1) Le gouvernement égyptien avait protesté contre cette dérogation aux capitulations, mais, fait observer M. Renault, il avait lui-même consacré la maxime *actor sequitur* au cas qui pouvait émouvoir le plus justement sa susceptibilité, c'est-à-dire en matière criminelle. Un règlement de Saïd Pacha en date de novembre 1857 porte en effet, (art. 52) que les crimes et délits imputés à un étranger, seront, à la requête du directeur de la police, poursuivis devant la juridiction consulaire. L. RENAULT, *Bulletin de la Soc. de Législation comparée*, 1875, p. 255.

péens, permettait au moins aux indigènes, allant devant le
consulat du demandeur, de former des demandes reconventionnelles qui seraient restées lettre-morte devant leurs tribunaux (1). Si les consulats n'avaient eu à juger que des questions mobilières et personnelles, ces usages, si dérogatoires
qu'ils fussent, n'eussent peut-être pas suffi à donner à ce droit
coutumier l'importance qu'en fait il avait acquise. Mais une
pratique contraire à toutes les lois, bien que légitimée par
un certain nombre d'années d'exercice, avait donné aux
consulats la ·juridiction immobilière. Tandis qu'en Turquie les étrangers ne pouvaient, avant la loi de 1867,
acquérir aucun immeuble, Méhémet-Ali, en ouvrant l'Égypte
aux étrangers, leur concéda le droit à la propriété du sol ;
beaucoup d'entre eux tenaient même leurs immeubles de
·la propre munificence du premier khédive. Le fait qu'à des
époques ultérieures l'administration égyptienne ait parfois
mis obstacle à ce que les étrangers obtinssent les hodjets
constatant leur droit de propriété, n'empêchait point ceux-
ci, placés sous·la protection de leurs représentants diplomatiques, de jouir des immeubles qu'ils possédaient, d'en
acquérir d'autres et d'en disposer soit par actes sous
seing ·privé, soit par des actes authentiques·passés dans
les chancelleries des divers consulats. Et tandis qu'en
Turquie tout ce qui concerne la propriété foncière relève
des tribunaux ottomans, en Égypte l'usage s'était peu

(1) Il résulte d'un état des jugements rendus au tribunal consulaire de France à Alexandrie dans des causes entre indigènes demandeurs contre Français que, sur soixante-dix affaires portées devant
le tribunal de janvier 1866 à septembre 1857, les indigènes ont vu
· leurs demandes accueillies dans 51 affaires, repoussées seulement dans
8. Des mesures préparatoires ayant été ordonnées dans les autres
affaires, elles n'avaient pas encore été jugées en septembre 1857. Tous
· les consulats, il est vrai, n'offraient pas les mêmes garanties.

à peu introduit de laisser les consulats juger les questions réelles immobilières, y compris l'hypothèque et l'expropriation forcée. Leur incompétence en ces matières était pourtant radicale, ils n'hésitaient pas à le reconnaitre et néanmoins ils se croyaient autorisés à trancher ces questions (1). Sur un territoire soumis à dix-huit juridictions et régi par dix-huit législations consulaires différentes, on peut juger du démembrement que la souveraineté locale ressentait d'un pareil morcellement du sol.

Quant aux affaires commerciales entre indigènes et européens, c'est encore en vertu d'un usage très ancien que dans tout l'empire ottoman, elles avaient été distraites de la juridiction locale pour être soumises à un tribunal présidé par le chef de la douane et composé de notables commerçants, assesseurs, pris parmi les indigènes et les Francs. En Egypte, ces tribunaux de commerce avaient été réorganisés au Caire et à Alexandrie par le règlement de Chérif Pacha du 3 septembre 1861 (2). Ils étaient com-

(1) V. à ce sujet la discussion devant la commission internationale réunie au Caire en 1869. Clunet, 1874, p. 61.

Cet usage était non seulement contraire à la loi ottomane, mais contraire aussi à la loi française, une ordonnance de 1649 interdisant aux Français (et des raisons analogues y assimilaient les étrangers couverts de sa protection) d'acquérir des biens fonds en pays musulmans, interdiction dont une ordonnance du 3 mars 1781 n'avait excepté que les maisons, caves et magasins dont les négociants avaient besoin pour l'exercice de leur commerce. *Rep. Gen. Alph. du Dr. Franç. Capitulations*, p. 61.

Il paraît même que le consulat russe d'Alexandrie avait ouvert un bureau d'hypothèque dans sa chancellerie, et qu'il appliquait la loi russe aux questions hypothécaires qui se présentaient relativement à des immeubles appartenant à des russes. De même pour le consulat de France. V. Lavollée, *Rev. des Deux-Mondes*. 1er février 1875.

(2) Feraud-Giraud, t. I, p. 369.

,posés de quatre juges, deux notables indigènes et deux
notables européens placés sous la présidence d'un Égyptien. Chacun de ces tribunaux jouait le rôle de tribunal
d'appel à l'égard de l'autre, et, dans ce cas, le nombre des
magistrats était double : quatre juges indigènes et quatre
juges européens présidés par un indigène. Le dispositif des
jugements qu'ils prononçaient était, par les soins du président, traduit en français et publié dans une feuille de
commerce. Comme législation, ces tribunaux appliquaient
des codes maritime et de commerce musulmans reproduits
des codes français correspondants. Or, la distinction entre
les affaires commerciales et les affaires civiles étant parfois assez délicate, il arriva que ces tribunaux de commerce statuèrent souvent indistinctement sur les unes
comme sur les autres. De là naquit l'idée de la juridiction
mixte actuelle, qui n'en devait être que le développement.

§ 2. — Droit coutumier pénal.

Nous avons vu au chapitre précédent, que les capitulations ne réservaient aux consuls que la connaissance des crimes et délits commis entre leurs nationaux.
Néanmoins, en pratique, les consuls avaient retenu leur
compétence dans tous les cas : crime ou délit commis
,par un de leurs ressortissants contre un étranger, ou par
un étranger contre un indigène. Le premier de ces deux
cas n'ayant pas été prévu par les capitulations, la juridiction consulaire s'explique par l'inviolabilité de la personne
et du domicile de l'européen, qui se dressait comme un
obstacle infranchissable devant toute autre autorité consulaire que la sienne. Les usages ont donc facilement fait

admettre que sur la plainte du consul dont relevait la victime, le consul du délinquant fût seul à poursuivre et à
juger. En Turquie, d'ailleurs, des usages non seulement
tolérés, mais même sanctionnés par la Porte dans un memorandum expédié aux représentants des puissances étrangères, reconnaissent que, dans ce cas, le droit de poursuite
et de répression appartient au consul du prévenu (1).

Quant au crime ou délit commis par un européen contre
un indigène, les capitulations rendaient les tribunaux
locaux compétents : « Si un Français ou un protégé de
France commettait quelque meurtre ou quelque autre
crime, et qu'on voulût que la justice en prît connaissance,
les juges de mon Empire et les officiers ne pourront y
procéder qu'en présence de l'ambassadeur et des consuls
ou de leurs substituts dans les endroits où ils se trouveront. » (Art. 65 de la capitulation de 1740). Cette phrase
« et qu'on voulût que la justice en prît connaissance »
est assez vague par elle-même mais elle s'explique par
l'art. 15 qui n'attribue compétence au consul qu'en cas de
crime entre Français ; d'ailleurs si on ne l'interprétait pas
dans le sens de la compétence de la juridiction locale, elle
n'aurait pas d'application. D'autres traités sont du reste
plus explicites. « Lorsqu'un sujet de Russie, ou tel autre,
jouissant de la protection russe, commettra un meurtre
ou un autre crime et que le gouvernement en sera informé,
les juges et officiers de la Porte ne jugeront de pareils
cas qu'en présence du consul ou de ceux qui auront été
commis à cet effet par le ministre ou le consul, quelque
part qu'ils se trouvent. » (Art. 74 du traité du 21 juin 1763
avec la Russie). Au surplus dans tous les traités, l'immu-

---

(1) *Recueil des lois ottomanes.* ARISTARCHI-BEY. t. 2, p. 424.

nité de la juridiction locale n'a été stipulée en matière pénale que comme corollaire de l'immunité en matière civile, c'est-à-dire chaque fois qu'un sujet ottoman n'était pas en cause ; et elle a été établie avec une telle précision, qu'on ne s'expliquerait pas la version qui ferait une distinction entre les deux situations (1).

Quoiqu'il en soit des textes, l'usage constant s'était établi que les Européens n'étaient justiciables que de leurs consulats. Cet état de choses dessaisissant l'autorité locale dans tous les cas, était formellement illégal: L'explication

(1) Il est vrai que certains traités récents, notamment celui du 7 mai 1830 avec les États-Unis, semblent, dans tous les cas, donner compétence au consul. « Les citoyens des États-Unis d'Amérique vaquant paisiblement à leur commerce et n'étant ni accusés ni convaincus de quelque crime ou délit, ne seront point molestés et si même ils avaient commis quelque délit, ils ne seront point arrêtés et mis en prison par les autorités locales, mais ils seront jugés par leur ministre ou consul et punis suivant leur délit, en observant, sur ce point, l'usage établi à l'égard d'autres Francs » (art. 4). Cette rédaction pourrait permettre au consul américain de punir les crimes et délits de ses nationaux, alors même que la victime serait indigène, mais il y a lieu de remarquer que l'obligation insérée *in fine, d'observer l'usage établi à l'égard d'autres Francs*, limite la compétence des consuls américains aux cas prévus par les traités antérieurs, et que, dans les négociations avec les États-Unis, il a été formellement entendu « qu'ils seraient reçus sur le même pied, à tous égards, que les nations les plus favorisées, notamment la France et l'Angleterre. » Comment pourrait-on dire que la Turquie ait voulu, pour un pays qui n'a presque pas de ressortissants en Égypte, étendre la base de la juridiction consulaire d'une façon diamétralement opposée aux principes consacrés par toutes les anciennes capitulations ? D'ailleurs, le traité avec la Toscane, qui est de 1833, prévoit le cas où les sujets toscans pourraient être punis par l'autorité locale : « Lorsqu'il sera nécessaire de les faire comparaître devant les tribunaux ottomans, ils ne s'y rendront que du su du consul ou de l'interprète, et lorsque le cas exigera qu'ils soient emprisonnés, lesdits consul et interprète pourront les faire conduire en prison en donnant une caution acceptable pour leurs person-

en est tout entière dans l'absence, en pays ottoman, d'une autorité qui représente ce qu'est, en Europe, l'institution du ministère public.

Lorsque l'indigène acceptait une indemnité pécuniaire ou ne poursuivait pas, la justice locale n'avait. dans ses lois, aucun moyen d'exercer l'action publique ; d'autre part, loin d'avoir un intérêt à s'opposer à la poursuite du consul contre son administré, l'autorité locale la voyait d'un œil trop favorable au point de vue du bon ordre général, pour refuser jamais aux consuls de prendre en mains les poursuites intéressant leurs nationaux, quand ils lui en faisaient la demande ; si bien que l'usage s'établit en ce sens et que la plupart des législations étrangères firent obligation à leurs consuls d'informer les crimes et délits dans les cas prévus par les traités et capitulations ou *autorisés par les usages*. (Art. 1er de la loi pénale française de 1836).

Mais ce qui est particulier à l'Égypte, c'est que le gouvernement égyptien lui-même en avait reconnu la légalité. « Si, en principe, disent MM. Dislère et de Moñy, la connaissance d'un acte délictueux doit être réservée aux autorités locales, c'est bien quand il viole une loi ou un règlement du pays même où il est commis. Cependant l'usage s'est encore établi, non seulement, de la part des tribunaux consulaires, de statuer sur les actes de cette nature, mais

nes ». (Traité du 12 février 1833 avec le grand duc de Toscane, art. 6). Si le traité avec l'Amérique devait avoir le sens élastique que certains auteurs lui prêtent, le traité avec la Toscane, qui lui est postérieur, ne s'expliquerait pas, la clause de la nation la plus favorisée s'appliquant à toutes les puissances. Enfin, même la capitulation grecque de 1855 prévoit (art. 17 et 24) le cas où des sujets grecs pourraient être soumis à la juridiction pénale turque avec les garanties accordées aux Francs. — V. en sens contraire, BORELLI, *Préface de la Législ. Égypt.*

encore, de la part des autorités ottomanes, de réclamer à ces-tribunaux la répression des infractions commises dans ces conditions par des Français (1) ». En effet, les usages avaient à tel point acquis force de loi en Égypte, qu'en 1857, Saïd-Pacha voyant les étrangers devenir de plus en plus nombreux, voulut les soumettre aux ordonnances applicables aux indigènes pour tout ce qui concernait la sûreté de la voie publique, l'hygiène, la police, etc..., et pour la punition des infractions aux mesures qu'il édictait, il les renvoya devant leur propre juridiction consulaire (2). Ce règlement devint une des armes les plus sérieuses dont se prévalut l'Europe quand plus tard le gouvernement Egyptien se récria contre la force qu'on attribuait aux usages dans les négociations relatives à la réforme. Il est juste d'ajouter qu'il fournissait un argument sans réplique.

§ III. — Inconvénients du droit coutumier.

Les inconvénients du droit coutumier étaient très grands. Bien qu'ils aient été plusieurs fois décrits, nous les énumèrerons, parce qu'ils sont le meilleur moyen de faire comprendre comment la juridiction consulaire, par une insuffisance notoire prêtant à des abus, devait nécessairement donner lieu à une réforme :

1° Dans les contestations entre européens de nationalité identique, la compétence immobilière que s'étaient arrogée les tribunaux consulaires aboutissait à ce résultat

(1) *Droits et devoirs des Français dans les pays d'Orient,* par DISLÈRE et de MOUY, 1893, p. 95.

(2) V. ce Règlement au chapitre IV : *Compétence pénale.*

qu'il y avait en Égypte autant de législations immobilières différentes que de nationalités en présence. Chaque tribunal consulaire appliquait sa loi immobilière nationale; et comme toutes ces lois n'étaient pas semblables, on pouvait compter en Égypte dix-huit législations immobilières suivies (dix-sept consulaires et une loi locale). Les immeubles ne pouvaient donc circuler ni facilement ni sûrement, et dans un pays où la terre est toute la richesse, l'organisation d'un crédit foncier et d'un régime hypothécaire était absolument impossible.

2° Dans les contestations entre contractants de nationalité différente, on ne savait pas, à première vue, d'après quelle loi le contrat serait régi. Tout dépendait, en effet, de la question de savoir qui serait le défendeur dans le procès futur pour connaître le tribunal compétent et la loi applicable. Aussi voyait-on des contractants se livrer à des ruses pour se faire attaquer sur l'exécution du contrat, parce qu'au procès cette position de défendeur leur réservait leur tribunal et leur loi personnelle.

C'est ainsi que le sort du contrat le plus simple et le plus usuel dépendait de la nationalité de la partie à qui le hasard ou les circonstances réservaient le rôle de défendeur.

D'autre part, avec la maxime « *actor sequitur* », les demandes reconventionnelles étaient impossibles, car le consul du défendeur n'ayant pas juridiction sur le demandeur, n'avait pas qualité pour le condamner. Le défendeur se trouvait donc obligé d'intenter par voie principale un nouveau procès devant le consulat du demandeur.

3° Il pouvait se faire qu'une demande fût formée contre

des défendeurs de nationalités différentes : on devait alors intenter autant de procès qu'il y avait de nationalités en cause ; de là des frais nombreux, du temps perdu, parfois des contrariétés de jugements et des difficultés très grandes d'exécution. Cet inconvénient déjà grand s'aggravait encore lorsque l'objet du litige mettait en jeu les principes de garantie, d'intervention, d'indivisibilité ou de solidarité. Autant de systèmes de lois et de jurisprudences différentes provoquant des conflits insolubles.

4º En matière de faillite, les syndics étaient obligés de plaider à peu près devant toutes les juridictions se trouvant en Egypte.

5º Le comble de tous ces inconvénients se révélait au point de vue de l'appel.

On avait posé, en principe, que la juridiction compétente en matière d'appel était la juridiction de l'appelant. Mais que devient, dit M. Laget, la situation d'un défendeur, que ses adversaires déboutés en première instance traînent à la fois à Londres, à Odessa, à Rio-de-Janeiro ? Et qui réglera les conflits si les deux parties font appel à la fois de la même sentence, et si chacune revient portant un arrêt également définitif et également souverain ? C'était inextricable ! Enfin, quand un procès existait entre un européen et le vice-roi ou l'État, ce procès n'était porté ni devant le tribunal consulaire ni devant le tribunal indigène ; on le réglait par voie d'arbitrage, et il fut avéré (1) que les réclamants s'entendaient généralement avec les arbitres pour faire condamner le gouverne-

(1) *Déclaration de M. de Schreiner, consul général d'Autriche, à la Commission Internationale du Caire.* LAGET, p. 117.

ment. La moindre fourniture ou concession donnait lieu à une demande d'indemnité, dont s'était fait une industrie fort lucrative toute une catégorie de gens qui, d'un préjudice imaginaire, savaient faire naître une question politique. Or, « c'est aux consuls que revenait la charge de poursuivre contre le Gouvernement et les Daïras. ces instances diplomatiques dont les personnes les moins engagées dans la polémique des partis ont sévèrement qualifié le caractère anti-juridique; il n'y avait pas de justice, a dit l'une d'elles, mais des influences (1). »

Au point de vue civil et commercial, le résultat immédiat de cette situation était d'entraver l'avenir du pays. L'absence d'une justice régulière ne permettait pas aux particuliers d'y engager leurs capitaux en toute sécurité, et, quant au gouvernement, les instances ruineuses auxquels il était à chaque instant exposé, lui rendaient impossible l'exécution des grands travaux d'utilité publique dont l'agriculture, le commerce et l'industrie avaient besoin.

Au point de vue pénal, la multiplicité des législations et des juridictions en vigueur faisait obstacle à toute unité dans les procès et à toute égalité dans la peine ; l'impossibilité de faire une instruction complète en présence des entraves que 17 autorités parallèles offraient à toute investigation, correspondait à une absence de répression pour les crimes les plus graves, et assurait aux malfaiteurs l'impunité au préjudice des éléments honnêtes des colonies. A ce point de vue la situation actuelle n'est pas (on le verra plus loin), sans présenter quelque analogie avec cet état de choses.

(1) LAGET, id.

En résumé, alors que les capitulations avaient, au .civil comme au pénal, soumis les étrangers à une double juridiction : juridiction des consuls dans leurs procès entre eux ou entre étrangers de nationalité différente et juridiction locale dans leurs procès avec des indigènes ; .alors que chacune de ces juridictions devait donner son assistance à l'autre : la juridiction locale, comme autorité territoriale, prêtant son bras à l'exécution des sentences consulaires, et la juridiction consulaire comme autorité souveraine du sujet étranger, lui imposant le respect des traités ; la coutume avait tout bouleversé. A la place de deux juridictions s'exerçant normalement dans toute leur plénitude, mais chacune dans sa sphère réservée, les usages avaient donné à la juridiction consulaire un développement si considérable qu'elle menaçait d'absorber la juridiction indigène. On a pu voir que le principe des capitulations était que chaque fois qu'en matière civile et pénale un intérêt ottoman était en jeu, le différend relevait de l'autorité locale ; or la coutume avait fait prévaloir le principe contraire, principe où l'on voit poindre déjà le germe de la théorie actuelle de l'intérêt mixte : dessaisissement de la justice locale chaque fois qu'un intérêt étranger est en cause. Et tandis que le droit capitulaire respectait ce premier principe du droit des gens qui veut que chaque nation .puisse exercer chez elle son pouvoir judiciaire sur ses propres sujets, le droit coutumier, ne connaissant aucune borne, avait soustrait les sujets locaux à la juridiction locale.

De sorte que peu à peu les personnes et les choses s'étaient trouvées, en Egypte, détournées de leur juridiction naturelle au profit d'une justice étrangère, procédant non des capitulations, mais « des usages anciens, généraux, permanents, reconnus par le gouvernement égyptien dans la pratique et dans divers documents officiels et qui formaient la base des législations promulguées par les nations européennes pour l'application des concessions qu'elles tenaient de la Porte (1). » L'exagération du principe de la personnalité des lois en vertu de la règle *actor sequitur forum rei*, tel était le droit coutumier.

SECTION II

NUBAR PACHA ET LA RÉFORME JUDICIAIRE.

« La juridiction qui régit les Européens en Égypte, qui détermine leurs relations avec le gouvernement, ainsi qu'avec les habitants du pays, n'a plus pour base les capitulations. De ces capitulations, il n'existe plus que le nom ; elles ont été remplacées par une législation coutumière arbitraire, résultat du caractère de chaque chef d'agence, législation basée sur des antécédents plus ou moins abusifs que la force des choses, la pression d'un côté, le désir de faciliter l'établissement des étrangers de l'autre, ont introduite en Égypte et qui laisse actuellement le gouvernement sans force et la population sans justice régulière dans ses rapports avec les Européens.

« Cet état de choses ne profite à personne, pas plus aux intérêts généraux des Puissances qu'à la population

(1) Rapport de la Commission française de 1867. *Documents diplomatiques, 1869.*

honnête du pays, indigène ou étrangère ; il s'exerce au détriment de l'Egypte, au détriment du gouvernement, à l'avantage de ceux qui se sont fait un métier de l'exploiter (1). »

C'est en ces termes que s'exprimait Nubar Pacha dans un rapport adressé en 1867 au Khédive sur le fonctionnement de la justice. Les capitulations avaient été détournées de leur sens primitif, dénaturées dans leur application et ne répondaient plus aux nécessités de l'époque.

« La manière dont la justice s'exerce, ajoutait-il, tend à démoraliser le pays, et l'Arabe, forcé de voir l'Europe à travers l'Européen qui l'exploite, répugne au progrès de l'Occident et accuse le vice-roi et son gouvernement de faiblesse ou d'erreur. » Le besoin d'une réforme se faisait donc vivement sentir. Non pas que Nubar Pacha voulût porter atteinte aux capitulations ; il s'en défendait, déclarant au contraire vouloir y faire retour, mais il posait l'abrogation des usages comme le point de départ nécessaire de la réforme à opérer.

Bien que le rapport de Nubar Pacha fût, en général, assez favorablement accueilli, parce que tout le monde comprenait qu'on ne pouvait continuer de vivre comme l'on vivait, les puissances ne voulurent toutefois pas reconnaître, que la seule base légale de l'organisation judiciaire égyptienne consistait dans les capitulations, à l'exclusion des usages. « Il peut exister des usages si anciens et si bien établis, écrivait Lord Stanley, qu'ils ont un droit acquis à être considérés comme faisant corps avec les

----

(1) Rapport de S. E. Nubar Pacha à S. A. Ismaïl Pacha. *Doc. dipl.* 1869.

capitulations, du consentement général, et à être traités
comme aussi obligatoires que celles-ci... le gouvernement
de S. M. ne peut consentir à mettre entièrement dé côté
les usages (1). »

C'est donc sur ces usages, qui avaient pris naissance à
l'ombre des capitulations, que s'engagea le débat. N'ayant
pu réussir à en faire table rase, Nubar Pacha s'attacha à
en atténuer les conséquences.

Partant de cette idée que dans les affaires, il n'y a pas
de question de race ou de religion, tout homme comprenant son intérêt, tout le monde pouvant s'entendre sur le
terrain neutre des échanges, Nubar Pacha voulut, au point
de vue civil, organiser un système judiciaire basé sur
l'exemple des tribunaux de commerce qui siégeaient composés d'européens et d'indigènes, avec une loi unique pour
tous les commerçants. La séparation complète de la justice
d'avec l'administration devait en être le principe : « la justice doit émaner du gouvernement mais non en dépendre ;
elle ne doit pas plus dépendre du gouvernement que des
consulats. » C'était la seule façon de mettre fin à cette
ingérence continue de la diplomatie dans chaque réclamation contre l'administration. Mais pour inspirer cette conviction aux puissances et leur donner confiance dans l'indépendance de l'organisation nouvelle, il eût fallu posséder un corps de magistrature qui faisait totalement défaut.
Nubar Pacha le reconnaissait. L'équité naturelle inhérente
à une nature honnête ne suffit pas, disait-il, pour constituer
un bon magistrat, la connaissance de la loi lui est indispensable ; c'est une étude à faire, c'est toute une éducation.

« Nos magistrats actuels, écrivait-il, ont une connais-

____

(1) *Doc. dipl.*, 1869.

sance parfaite de la loi civile et religieuse qui suffisait lorsqu'ils n'avaient qu'à rendre une justice uniforme à une population uniforme dans ses mœurs et ses besoins. Mais à de nouvelles nécessités, il faut de nouvelles lois, et les Européens, en s'établissant dans le pays, ont amené avec eux des usages nouveaux, des relations nouvelles. Un système mixte a commencé à s'introduire dans nos lois et dans nos codes. Il faut conséquemment des hommes nouveaux pour appliquer ce nouveau système. Il faut que l'Egypte, pour l'administration de la justice, fasse ce qu'elle a déjà fait d'une manière si efficace pour son armée, ses chemins de fer, ses ingénieurs des ponts et chaussées, ses services de santé et d'hygiène. L'élément compétent, l'élément étranger a été introduit, cet élément a servi à former l'élément indigène. Ce qui a été fait dans l'ordre matériel doit être fait dans l'ordre moral, c'est-à-dire l'organisation de la justice. »

Dans une pensée de garantie pour l'Europe et de progrès pour son pays, Nubar Pacha estima donc qu'il devait faire entrer l'élément européen dans l'organisation des nouveaux tribunaux. C'était en outre, à ses yeux, faire acte de justice, puisque un grand nombre de négociants ou industriels européens avaient, au Caire et à Alexandrie, des relations d'affaires avec des indigènes et leur servaient d'intermédiaires pour le placement de leurs produits en Europe. Aussi concluait-il en soumettant au Khédive un projet de réorganisation comportant la conservation des deux tribunaux mixtes de commerce établis au Caire et à Alexandrie ; ces tribunaux devaient être composés de 4 membres, 2 que les consuls choisiraient parmi les négociants présentant le plus de garanties, 2 autres que le gouvernement choisirait parmi les indigènes ; la présidence de chacun d'eux serait laissée à un Égyptien, mais la vice-présidence confiée à un magistrat choisi en Europe. A côté des deux tribunaux de commerce fonctionneraient deux tribunaux civils, composés de 4 membres également : 2 Égyptiens et 2 magistrats choisis au dehors, toujours sous la présidence d'un Égyptien. Au-dessus de cette juridiction de première instance, un tribunal d'appel siègerait à Alexandrie, composé de 6 membres : 3 Égyptiens et 3 magistrats compétents qu'on devait faire venir d'Europe sur le choix officieux de leurs gouvernements. Ce tribunal fonctionnerait sous la présidence d'un sujet égyptien.

« Quant aux contestations provenant de questions terriennes et de propriété, les Européens ont toujours été soumis à nos tribunaux, dit Nubar Pacha ; ces tribunaux fonctionnent bien, les membres qui les composent connaissent à fond la matière ; l'élément étranger ne serait pas compétent dans l'espèce. Je propose de les laisser tels qu'ils sont. »

En ce qui concernait le côté pénal de la réforme qui le préoccupait vivement, Nubar Pacha suggérait d'adopter le système préconisé pour le règlement des affaires civiles : la constitution de tribunaux correctionnels mixtes, par une sorte de jury composé mi-partie d'indigènes, mi-partie d'européens, avec appel au tribunal supérieur d'Alexandrie. Nous examinerons le caractère pénal de ce projet plus en détail, dans le chapitre que nous consacrons à cette matière.

Et quant à la législation que ces tribunaux devaient appliquer et qui n'existait pas, Nubar Pacha proposait qu'une commission de jurisconsultes étrangers et de légistes musulmans rédigeât, sur la législation française généralement suivie en Orient, des codes appropriés au pays. « En résumé, dit son rapport, soit au civil, soit au criminel, c'est le retour aux capitulations et non seulement un retour pur et simple, mais au contraire un retour qui accorderait aux étrangers des garanties bien supérieures à celles que leur présentaient ces capitulations. En effet, d'après celles-ci, c'est un tribunal indigène qui juge en présence du drogman, simple témoin, sans voix délibérative. A la place de ce témoin muet, la réforme projetée donne aux étrangers la garantie d'un tribunal dans la composition duquel entre un élément européen, et d'un code revisé, conformément aux lois européennes pénales et civiles. »

Tel est l'acte initial de la réforme : aux dix-sept tribunaux consulaires, il opposait un système basé sur *l'unité de législation, l'unité de juridiction et l'unité d'exécution.* Pour le réaliser, il demandait à l'Europe de renoncer à des privilèges de juridiction fondés sur des usages auxquels le temps avait donné force de loi. L'Angleterre répondit qu'elle accepterait une réforme conçue « dans le sens des principes du droit international », ce qui était assez vague, mais, moyennant des garanties sérieuses, le cabinet de Londres paraissait vouloir faire les plus larges concessions (1) ; la Grèce opposa un refus catégorique. Les autres puissances se tinrent très réservées, et les colonies étrangères du Caire et d'Alexandrie, sans distinction, se montrèrent hostiles : « leur inquiétude allait jusqu'à l'effroi » (2). La France, avant de consentir à modifier une situation qui constituait, en matière de juridiction, l'état de possession légale, et, pour ainsi dire, la propriété commune de toutes les puissances européennes en Egypte,

(1) V. la dépêche de Lord Stanley au Colonel Stanton, *Doc. dipl.*, 1869.

(2) Rapports du Caire du 7 octobre 1867 et d'Alexandrie du 9 octobre 1867.

voulut s'entendre avec elles (1). Elle soumit le projet de
réforme à une commission qui se livra à une enquête sur
la situation et procéda avec le plus grand soin à l'examen
des propositions égyptiennes. « Elle le fit, dit son rapport,
sous l'empire d'une vive et juste sollicitude pour les intérêts de nos nationaux et du commerce européen, auxquels
sont intimement liés les intérêts et l'avenir de l'Egypte,
mais en même temps avec cet esprit de justice et de
bienveillante équité, qui a toujours présidé aux relations
de la France avec le Levant... Accepter du gouvernement
égyptien ce qui est compatible avec les garanties qui protègent nos nationaux, l'aider à marcher dans la voie du
progrès sans compromettre la situation de ceux auxquels
une protection spéciale est due, tel est le but qu'on doit
se proposer, et cela dans l'intérêt de l'Egypte elle-
même (2). »

Mais, en présence de la confusion complète des pouvoirs
judiciaires et administratifs régnant en Egypte, cette commission craignit, en accordant trop de concessions, de
léser les droits acquis de ceux qui avaient engagé leurs
capitaux dans le pays. Elle formulait notamment trois
motifs de crainte : 1º que les nouveaux tribunaux, par la
prépondérance de l'élément indigène, ne fussent pas indépendants et ne donnassent raison au gouvernement égyptien dans ses procès contre les étrangers ; 2º que dans la
dépendance du gouvernement égyptien, ces tribunaux ne
servissent d'instrument pour frapper les européens de
nouvelles taxes ; 3º que l'exécution forcée des sentences

(1) *Doc. dipl.*, 1869.
(2) Rapport de la Commission française de 1867.

de ces tribunaux ne portât atteinte à l'inviolabilité du domicile garanti par les capitulations. Pour calmer ces inquiétudes, Nubar Pacha introduisit dans son rapport une modification importante : il déclara verbalement à la commission qu'il consentait à faire une part plus large à l'élément européen, lui donner même la majorité. Mais la commission redoutait tellement la pression du Pouvoir dans les affaires de justice, qu'elle se demandait si, même avec cette majorité, les tribunaux pourraient, devant un Pouvoir Souverain sans limites et une volonté sans obstacles, conserver leur indépendance. Son rapport, qui est un exposé complet de la situation, traduit toutes ces préoccupations dans la réserve de conclusions dont voici les points principaux :

a) Maintien de la juridiction civile des consuls sur leurs nationaux entre eux ;

b) Maintien de la règle *actor sequitur* pour le jugement des contestations entre étrangers de nations différentes ; et abandon seulement partiel de cette règle dans les procès entre étrangers et indigènes ;

c) Majorité assurée aux Européens ;

d) Attribution aux nouveaux tribunaux de tous les procès qui leur seraient déférés par les parties, en vertu d'une clause compromissoire ;

e) Réserve des questions de statut personnel aux tribunaux nationaux ou religieux ;

f) Enfin, en matière pénale, maintien du *statu quo* déférant aux consulats le jugement des crimes et délits ; la commission consentait seulement à attribuer aux nouveaux tribunaux les contraventions aux règlements de police applicables aux européens, après que l'autorité locale les aurait portés à la connaissance des consuls (1) (3 décembre 1867).

En présence de ces conclusions et de l'attitude réservée ou hostile des autres puissances, Nubar Pacha, loin de se décourager, travailla à faire revenir l'Europe de ses préventions. Il crut que le mieux était d'obtenir une enquête contradictoire. Dans ce but, et mettant à profit les fêtes données par Ismaïl Pacha pour le percement de l'Isthme de Suez, il réunit au Caire, en 1869, une Commission internationale. Celle-ci examina à nouveau la situation judiciaire de l'Égypte et se montra extrêmement favorable à des propositions qui témoignaient, disait-elle, d'un désir sincère d'assurer une bonne administration de la justice. Sa conclusion fut celle-ci : « le système actuel de juridiction, la multiplicité des tribunaux et des législations appliquées et le défaut d'organisation de la justice locale offrent des inconvénients très fâcheux et qui nuisent à tous les intérêts. Le Gouvernement, le pays en général, les étrangers ont gravement à s'en plaindre, et la commission doit déclarer qu'il lui parait nécessaire qu'une réforme sérieuse mette fin à ces imperfections ». La commission proposa donc l'institution d'une juridiction unique statuant en matière civile et commerciale, non seulement entre étrangers et indigènes, mais entre européens de nationalités différentes ; elle admit la liberté d'exécution des sentences en dehors de toute ingérence administrative ou consulaire, sauf avis donné au consul de la partie intéressée ; la compétence de cette juridiction en matière immobilière, dans les procès entre étrangers et indigènes, compétence acceptée par le gouvernement dans un but

____

(1) V. ce rapport, *Doc. dipl.*, 1869.

d'unité ; enfin, point capital pour Nubar-Pacha, la compétence en matière pénale. Mais influencée par ce fait que
le vice-roi, étant le plus grand propriétaire du pays, avait
alors à titre industriel ou commercial des procès nombreux
et des intérêts très importants, sur lesquels il serait difficile à des magistrats indigènes relevant de lui de se
prononcer avec indépendance, la commission considéra
comme acquise la prépondérance de l'élément étranger et,
en outre, demanda que la présidence effective des tribunaux fût accordée à un magistrat européen. Comme il conve-
nait cependant que le chef du tribunal fût égyptien et qu'il
était difficile de le réduire à une présidence inactive et purement honoraire, on s'arrêta à la combinaison suivante :
« le Gouvernement constituerait dans chaque tribunal et
Cour une chambre indigène; dont l'attribution serait uniquement de juger les contestations civiles entre sujets
locaux qui, par des scrupules religieux, répugneraient à
les porter devant les juges étrangers; cette chambre
serait présidée par le président indigène (1) ». On vit là un
moyen terme qui donnait satisfaction à tous les intérêts et
à toutes les légitimes susceptibilités.

Le rapport très important de la commission de 1869
fut diversement apprécié en Europe. Tout en reconnaissant comme salutaire le principe de la réforme, on tombait
moins facilement d'accord sur la mesure de la compétence à accorder à la nouvelle juridiction. On contestait,
en outre, au Khédive le droit de traiter directement avec
les Puissances le règlement des conditions de séjour des
étrangers en Égypte.

Pour emporter ces hésitations, Nubar-Pacha obtint

______

(1) V: ce rapport, BORELLI, *Législ. Égyp.*, p. LXXVII.

simultanément l'adhésion de la Porte (1) à son projet, et de M. Emile Ollivier, ministre des Affaires étrangères, la réunion, à Paris, d'une nouvelle commission, sous la présidence de M. Duvergier, ministre de la Justice. Cette seconde commission française fit un certain nombre de concessions et admit, dans ses principales lignes, les conclusions de la commission de 1869 ; elle régla, en outre, la juridiction hypothécaire, la compétence des nouveaux tribunaux vis-à-vis du gouvernement, des Daïras et des administrations ; le jugement, dans les cas prévus par le Code civil, des atteintes portées à un droit acquis par un acte d'administration (nous reviendrons plus tard sur ce point) ; la proportion des magistrats étrangers à chaque siège et dans chaque cause ; la création du tribunal de justice sommaire, image de la justice de paix en France ; la rédaction d'un corps de lois et son approbation par les Puissances ; l'insertion du droit de récusation ; la détermination des trois langues judiciaires : française, italienne et arabe, etc. ; mais elle supprima toute la compétence criminelle et correctionnelle accordée par la commission de 1869 et mit comme condition *sine qua non* de son adhésion, la réserve formelle du droit pour les Puissances de revenir au *statu quo ante*, si, après une expérience de cinq années, la nouvelle juridiction n'avait pas donné de résultats satisfaisants. Sur tous ces points, qui

(1) Le firman de juin 1873 est venu confirmer les firmans antérieurs en donnant au khédive le droit « de contracter et renouveler, sans porter atteinte aux traités politiques de la Sublime-Porte, des conventions avec les puissances étrangères, pour les douanes et le commerce et pour toutes les transactions avec les étrangers, concernant les affaires intérieures et autres du pays, et cela dans le but de développer le commerce et l'industrie et de régler la police des étrangers et tous leurs rapports avec le Gouvernement et la population. »

constituent ce qu'on appelle le *Projet français*, on était d'accord; lorsque la guerre de 1870 interrompit les négociations. Quand elles furent reprises, en 1872, à Constantinople, où s'étaient rendus le Khédive Ismaïl et Nubar Pacha, elles portèrent spécialement sur la compétence pénale. Par une transaction que nous exposons plus loin, cette compétence est restée presque en entier aux consulats. Les négociations se prolongèrent encore en 1873 au sujet de la faillite. Les incapacités attachées à la faillite, et même des incapacités politiques dans quelques Etats comme la France, paraissaient rattacher cette matière au' statut personnel, et il semblait, par conséquent, que seul le juge du statut personnel pût en être saisi. Mais on finit par reconnaître que, la faillite étant la sanction nécessaire des obligations des commerçants, les tribunaux compétents pour les questions commerciales devaient être compétents pour la prononcer. Décider le contraire eût été refuser toute portée sérieuse à une juridiction, instituée au milieu et pour les besoins d'une population européenne complètement vouée aux opérations commerciales; par contre, il fut décidé, afin de ne pas partager le domaine de la juridiction pénale, que les faits de banqueroute frauduleuse consécutifs à la faillite, continueraient à ressortir du juge du statut personnel.

Pendant cette période, la diplomatie française obtint encore une concession en faveur des communautés religieuses, couvents, hôpitaux, écoles, etc., qui, de même que les consuls, leurs familles et leurs maisons, furent déclarées justiciables de leurs tribunaux nationaux (annexe du 25 septembre 1874), concession dont se sont prévalu ensuite toutes les Puissances, notamment l'Allemagne (5 mai 1875) et l'Autriche-Hongrie (28 mai 1875); c'est également

par une note de M. le duc Decazes, ministre des Affaires
étrangères, que fut précisée, au profit de toutes les colonies européennes, la portée financière de la nouvelle
juridiction. (Lettre du 25 octobre 1875).

Au mois de décembre 1874, la réforme proposée par
Nubar Pacha se trouva être acceptée par toutes les puissances, sauf la France qui hésitait encore M. Rouvier,
rapporteur de la loi à l'Assemblée nationale, la jugeant
inopportune et inacceptable, avait conclu à de nouvelles
négociations. Le Parlement français vota néanmoins le
projet le 17 décembre 1875. Au Parlement italien, la
réforme avait donné lieu, au contraire, à un rapport très
favorable d'un jurisconsulte dont le nom illustre mérite
une mention à part.

S'inspirant à la fois et des intérêts traditionnels de
l'Italie en Orient et des grands principes du droit des nations à l'éducation et à l'émancipation morale et politique
des peuples, M. Mancini concluait énergiquement à l'adoption de l'essai proposé par le gouvernement égyptien. Son
rapport, une des plus belles publications qu'ait suscitées
la Réforme dans ce mouvement de huit années qui agita
les chancelleries, se terminait ainsi :

« En Orient, particulièrement, où abondent les traces
« anciennes mais ineffaçables des entreprises merveil-
« leuses et de l'immense commerce de nos aïeux, où
« notre langue est encore si répandue, nous ne devons
« engager avec la France et avec les autres grands États
« qu'une noble lutte, et nous devons la soutenir avec
« honneur : une lutte de bienfaits intellectuels et civils à
« apporter à ces populations moins avancées que nous
« dans leur culture, en encourageant et en aidant par tous
« les moyens leur éducation. Ce sera là, pour l'Italie, la

« politique la plus utile et, en même temps, la plus fé-
« conde pour l'avenir.

« Dans cet ordre d'idées, la nouvelle organisation égyp-
« tienne, œuvre de hardiesse et de foi dans le progrès d'un
« principe réformateur, mérite de trouver dans votre ap-
« probation un encouragement et une consécration aux
« yeux de l'Europe civilisée. Nous vous prions de l'ac-
« corder (1) ».

Tous les Parlements avaient voté la loi et les magistrats
étrangers délégués par les Puissances arrivaient. Le 28 juin
1875, les tribunaux mixtes furent solennellement inaugurés
sous la présidence de S. A. Ismaïl Pacha, mais leur fonctionnement effectif ne commença que le 1er février 1876.

Appréciation de la réforme accomplie.

Arrivée à son terme, la Réforme judiciaire avait dévié
de son esprit primitif : entreprise par le ministre du vice-
roi dans un sens absolument national, elle avait abouti à
une justice nettement internationale.

D'après le rapport de Nubar Pacha en 1867, il s'agissait simplement de conserver les deux tribunaux de
commerce fonctionnant au Caire et à Alexandrie depuis
1861 avec une majorité indigène, et de créer sur ce modèle
deux tribunaux civils. Mais devant les reproches de toute
nature que l'on n'avait cessé d'adresser à ces anciens
tribunaux de commerce, les colonies étrangères et, sous

______

(1) *La réforme judiciaire en Égypte.* Rapport présenté par M. MAN-
CINI. Rome, 1875.

leur influence, les cabinets de l'Europe ne voulurent pas accepter l'extension d'une juridiction où l'élément européen eût continué d'être en minorité. Et comme d'autre part Nubar-Pacha voulait faire de l'élément étranger l'éducateur d'une magistrature indigène, pensant, en s'adressant à des magistrats du dehors, de science juridique et d'impartialité éprouvées, recourir à la meilleure méthode, celle qui prêche par l'exemple, leur accorder la majorité, du moment qu'ils recevaient l'investiture du vice-roi, ne lui paraissait pas un inconvénient ; les tribunaux restant des tribunaux égyptiens.

Avant tout, son but était d'opérer dans la justice du pays une réforme radicale portant sur ces trois idées :

A. L'émancipation dans les actes de la vie civile indigène ou européenne, de toute idée confessionnelle ;

B. La création d'un corps de magistrature indigène intègre, et capable de constituer des tribunaux autorisés et dignes de respect ;

C. Enfin, une organisation judiciaire complète comprenant des Chambres jugeant les indigènes à côté de Chambres jugeant les étrangers ; c'est dans ces dernières qu'il cantonnait la majorité étrangère.

Ces deux catégories de Chambres ne devaient être que la subdivision d'une juridiction unique, s'étendant à tous les habitants, européens et indigènes, et mettant indistinctement, au civil comme au criminel, toute la justice dans la main du vice-roi.

Mais on sait ce qui est arrivé : le plan d'ensemble entrevu par Nubar-Pacha ne s'est pas réalisé, et, seules, les causes mixtes ont trouvé un forum dans cette organisation

tronquée. L'Europe accepta, pour ne plus jamais l'abandonner, la prépondérance assurée à l'élément étranger dans la partie mixte du système, et, la retenant comme la plus importante des garanties offertes, en fit la condition *sine quâ non* de son adhésion.

De même en matière immobilière ; dans son rapport de 1867, Nubar-Pacha en avait réservé la compétence aux tribunaux locaux, conformément au principe du droit international qui veut que les immeubles soient régis par la loi territoriale. Cette réserve trouvait en outre une grande force dans la loi ottomane de 1867, qui venait d'être promulguée ; elle n'autorisait les étrangers à acquérir des immeubles dans l'empire ottoman, qu'aux mêmes conditions que les indigènes, notamment leur soumission à la justice locale. Comment se fait-il, dès lors, qu'au cours des négociations Nubar-Pacha ait consenti la compétence réelle immobilière aux tribunaux mixtes ?

Nous avons vu qu'en vertu d'usages qui avaient acquis force de loi en Egypte, les consulats s'étaient reconnus compétents en matière immobilière, d'où dix-sept législations territoriales régissant le sol égyptien. Il fallait à tout prix mettre fin à la confusion qui régnait et qui rendait tout crédit foncier impossible. Pour obtenir de l'Europe la renonciation à cette compétence, il fallait d'autre part lui offrir une juridiction lui inspirant confiance ; celle du cadi ne satisfaisant pas, Nubar-Pacha fut contraint d'offrir la juridiction des tribunaux mixtes. Il fut donc convenu que les nouveaux tribunaux connaîtraient de toutes les actions réelles immobilières entre étrangers de nationalités différentes, de nationalité identique ou entre étrangers et indigènes. En faisant cesser cette énormité d'un régime ter-

ritorial dérivant de la nationalité des étrangers, puisque
les immeubles par eux possédés étaient soustraits à la loi
et à la justice locale pour être régis par leurs lois personnelles, Nubar-Pacha avait atteint un résultat que l'on peut
considérer comme un des plus grands services rendus par
la Réforme.

. Mais en cédant sur des points si importants : prépondérance de l'élément étranger, compétence immobilière, réserve de la juridiction pénale aux consulats,
etc., Nubar-Pacha, qui avait entrepris la réforme judiciaire dans un sens contraire au particularisme des
juridictions consulaires, qui avait en vue une justice
unie et forte, précisément par la concentration de tous
les éléments séparés, avait accordé, on le voit, tant de
concessions qu'il ne subsistait plus que des épaves de son
projet primitif. A son point d'arrivée la réorganisation
judiciaire ne s'étend plus à tous les habitants du pays,
elle ne comprend que les litiges civils et commerciaux
des européens de nationalités différentes ou des européens contre les indigènes ; la juridiction pénale reste
aux consulats, et l'unification de la compétence immobilière n'est pas réalisée. Dans ces tribunaux, les magistrats
étrangers dominent, et leur nombre est fixé, moins d'après
les nécessités de la justice que pour maintenir une proportion égale de représentation entre les divers pays ; non seulement chaque magistrat y conserve sa nationalité, mais
il y siège en quelque sorte à raison de sa nationalité (1) ;

____

(1) FÉRAUD-GIRAUD :. *Les justices mixtes dans les pays hors chrétienté.* — Il suffit d'ailleurs de lire les correspondances diplomatiques
à l'occasion de chaque renouvellement de la Réforme, notamment les
notes du Cabinet d'Athènes.

le président de chaque tribunal est un Égyptien, mais son rôle est purement honorifique ; le président effectif est un européen ; le personnel des tribunaux : greffiers, huissiers, etc, se compose d'européens nommés et révoqués par les tribunaux, sans immixtion du Gouvernement ; la langue judiciaire est presque exclusivement une langue européenne, généralement le français, et la loi appliquée est une loi d'importation également française (1) ; de sorte qu'il n'est pas douteux que cette organisation est moins l'œuvre du gouvernement égyptien que des divers gouvernements. Dès sa fondation du reste, n'avait-on pas analysé ainsi son véritable caractère : « Voilà un corps de ma-
« gistrature, composé en majorité d'européens, nommé et
« payé, il est vrai, par le khédive, mais indépendant de lui
« quant à l'avancement, qui rend la justice, fait exécuter
« lui-même ses jugements au moyen d'une force dont il dis-
« pose, applique des lois introduites depuis la veille dans le
« pays, statue sur la propriété du sol et des immeubles,
« sur celle du domaine de l'État, et fonctionne à son gré,
« animé d'une vie propre et indépendante, sans aucune
« attache ni avec le gouvernement, ni avec la nation. Il
« peut se faire qu'il rende une bonne justice, mais il est
« fort à craindre qu'il ne constitue une véritable puis-

(1) A la Commission Internationnale de 1880, le délégué des États-Unis, M. Batcheller déclare « qu'il voit, dans les tribunaux mixtes, « des tribunaux internationaux plutôt qu'égyptiens. La preuve en est, « selon lui, dans ce fait que leur juridiction ne s'étend pas aux procès « entre indigènes, que les magistrats qui les composent ne sont nom- « més par le khédive que sur la proposition des puissances ; enfin, « qu'ils appliquent une loi qui n'est pas celle à laquelle sont soumis « les indigènes. Il se rallie à la proposition de M. Cookson et demande « à les appeler *Tribunaux mixtes en Égypte.* »

« sance dans l'État (1) ». Et l'auteur de ce jugement conclut en se demandant si la souveraineté nationale, sous ce protectorat collectif, n'est pas plus compromise que par la simple exterritorialité des consulats. Mais l'Égypte, en face de l'Europe, était placée dans un dilemme qui ne pouvait pas se résoudre autrement que par le triomphe de l'un des deux éléments, européen ou indigène, en présence. Ou on plaçait les nouveaux tribunaux sous la dépendance du gouvernement par la prépondérance de l'élément indigène, et alors disparaissaient les conditions de sécurité que réclamaient les puissances et sans lesquelles elles refusaient toute combinaison ; ou on donnait la prépondérance à l'élément européen, et, par cette majorité de juges indépendants, on créait un corps judiciaire qui n'était plus qu'une synthèse des tribunaux consulaires, édifié dans l'esprit des capitulations qu'il continuait, et qui, avec des inconvénients moindres, n'en constituait pas moins un État dans l'État (2).

Par la prépondérance de l'élément européen et par l'extension qu'a prise cette juridiction, le vice-roi a vu sou-

(1) *Rev. de Droit Int. Privé.*, 1875, p. 174.

(2) « Il avait compris, dit M. Féraud-Giraud du président M. Lapenna, que la justice devait s'appartenir à elle-même et sans partage, si elle ne voulait pas tomber complètement sous la dépendance de l'administration égyptienne, ou des influences nombreuses qui essaieraient de la soumettre à leurs intérêts. Et les nouveaux tribunaux finirent, par leur résistance opiniâtre et leur indépendance absolue, à constituer un État dans l'État. C'était un abus, mais c'était un résultat forcé, si on ne voulait tomber dans l'abus contraire. » (*Les justices mixtes dans les pays hors chrétienté.* p. 51.)

V. aussi la déclaration du baron de Ring à la Comm. Int. de 1880. Séance du 6 décembre, p. 14.

mettre ses nationaux à des tribunaux moins égyptiens qu'internationaux, dont l'organisme est devenu si puissant qu'il s'élève sans contrôle en face du gouvernement, non seulement comme un pouvoir judiciaire autonome, mais comme un pouvoir législatif.

Néanmoins, si l'on songe qu'il était impossible de sortir du chaos où l'on vivait, sans abandonner quelque chose des principes, on comprendra que c'était déjà faire un grand pas que de rendre nominalement au Souverain, la juridiction civile, immobilière, et en partie pénale, usurpée par les consulats; et si ce retour ne s'est pas fait aussi pleinement qu'au point de vue juridique on aurait pu le désirer, il faut s'en consoler en se rappelant que la juridiction locale était impraticable; que la loi, la procédure n'étaient pas tracées; que la jurisprudence n'avait de flambeau ni dans la science du droit ni dans le caractère des magistrats; qu'à la distance morale où vivaient les deux races en contact, chacune avec les préjugés antagonistes accumulés par des générations, les hommes de la meilleure foi du monde, aussi bien en Egypte qu'en Europe, ne pouvaient se méprendre sur la nécessité d'une juridiction exterritoriale. Si grande que fût la bonne volonté des négociateurs, aucun d'eux ne pouvait admettre avec sincérité la soumission à des tribunaux indigènes dont le passé ne ralliait pas la confiance, et dont chaque sentence aurait (ce que l'on voulait éviter) donné lieu à ces recours diplomatiques dont on avait assez. Dans ces conditions de tutelle humiliante, où risquait de la maintenir l'ingérence continue de la diplomatie, l'exercice de la juridiction locale simplement améliorée présentait beaucoup trop d'embarras et de difficultés, pour qu'on

pût sans utopie, insister sur une unification dans le
sens indigène, quels que fussent d'ailleurs les magistrats
choisis.

La réforme s'est donc faite dans un sens international,
et l'on ne peut reprocher ni au vice-roi ni à son ministre,
une fois entrés dans la voie des concessions, d'en avoir trop
accordé ; si elles ont créé un corps officiel de magistrature, qui, sous l'apparence d'une soumission des européens à une justice rendue au nom du Khédive, soumet,
en réalité, à des tribunaux internationaux les choses
et les personnes en Egypte, ces concessions étaient
commandées par un enchaînement logique qui les appelait les unes à la suite des autres, en vertu d'un état
de choses historique, politique et financier très com-
plexe.

Certes, si la réforme ainsi réalisée devait être le dernier
mot de cette évolution, le présent fait à l'Egypte, au prix
de son autonomie judiciaire, serait chèrement payé. Mais
pour ceux qui, comme nous, considèrent que les tribunaux
mixtes ne sont qu'une étape nécessaire, inéluctable si l'on
veut, mais néanmoins qu'une étape entre la multiplicité des anciennes juridictions consulaires et la juridiction vraiment égyptienne de l'avenir, ils constituent,
au contraire, un trait d'union aux résultats les plus
féconds.

M. Milner, ancien sous-secrétaire d'État en Égypte,
dans un ouvrage d'une certaine valeur, a porté sur eux le
jugement suivant :

« Si les opinions peuvent grandement différer, dit-il,
sur leurs mérites, aucun juge impartial faisant la balance
des avantages et des inconvénients qu'ils présentent, ne

saurait mettre en doute qu'ils ont été, pour l'Égypte, un immense bienfait. Les magistrats n'ont pas été toujours bien choisis ; le code et la procédure ne sont pas, à tous égards, bien appropriés à l'état du pays ; les jugements, dans beaucoup de cas, se sont ressentis de certaines tendances personnelles ou politiques, mais la juridiction, en elle-même, n'a pas réalisé seulement une immense amélioration par rapport à l'ancien état de choses, elle a présenté à l'Égypte un exemple nouveau d'équité et familiarisé l'esprit public avec le spectacle, jusque-là inconnu, d'une justice méthodique, impartiale et incorruptible.

« La création des tribunaux mixtes, cependant, si elle tendait, à n'en pas douter, au perfectionnement de l'administration de la justice, n'était évidemment pas faite pour apporter de simplification à la constitution politique de l'Égypte ; en fait, en entraînant un nouvel abandon des droits souverains du gouvernement indigène, elle érigeait une nouvelle forteresse au profit de l'influence étrangère. Ces tribunaux, nominalement, pouvaient bien être les tribunaux du Khédive à qui il appartenait de nommer, sur la proposition des Puissances toutefois, les juges étrangers ; mais, en réalité, ils étaient des tribunaux étrangers, tenant leur autorité du dehors et qui n'ont pas hésité à exercer cette autorité contre le gouvernement indigène toutes les fois qu'ils ont pensé avoir le droit de le faire ; si à cela on ajoute qu'ils jouissent naturellement d'une somme d'influence et de respect qui ne pouvait s'attacher aux innombrables petites juridictions auxquelles ils ont été substitués, il devient incontestable que si, au point de vue judiciaire, ils sont préférables aux anciennes autorités, ils sont

beaucoup plus redoutables au point de vue politique » (1).
Néanmoins, M. Milner fait de leur institution le plus beau
titre de gloire de Nubar Pacha : « elle lui donne droit, dit-
il, à l'éternelle gratitude de l'Egypte et au respect du
monde civilisé ».

Incontestablement, une ère de justice s'est ouverte avec
la Réforme judiciaire, en séduisant et satisfaisant tout le
monde. Les européens y obtenaient les garanties désirées ;
les Égyptiens la reconnaissance de leur souveraineté territoriale par une juridiction élevée sur le démembrement de
17 juridictions particulières. Et c'était là quelque chose
non moins pour l'honneur des principes que pour le bien
du pays, que cette proclamation de la souveraineté, même
virtuelle, sur les résidents étrangers : alors que le principe
en était nié au nom de l'exterritorialité, peut-on dire quelle
force n'en a pas retiré le khédivat? La suspension partielle
de ces capitulations que son suzerain n'avait pu obtenir,
malgré ses réclamations les plus énergiques, a créé à
l'Égypte une situation privilégiée aux yeux de la Sublime-
Porte ; car, ainsi qu'on l'a fait remarquer à juste titre (2),
ce n'est pas au profit du Sultan, mais en faveur du Khédive, au nom de qui la justice est rendue par les nouveaux
tribunaux, que l'Europe a renoncé partiellement à
l'exercice du droit de juridiction résultant des capitulations.

A côté de cet avantage d'ordre politique, il en est un
d'ordre financier qui présentait alors un intérêt pratique

____

(1) MILNER : *England in Egypt*. 1892. Chap. IV. Ce passage ainsi
que plusieurs autres sont empruntés à la traduction de M. F. MAZUC,
Inspecteur général du Ministère des Finances.

(2) *Dislère et de Mouy*, p. 131.

considérable ; il s'agissait de mettre l'Etat à l'abri de cette
spéculation de procès inaugurée par voie diplomatique
contre le gouvernement et qui mettait ses finances en péril.
Au moment de l'installation des tribunaux mixtes, il y
avait pour 40,000,000 de E. L. (1) de réclamations en instance contre le gouvernement et l'on peut juger des dommages réels que ce chiffre représentait par ce fait que,
dans un procès où l'on revendiquait 30,000,000 de francs,
les tribunaux mixtes accordèrent 1,000 livres au demandeur (2).

La portée financière de la réforme a donc été un bienfait
pour le gouvernement en lui rendant, vis-à-vis des spécu-
lateurs qui l'exploitaient, une indépendance que la jurisprudence des nouveaux tribunaux s'est rigoureusement appliquée à maintenir (3). Il est certain que si les négociations
commencées en 1867 avaient pu aboutir immédiatement,
bien des embarras financiers, dûs en partie à la munificence
tout orientale du Khédive Ismaïl, ne se seraient pas produits ; créés dix ans plus tôt, les tribunaux mixtes auraient
épargné à l'Egypte, avec des déboires pécuniaires, des
événements politiques qui en ont été la conséquence.

Au point de vue juridique, les tribunaux mixtes

---

(1) La livre égyptienne vaut 26 francs.

(2) MILNER. *Loc. cit.*

(3) Dans cet ordre d'idées la Réforme a été secondée par la loi dite
de liquidation du 17 juillet 1880, promulguée à la suite de la convention internationale du 31 mars 1880. Son article 86 porte qu'à partir
de la publication de cette loi, nul ne sera plus recevable devant aucune
juridiction, pour quelque cause et sous quelque forme que ce soit, à
intenter une action quelconque soit contre le gouvernement soit
contre les administrations de l'État, à raison des droits acquis antérieurement au 1er janvier 1880.

ont développé, en Egypte, trois réformes essentielles :
tout d'abord ils ont sécularisé la loi. Par leurs codes et
par ceux des tribunaux indigènes, rédigés sur leur modèle
et qui constituent une législation écrite et précise, toute
confusion a cessé entre les questions d'ordre religieux et
d'ordre civil ; celles-ci forment un droit commun nettement laïque. Dans un Etat où tant de cultes se rencon-
trent, c'était la base essentielle de la justice. Désormais,
appelée à ne connaître que des questions d'ordre temporel,
en laissant au juge du statut personnel la connaissance de
tout intérêt confessionnel, l'administration de la justice
s'est dégagée de sa plus grande entrave en assurant à
tous la garantie de son impartialité (1).

En second lieu, dans un pays où toute la fortune publique repose sur la richesse du sol, les tribunaux mixtes ont
facilité le déplacement de la propriété et permis l'institution d'un crédit foncier par la création d'un régime hypothécaire.

Enfin la justice et l'administration ont été, dans une
certaine mesure, séparées. Le règlement d'organisation des
tribunaux mixtes (art. 11) leur défend d'interpréter ou d'arrêter l'exécution d'une mesure administrative mais leur
permet de juger les atteintes portées à un droit acquis par

(1) Tous les jurisconsultes étaient d'accord pour réclamer une législation dégagée de toute influence ecclésiastique comme la législation
européenne. « L'introduction d'une loi nouvelle soustraite à l'immobilité religieuse et ouverte à la civilisation, la présence d'éléments
étrangers qui introduiraient dans les tribunaux égyptiens l'esprit des
peuples modernes, seraient un vrai bienfait pour le pays », disait
GATTESCHI, un des plus éminents jurisconsultes d'Egypte. (GATTESCHI.
Mémoire sur la Réforme judiciaire en Egypte, lu à la séance de
l'Institut égyptien, le 28 décembre 1872.)

un acte d'administration. On doit donc aux tribunaux
mixtes d'avoir, dans un gouvernement musulman, où le
pouvoir est éminemment personnel, jeté le germe de ce
principe supérieur que l'on retrouve chez les nations placées à l'avant-garde de la civilisation (1) : la séparation
des pouvoirs.

(1) A un point de vue particulier, on peut même dire que l'Égypte
s'est montrée plus libérable que des gouvernements de constitution
toute moderne; comme on le verra plus loin, elle ne possède pas de
juridiction administrative et le Khédive lui-même et son gouvernement sont justiciables des tribunaux de la Réforme.

CHAPITRE III

DROIT ÉGYPTIEN MIXTE.

SECTION I

JURIDICTION DE LA RÉFORME : ORGANISATION — COMPÉTENCE
CARACTÈRE.

Les polémiques très vives (1) qui ont accueilli la réforme judiciaire et le sentiment de défiance à peu près général qu'elle inspirait, décidèrent les Puissances à ne donner leur consentement que pour un essai de cinq ans et sous la double réserve, que dans cet intervalle aucun changement ne pourrait être apporté au nouveau système et que si, à l'expiration de cette période, l'expérience n'en avait pas confirmé l'utilité pratique, il serait loisible aux puissances de revenir à la justice consulaire. C'est donc affectée d'une condition résolutoire que la nouvelle organisation prit naissance. Mais bien qu'installée provisoirement, elle correspondait à un si profond besoin de justice, le nombre des affaires et l'importance des intérêts dont elle

(1) Un des principaux adversaires de la Réforme fut M. Gavillot qui, dans un ouvrage intitulé : « *Essai sur les droits des Européens en Turquie et en Égypte* », s'était fait le champion des capitulations.

eut à connaître furent si considérables, que les services qu'elles étaient appelées à rendre ne permirent à personne de se méprendre sur la durée de son existence. Elle eut, d'autre part, la bonne fortune de trouver dans son premier président un organisateur hors ligne; aussi éminent jurisconsulte qu'homme de caractère, M. Lapenna sut, au milieu des difficultés de toute nature de la période d'essai, diriger heureusement les premiers pas de la nouvelle institution, de sorte que la période quinquennale expirée, non seulement aucune des Puissances ne demanda le retour à l'ancien ordre de choses, mais toutes signèrent des prérogatives successives dont la dernière, en 1894, prend fin le 1er février 1899. Pendant ces vingt années de son existence, la Réforme a liquidé tout un arriéré de procès au cours desquels sa jurisprudence a bien souvent cherché sa voie. Mais après l'encombrement des débuts, on vit peu à peu se dégager des théories nouvelles, spéciales à l'Égypte et qui offrent à ceux qui aiment la recherche et la solution des questions juridiques, un intérêt unique; à notre grand regret, le cadre de cette étude ne nous permet pas de les passer en revue. Celle sur laquelle nous nous arrêterons, parce qu'elle est la caractéristique de la Réforme, théorie neuve et originale qui assure à sa compétence un domaine aussi étendu que celui que les codes lui ont fixé, est la théorie de l'intérêt mixte. Avant d'y arriver, jetons un coup d'œil général sur la situation judiciaire du pays.

Quatre ordres de juridictions se partagent l'Egypte :

1° La juridiction consulaire qui, sauf les questions immobilières transportées aux tribunaux mixtes, est restée compétente dans les différends entre étrangers de même nationalité (affaires civiles et commerciales, de statut personnel et pénales) ;

2° Les tribunaux mixtes, compétents au point de vue
réel et personnel dans les procès entre étrangers de nationalité différente, et entre étrangers et indigènes ; compétents aussi dans les questions immobilières entre étrangers de même nationalité. En matière pénale, ils ne jugent
que les contraventions et ne connaissent que de quelques
crimes et délits concernant l'administration de la justice ;

3° Les tribunaux indigènes réorganisés en 1883, sur le
modèle des tribunaux mixtes, statuent au civil et au pénal
entre indigènes seulement;

4° Les tribunaux de statut personnel qui, pour les
étrangers, sont leurs Consulats ; pour les Musulmans,
les Mehkémés, où le Cadi applique le Coran, et pour les
non-Musulmans, leurs Patriarcats respectifs où les chefs
de communautés leur font application de leur loi religieuse.

Ces quatre ordres de juridiction coexistent sans aucun
lien entre eux, chacun se mouvant dans la sphère de sa
compétence, chacun considéré comme étranger au regard
des autres. Les juridictions de statut personnel rendent la
justice par délégation du Khédive, les juridictions mixte
et indigène directement en son nom. Les tribunaux mixtes
et les tribunaux indigènes ne s'occupant que *des biens*,
s'inclinent devant les décisions des juges de statut personnel et ne les discutent pas ; mais quant à leurs propres
sentences, respectivement, les tribunaux mixtes et indigènes ne leur reconnaissent pas la force de la chose jugée. La Cour d'appel mixte a maintes fois déclaré « que
les tribunaux mixtes ne sont point liés par ce qui peut
avoir été jugé par les tribunaux indigènes ou par toute
autre autorité rendant justice en Egypte, et que ces décisions
ne peuvent leur servir que comme éléments d'appréciation. » Les sentences des tribunaux indigènes ne sont donc

pas opposables à un étranger (1). (Arrêt 8 janvier 1896).

Organisation. — L'organisation de la Réforme a été bien des fois décrite et elle est très connue, nous n'en indiquerons donc que les traits généraux. Elle comprend trois tribunaux de première instance siégeant au Caire, à Alexandrie et à Mansourah. Une délégation de justice sommaire a été détachée à Port-Saïd. La Cour d'appel et les tribunaux sont présidés par un magistrat indigène dont le rôle est purement honoraire ; la direction effective est confiée à un magistrat étranger qui a le titre de vice-président, et qui est élu par ses collègues à la majorité absolue des voix. Les tribunaux de première instance sont divisés en chambres civile et commerciale, composées de cinq juges, dont trois étrangers et deux indigènes ; dans les affaires commerciales, le tribunal s'adjoint deux négociants, un indigène et un étranger ayant voix délibérative et choisis par élection. Un des juges du tribunal préside, en qualité de juge de paix, un tribunal de justice sommaire où se jugent les affaires de peu d'importance et les actions possessoires ; un juge tient l'audience des contraventions, où il applique les peines de simple police ; enfin, un autre juge est délégué pour statuer en référé sur les mesures urgentes à prendre sans préjudice du fond. La Cour d'appel qui siège à Alexandrie, est composée de treize magistrats, dont huit étrangers et cinq indigènes (2) ; les arrêts

(1) Arrêts, 17 mars 1892 (*Bull.*, t. V, p. 186), 8 février 1894 (*Bull.*, t. VI, p. 167), 12 déc. 1894 (*Bull.*, t. VII, p. 38).

(2) Les magistrats étrangers appelés par le Gouvernement égyptien à siéger à la Cour d'appel d'Alexandrie sont tous empruntés aux grandes puissances européennes sauf la Grèce. Les Juges des tribunaux de première instance sont empruntés aux grandes et aux petites puissances. La France possède deux juges, et à titre exceptionnel deux conseillers à la Cour, mais elle a droit à un magistrat dans le parquet.

sont rendus par huit magistrats, dont cinq étrangers et trois indigènes. La nomination des juges appartient au gouvernement égyptien, mais afin d'être rassuré lui-même sur les garanties que présentent les personnes qu'il choisit, il a été convenu qu'il s'adresserait officieusement aux ministres de la Justice à l'étranger, et n'engagerait que les personnes munies de l'acquiescement de leur gouvernement. Les magistrats sont inamovibles. Les audiences sont publiques ; les langues judiciaires employées pour les plaidoiries, la rédaction des actes et sentences sont l'arabe, le français et l'italien, auxquelles la commission internationale de 1890 a proposé d'ajouter l'anglais. Cette organisation est complétée par la création d'un parquet, à la tête duquel se trouve un procureur général ayant sous sa direction un certain nombre de substituts pour le service des audiences. Un barreau composé d'avocats justifiant de titres universitaires, représente les parties. Auprès de ces tribunaux, et relevant d'eux directement, fonctionne toute une organisation de greffiers, d'huissiers et d'interprètes, pour la réception, la traduction et la signification des actes judiciaires. La discipline des juges, des officiers de justice et des avocats, tout le fonctionnement en un mot de la juridiction mixte, est réservé à la Cour d'appel, qui prépare et vote les règlements judiciaires nécessaires à son organisation intérieure.

Enfin, l'exécution des jugements rendus par les tribunaux mixtes a lieu, sur l'ordre du tribunal, en dehors de toute action administrative ou consulaire (art. 18 du Regl. d'org. jud.); elle est effectuée par des huissiers avec l'assistance, au cas échéant, des autorités locales. Quand l'exécution doit avoir lieu contre un européen, l'huissier est obligé d'avertir vingt-quatre heures à l'avance le consulat de ce dernier du jour et de l'heure de l'exécution, à peine de nullité et de dommages-intérêts contre l'huissier. Le consul ainsi averti à la faculté de se trouver présent, mais en son absence il est passé outre.

Quant à la nature de cette garantie la Cour d'appel a décidé que l'avis préalable au Consulat constitue un droit essentiellement personnel, par conséquent le débiteur étranger est présumé y avoir renoncé s'il en a toléré l'omission et n'a pas demandé la nullité des actes qui ont suivi la saisie. (Alexandrie, 17 mai 1888) (1).

Codes. — La confection des codes que ces tribunaux appliquent est due à un jurisconsulte français, M. Maunouri, qui rédigea successivement les codes civil, de commerce, de procédure civile et commerciale, pénal et d'instruction criminelle (ces deux derniers à l'état de projet). Les testaments, successions et donations, l'état civil, en un mot tout ce qui concerne les personnes, leur état civil et leurs rapports de famille, en a été distrait pour être réservé au juge du statut personnel ; quant aux autres parties qui constituent le droit des obligations civiles et commerciales, elles ont été copiées sur les codes français, avec quelques emprunts au Code italien de 1866 (2) et aux lois belges ; mais c'est l'esprit du Code Napoléon qui prédomine.

---

(1) R. O. T. XIII, p. 216. — V. aussi Borelli, *Législ. égypt.*, p. 12, n° 3.

(2) Du Code italien on a pris notamment la servitude légale de l'aqueduc, c'est-à-dire le droit de demander le passage forcé de l'eau à travers les propriétés intermédiaires pour les besoins de l'irrigation ; l'idée de cette innovation présentait une utilité manifeste dans un pays qui ne vit que par les eaux du Nil ; on aurait même pu avec avantage développer des dispositions de cette nature que le code italien présente très complètes.

L'Égypte présenta ces codes aux Puissances qui les acceptèrent. Si dans leur ensemble, ils revèlent assez de lacunes et d'imperfections, ils n'en sont pas moins, par leur législation uniforme, un très grand progrès sur les différentes lois nationales applicables antérieurement.

Depuis 1875, les codes mixtes ont subi diverses modifications dont les plus importantes ont trait aux formalités de la saisie immobilière, aux lettres de change ou billets à ordre souscrits par les cultivateurs indigènes ; à l'hypothèque judiciaire, remplacée par un droit d'affectation sur les immeubles du débiteur, à certaines modifications concernant le gage commercial affranchi de formalités qui entravaient le commerce ; à la réduction du taux des intérêts. En cas de silence, d'insuffisance ou d'obscurité de la loi, l'art. 11 du Code civil enjoint au juge de se conformer aux principes du droit naturel et aux règles de l'équité (1).

Compétence ratione personæ.

Principe. — En principe les tribunaux mixtes ne sont compétents en matière personnelle qu'autant que les parties sont de nationalité différente (Cod. civ. m. art. 5. § 1) ; si l'étranger a en face de lui un indigène, une administration égyptienne, la Daïra du Khédive ou le gouvernement, peu importe, dans tous les cas, l'action doit être portée devant le tribunal mixte. Par le terme « étranger » la

(1) Les codes mixtes étant muets en matière de propriété industrielle, artistique ou littéraire, la jurisprudence protège la propriété intellectuelle en s'inspirant des règles du droit naturel et de l'équité qui exigent que celui qui cause un préjudice à autrui soit tenu à réparation : la contrefaçon se trouve ainsi réprimée. Arrêt 27 mars 1889.

jurisprudence entend toute personne non originaire du pays, qu'elle appartienne à une puissance qui ait ou non adhéré à la Réforme (sujets persan, marocain, brésilien). Toute personne étrangère à la juridiction des tribunaux locaux est par suite recevable à s'adresser à la juridiction mixte.

Ces règles de compétence sont d'ordre public : la juridiction mixte n'est pas facultative mais obligatoire dans les cas que nous venons d'indiquer, et tout accord des parties pour s'y soustraire serait sans valeur (1) ; son incompétence devrait donc être prononcée d'office et en tout état de cause, si le différend s'agitait entre co-nationaux ou entre indigènes.

Nous exposerons au chapitre suivant quels sont les cas où la juridiction mixte a été amenée à statuer entre personnes appartenant à la même nationalité ; disons de suite qu'elle ne l'a fait que lorsqu'en dehors des personnes elle a trouvé un intérêt mixte en jeu.

Nationalité. — La nationalité d'un plaideur, quand elle est contestée, doit être établie à l'aide d'un certificat émanant de son consulat ; s'il y a conflit entre deux autorités le réclamant également, les tribunaux mixtes sursoient jusqu'à ce que l'incident soit vidé par voie diplomatique, à moins que la question ne soit purement juridique, cas auquel les tribunaux mixtes statuent. (Arrêt 25 mai 1893) (2).

Quand il y a changement de nationalité au cours de l'instance, hypothèse assez fréquente en Egypte, la jurisprudence, en vertu du principe *ubi initium ibi finem*, a

(1) Arrêts, 24 février 1892 (*Bull.*, t. IV, p. 211) et 9 mai 1895 (*Bull.*, t. VII, p. 252).

(2) *Bull.*, t. VI, p. 269.

décidé que la compétence se trouve déterminée au moment où le procès s'engage alors même que par suite du changement de nationalité de l'une des parties durant l'instance, les parties ont cessé d'appartenir à des nationalités différentes. « Une juridiction régulièrement saisie, dit la Cour, reste compétente jusqu'à la solution du litige, y compris l'exécution du jugement par elle rendu, malgré le changement de nationalité qui pourrait se produire en la personne des parties dans le cours de la procédure (1) ». C'est ainsi qu'il a été jugé que si la seule partie étrangère se désiste en appel, les tribunaux mixtes régulièrement saisis *ab initio* restent compétents, un simple incident de procédure ne pouvant les dessaisir (Alexandrie, 3 février 1881 et 13 juin 1895).

Il faut voir là, sans doute, une règle inspirée par la nécessité de déjouer ceux qui trouveraient, dans un changement de nationalité ou un désistement, le moyen de se soustraire à une condamnation imminente.

Protection. — En dehors des étrangers proprement dits, la juridiction des tribunaux mixtes comprend une catégorie d'indigènes qui, en tant que justiciables, sont considérés comme étrangers. C'est le cas des Protégés (2), sujets du Sultan, sur qui les juridictions consulaires avaient étendu leur privilège de juridiction.

Dans les capitulations, la Porte avait concédé aux con-

(1) Alexandrie. 23 mars 1892. *Bull.*, t. IV, p. 173, et 15 mars 1893, *Bull.*, t. V, p. 169.

(2) Il y a aussi des protégés européens ; ce sont ceux qui ne sont pas représentés auprès de la Sublime Porte ; tel était le cas des sujets du Pape protégés par la France avant 1870, tel est encore le cas des citoyens suisses protégés par la France, l'Allemagne, l'Italie ou les États-Unis. Ils sont justiciables du consulat qui les protège, mais il leur est fait application des lois de leur statut personnel.

suls ·le droit de protéger, en les assimilant à des étrangers, les indigènes drogmans, janissaires, employés ou
domestiques au service des ambassadeurs ou consuls, dont
il eût été difficile à ceux-ci de se servir dans une mission
délicate ou un rôle de confiance, s'ils avaient été soumis
sans restriction à l'autorité locale. Mais la protection n'est
pas restée dans ces limites étroites ; non seulement bon
nombre de sujets ottomans qui n'avaient aucun rapport
avec les légations avaient reçu des patentes de protection,
mais le trafic même de ces patentes, parait-il, s'était introduit. Emue de ces abus, la Porte protesta et adressa
aux ambassades un règlement en date du 9 août 1863,
par lequel elle déclarait qu'elle ne reconnaîtrait plus
comme protégés étrangers que les sujets ottomans réellement employés par les consulats ; accepté par les ambassades, ce règlement définit très nettement les conditions
de la protection. Le nombre des drogmans et janissaires
que les consulats peuvent employer est limitativement déterminé, ceux pris en sus ne sont pas protégés. Certaines
formalités garantissent le caractère individuel de la protection attachée uniquement à l'exercice des fonctions et
cessant avec elles. (Arrêt, 24 déc. 1895). Elle ne saurait
donc être accordée à titre honorifique (arrêt, 5 décembre 1895); elle est effective, personnelle (1) et intransmissi-
ble dans le sens le plus étroit, elle ne s'étend ni à la
femme ni aux enfants (arrêt, 18 août 1895), mais tant
qu'elle dure, elle assure au protégé toutes les immunités
que les capitulations accordent aux étrangers. Ce privilège

____

(1) La jurisprudence de la Cour d'appel d'Aix est aussi en ce sens :
Arrêt du 3 janvier 1894, affaire Brindesi c. Brindesi. V. *Revue internationale de Législ. et de Jurispr. musulmane.* par M. E. CLAVEL.
1er mai 1895.

ne touche ni à la nationalité, ni à la capacité du protégé, ne le soustrait pas, par conséquent, à la juridiction musulmane pour les questions de son statut personnel, s'il est musulman, ou à celle de son patriarcat s'il est chrétien ottoman (1) ; à son décès, sa succession est régie d'après les dispositions de la loi locale (arrêt, 9 juin 1892) ; en un mot, le protégé reste sujet ottoman, mais la qualité de protégé ou administré d'un gouvernement étranger, une fois reconnue par le gouvernement égyptien, assure à l'intéressé, au point de vue de la justice civile et criminelle, des immunités d'impôts, etc., les droits et exceptions que comporte la qualité d'étranger et dont le plus essentiel est le bénéfice de la juridiction mixte (arrêt, 24 février 1893). En résumé, sauf les descendants des protégés antérieurs au règlement de 1863 dont la protection peut être considérée comme transmissible (ce règlement n'ayant statué que pour l'avenir), la condition juridique des protégés est exceptionnelle et provisoire, et, comme telle, la jurisprudence de la Cour d'Alexandrie l'a toujours appréciée de la façon la plus restrictive.

Immunités consulaires, religieuses, etc. —A côté de la protection qui est extensive de la compétence *ratione personæ*, certaines immunités accordées aux Puissances, au cours des négociations, viennent au contraire la restreindre. Nous avons vu que les exemptions et prérogatives dont les consulats et leurs fonctionnaires jouissaient en vertu des usages diplomatiques et des traités en vigueur avaient été maintenues dans leur intégrité. En conséquence, les agents et consuls généraux, les consuls et vice-consuls, leurs

_____

(1) Jugement du tribunal consulaire de France d'Alexandrie. 7 déc. 1895. (*Bull.*, t. VIII, p. 48.)

familles et les personnes attachées à leur service ne sont
pas justiciables des tribunaux mixtes, sans qu'il y ait lieu
de distinguer si ces agents sont de carrière ou non (1).
Bien que cette énumération soit limitative, la jurisprudence a constamment décidé qu'il fallait y ajouter les drogmans titulaires des consulats ; mais si le titre de drogman
est purement honorifique et ne correspond pas à des fonctions exercées réellement, le droit d'exterritorialité ne
s'y attache pas (arrêt 25 mai 1892). Quant aux agents
consulaires de nationalité ottomane, ils sont des protégés
temporaires de la puissance au service de laquelle ils se
trouvent, et comme ils ne sont pas compris parmi les
membres du corps consulaire exempts de la juridiction
mixte aux termes des conventions, cette juridiction est
compétente à leur égard (arrêt 26 décembre 1895 (2). Les
cawas des consulats jouissent de la protection de la nation
dont relève le consulat auquel ils sont attachés ; mais cette
protection cesse avec les fonctions qui y ont donné lieu (3).

Quand dans un procès, une partie en cause se prétend
couverte par l'immunité diplomatique, il faut qu'elle justifie
de sa qualité par la production du décret qui l'investit de
ses fonctions et du Berat de la Sublime-Porte qui l'a reconnue en cette qualité ; la juridiction mixte devient alors

---

(1) « Les immunités et privilèges consulaires ont toujours été et
sont encore aujourd'hui acquis non seulement aux consuls de carrière
mais encore aux personnes exerçant des fonctions consulaires, sans
toutefois appartenir à la carrière. En l'état des traités et conventions
actuellement en vigueur en Égypte, le fait d'exercer le commerce ou
une profession quelconque n'est pas incompatible avec les fonctions
consulaires, ni exclusif des immunités et privilèges que ces fonctions
comportent. » Arrêt, 7 mars 1895 (*Bull.* t. VII, p. 181).

(2) *Bull.*, t. VII, p. 150, et *Bull.*, t. VIII, p. 55.

(3) Arrêt, 16 janvier 1896. *Bull.*, t. VIII, p. 52.

radicalement incompétente. Que si la cause comporte plusieurs défendeurs et si l'objet est une obligation divisible de sa nature, le tribunal mixte se déclare compétent, met hors de cause le fonctionnaire consulaire et statue au fond en ce qui concerne les autres parties (arrêt 10 février 1881).

On verra au chapitre IV les modifications proposées sur cette immunité par la commission internationale de 1890.

Par une autre réserve que nous avons indiquée comme corollaire de l'immunité stipulée par l'Égypte pour les biens de fondation pieuse musulmane (wakfs), la France, l'Autriche-Hongrie et l'Allemagne ont mis, parmi les conditions de leur adhésion à la réforme judiciaire, l'exemption de sa juridiction pour certains établissements soit religieux, soit d'enseignement ; ces établissements ne peuvent donc, ni comme défendeurs, ni comme demandeurs, comparaître devant les tribunaux mixtes ; comme par le passé, ils sont justiciables des consulats dont ils relèvent quand ils sont défendeurs, et, quand ils sont demandeurs, ils observent la règle *actor sequitur forum rei* (arrêt 14 novembre 1894) (1). L'exception d'incompétence qui résulterait de la violation de cette règle pourrait être soulevée en tout état de cause (arrêt 11 février 1891).

La *compétence ratione loci* comporte une disposition qui mérite d'être signalée. L'art. 14 du Code civil permet de citer devant les tribunaux mixtes un étranger qui aurait quitté le pays, quand il s'agit d'obligations dérivant de contrats stipulés ou devant être exécutés dans le pays, ou de faits qui y ont été accomplis ou de biens meubles y

____

(1) *Bull.*, t. VII, p. 7.

existant. En matière commerciale, quand le défendeur n'a pas de domicile en Égypte, il peut être assigné devant le tribunal dans le ressort duquel la promesse a été faite et la marchandise livrée ou devant le tribunal dans le ressort duquel le paiement doit avoir lieu. Si le défendeur est domicilié à l'étranger, sans qu'un tribunal égyptien puisse être compétent à raison d'un des motifs précédents, l'assignation peut être donnée devant le tribunal de la résidence du demandeur ou, à défaut, devant le tribunal d'Alexandrie (art. 13 et 14 C. civ. et 35 C. proc. civ.).

Nous nous réservons de compléter au chapitre suivant la détermination de la compétence *ratione personæ*, par l'examen des sociétés et des administrations de l'État.

Compétence ratione materiæ.

Statut personnel. — Toutes les contestations de nature civile et commerciale entre les indigènes et les étrangers ou entre les étrangers de nationalité différente ressortissent des tribunaux mixtes. Mais conformément à ce qui se passait avant la Réforme, et en exécution d'une des conditions de son institution, le statut personnel a été réservé aux consulats pour les européens, aux autorités religieuses, pour les chrétiens ottomans, aux cadis pour les musulmans. Par conséquent les questions relatives à l'état et à la capacité des personnes, au statut matrimonial, aux droits de succession naturelle ou testamentaire, aux tutelles et curatelles, constituent des questions préjudicielles, pour lesquelles les tribunaux mixtes sursoient au jugement du fond et renvoient les parties à faire statuer, au préalable, par l'autorité compétente (art. 4 C.

civ.) ; quelle que soit la décision de cette autorité ils ne
se reconnaissent pas le droit de la modifier ni d'en apprécier la légalité (29 nov. 1894) (1). Toutefois les tribunaux
mixtes ne sont obligés de surseoir que lorsqu'ils en reconnaissent la nécessité, c'est-à-dire lorsque les pièces
du procès ne leur permettent pas de se prononcer directement. Tel n'est pas le cas, lorsque la question à résoudre
est plutôt une question de fait sans influence sur la question de droit, comme par exemple les réclamations élevées
dans un règlement de comptes entre héritiers, lorsqu'elles
procèdent non des rapports de cohéritier à cohéritier mais
de difficultés étrangères au partage. D'autre part, pour
que le renvoi à l'autorité compétente puisse sortir à effet.
il faut que le juge du statut personnel soit à même de
décider entre les parties ; or, il peut se présenter telle situation qui s'y oppose (2). Dans ce cas, les tribunaux mixtes

(1) *Bull.*, t. VII, p. 27.

(2) En ce sens il a été jugé : que le tuteur d'une nationalité différente de celle du mineur ne devient pas justiciable de la juridiction
de laquelle relève le mineur. En pareil cas, l'action en reddition de
comptes de tutelle formée par le mineur contre le tuteur est de la
compétence des tribunaux mixtes, sauf application par eux de la loi
personnelle du mineur. — Arrêt, 9 mai 1895 (*Bull.*, t. VII, p. 252).
De même, lorsque dans une question de droit musulman, les tribunaux
mixtes ont renvoyé les parties devant le cadi, sauf à celui-ci, en cas de
doute, à demander l'opinion du grand moufti, et que l'une des parties.
après avoir cité l'autre devant le cadi, s'est adressée directement au
grand moufti et a provoqué son avis, il ne convient plus de déférer le
litige au cadi, influencé par l'avis du grand moufti ; et il appartient aux
tribunaux mixtes d'examiner et de résoudre eux-mêmes la question :
dans cet examen, ces tribunaux, qui ne peuvent s'appuyer uniquement
sur les opinions des auteurs et des jurisconsultes, n'ont qu'à se conformer aux principes du droit naturel et aux règles de l'équité, selon
la règle tracée par l'art. 11 du Code civil. — Arrêt, 3 avril 1895.
(*Bull.*, t. VII. p. 209.)

tranchent eux-mêmes la question en faisant application aux justiciables de leur loi personnelle. C'est là certainement une extension de la compétence *ratione materiæ* que l'on pourrait critiquer parce qu'elle est absolument contraire à la loi organique, mais n'est-elle pas préférable à l'absence de justice qui résulterait d'un dessaisissement pur et simple?

Lorsqu'il y a conflit entre le statut personnel et le statut réel, c'est en faveur de ce dernier que se prononce la jurisprudence. Ainsi elle a jugé : que le statut matrimonial d'une femme hellène, qui se prévalait du sénatus-consulte Velléien pour faire annuler une hypothèque, ne pouvait pas recevoir d'application en Égypte. Les contrats et obligations passés en Égypte et qui affectent des immeubles situés dans le pays, ne peuvent, dit-elle, être appréciés et jugés que d'après la législation applicable par les tribunaux mixtes. Ils ont encore jugé que : l'inaliénabilité du fonds dotal tenait non du statut personnel mais du statut réel et que par conséquent la femme conservait la capacité de s'obliger sur ses biens, même dotaux, lorsqu'ils étaient situés hors du territoire de son statut et dans un pays où l'aliénation n'en est pas interdite par la loi (Arrêt 2 mai 1895).

Questions foncières. — En matière foncière, l'article 5 du Code civil mixte dit : que les nouveaux tribunaux connaîtront des actions réelles immobilières entre toutes personnes même appartenant à la même nationalité. Par exception, les demandes des étrangers contre un établissement pieux (biens wakouf) en revendication de la propriété d'immeubles possédés par ces établissements, restent soumises aux tribunaux locaux, les questions possessoires appartenant seules aux tribunaux mixtes en cette matière.

La constitution d'une hypothèque en faveur d'un étranger rend encore ces tribunaux compétents, quels que soient le possesseur et le propriétaire, pour statuer sur la validité de l'hypothèque et sur toutes ses conséquences jusque et y compris la vente forcée de l'immeuble et la distribution du prix. (Art. 9, 12, 13 du règlement d'organisation judiciaire). En raison de l'importance que présente la compétence immobilière et surtout des débats qu'elle a soulevés, nous la développerons au chapitre suivant dans un paragraphe spécial.

Exécution. — L'exécution des jugements des tribunaux mixtes à l'étranger ou des jugements étrangers devant la juridiction égyptienne mixte est basée sur la règle de la réciprocité. « Les jugements rendus à l'étranger par un tribunal étranger, dit l'article 468 du Code de procédure mixte, seront exécutoires en Égypte, sur simple ordonnance du président du tribunal, à charge de réciprocité. » Par conséquent, les tribunaux mixtes accordent autant de force et de valeur aux jugements étrangers que le tribunal qui les a rendus en accorde aux jugements émanant des tribunaux égyptiens ; c'est-à-dire que les tribunaux mixtes vérifient et revisent au fond les sentences des tribunaux étrangers, quand ceux-ci vérifient et revisent les jugements prononcés par les tribunaux mixtes ; et qu'ils déclarent au contraire exécutoires, par le seul fait qu'ils sont définitifs, les jugements rendus dans les pays qui, eux-mêmes, déclarent exécutoires les jugements mixtes, dès qu'ils ne sont plus susceptibles d'aucun recours. Un certain nombre d'arrêts ont consacré formellement cette application de l'article 468 (1).

____

(1) Voir pour l'application de cette clause aux différents pays, Grèce,

Dans l'intérieur de l'Égypte, une situation spéciale résulte du fait que les indigènes, comme les étrangers, sont soumis à une double juridiction et à une double législation : celle de leur pays pour leurs rapports entre eux, celle des tribunaux mixtes pour leurs relations avec les individus appartenant à une autre nationalité. A l'égard des tribunaux mixtes, les tribunaux indigènes et les tribunaux consulaires sont des tribunaux étrangers, dont les décisions ne peuvent s'exécuter de plein droit contre les justiciables des tribunaux mixtes ; mais il n'est pas moins vrai qu'on ne saurait assimiler des juridictions exerçant dans le pays-même, au nom ou par délégation du même souverain, à des juridictions fonctionnant à l'étranger. C'est ce que la jurisprudence a décidé en posant la distinction suivante : à la différence, dit-elle, des jugements rendus en pays étranger et visés par l'art. 468, les jugements rendus en Egypte, soit par les tribunaux indigènes, soit par la juridiction consulaire, ont, devant la juridiction mixte, la force exécutoire, sans qu'il soit nécessaire de recourir à l'exequatur (arrêt 22 novembre 1893), même dans les cas où l'exécution doit être poursuivie par voie immobilière (arrêt 26 mars 1890). On se contente donc de faire apposer par le greffier mixte, aux jugements indi-

Italie, Angleterre, les communications de Vidal Pacha au *Journal int. dr. privé*, 1887.

En matière de faillite, la Cour d'appel mixte a décidé « qu'un jugement étranger qui déclare une faillite ne saurait, en Egypte et au regard des personnes qui sont restées étrangères à la faillite, entraîner les effets et conséquences qui peuvent y être attachées dans le pays où il a été rendu. A moins d'un texte de loi exprès ou de traités garantissant la réciprocité, les effets d'un jugement déclaratif de faillite restent circonscrits dans les limites du territoire du pays où la faillite a été déclarée. » — Arrêt, 18 avril 1895 (*Bull.*, t. VII, p. 276).

gènes ou consulaires, la formule exécutoire prescrite pour
l'exécution des jugements rendus pour les tribunaux
mixtes.

Caractère de la juridiction mixte.

La juridiction indigène et la juridiction mixte se partagent le droit des obligations ; leur compétence en matière
civile et commerciale est à la fois identique et parallèle.
Entre elles deux, quelle est celle qui représente la juridiction de droit commun ? La plupart des auteurs qui se sont
posés cette question ont répondu qu'il n'y avait pas de
juridiction de droit commun en Egypte. M. Laget, notamment, dans son étude très approfondie de la situation judiciaire de l'Egypte, soutient que ni l'une ni l'autre de ces
juridictions ne peut être considérée comme juridiction de
droit commun, parce qu'aucune n'a une compétence générale (1).

M. Borelli-Bey, dans la préface de la législation égyptienne, ne voit, au contraire, dans la double juridiction
mixte « et indigène, qu'un mode d'application des règles
capitulaires qui font partie du droit public ottoman, » et
conclut que les tribunaux mixtes et les tribunaux indigènes
sont tous deux de droit commun (2).

Sous cette forme un peu concise, la pensée de M. Borelli
peut s'analyser ainsi : 1º la juridiction consulaire constitue
la juridiction de droit commun dans toutes les affaires
où un de ses justiciables est intéressé ; 2º la juridiction

---

(1) LAGET, p. 33.

(2) *La Législation égyptienne* annotée par BORELLI-BEY, 1892.

indigène constitue la juridiction de droit commun dans toutes les affaires qui ne concernent que des indigènes. — Si l'on admet qu'à l'origine la concession par les sultans du privilège de juridiction aux Européens, n'était qu'une application du droit commun dans leur empire en faveur des dissidents de leur loi, cette opinion ne manque pas d'une certaine logique.

M. Abdallah Simaika, dit que les tribunaux mixtes sont une juridiction d'exception, « car on ne peut considérer comme justice territoriale, nationale, égyptienne, celle qui ne devient compétente à juger un procès que lorsqu'un élément étranger est en cause (1) ». Cet argument prouve bien que la justice mixte n'est pas une juridiction nationale, mais il ne réfute pas le principe de la théorie précédente.

La Cour d'appel d'Alexandrie, sans avoir positivement avancé que les tribunaux de la réforme fussent les tribunaux de droit commun, laisse pourtant soupçonner cette idée dans un arrêt de 1894 où elle établit un parallèle entre la compétence des deux ordres de juridiction mixte et indigène. Partant de ce principe que les tribunaux mixtes ont une compétence plus large que les tribunaux indigènes, puisqu'ils rendent la justice à des indigènes et à des étrangers à la fois, elle en déduit que les tribunaux de la réforme ne sont incompétents que d'une façon « relative », vis-à-vis des sujets locaux, tandis que les tribunaux indigènes sont incompétents d'une façon « radicale » vis-à-vis des étrangers.

« Attendu, dit-elle, que s'il est vrai que les tribunaux

____

(1) *De la compétence des tribunaux mixtes d'Égypte*, par ABDALLAH SIMAIKA, Paris, 1892, p. 11.

indigènes près desquels les étrangers ne peuvent avoir accès dans aucun cas, sont par suite dépourvus, à l'égard de ces derniers, non seulement de toute compétence, mais encore et d'une manière absolue de tout droit et de toute faculté éventuelle de juridiction; que si, comme conséquence nécessaire, les décisions que ces tribunaux pourraient rendre à l'égard des étrangers, par suite, soit d'une erreur, soit du silence des parties, soit même de leur consentement, seraient entachés d'une nullité radicale et non susceptibles d'acquérir l'autorité de la chose jugée, il n'en est pas de même des tribunaux mixtes; que ces tribunaux ne sont pas d'une manière absolue inaccessibles aux indigènes; qu'ils sont composés d'un élément indigène; qu'ils rendent la justice au nom et par délégation du gouvernement égyptien; qu'ils sont certainement et en principe incompétents pour statuer sur les contestations entre indigènes, mais que cette incompétence *ratione personæ* est purement relative et cesse dans plusieurs cas prévus par la loi qui les organise et les régit; que dans ces conditions, les décisions qu'ils peuvent rendre entre indigènes quoique incompétemment rendues, sont susceptibles d'acquérir l'autorité de la chose jugée (1), alors surtout, comme dans l'espèce, que c'est après avoir accepté et pris elle-même la qualité d'étrangère, que l'une des parties prétend invoquer la qualité d'indigène pour faire annuler les décisions devenues depuis longtemps définitives » (2).

(1) La Cour avait cependant affirmé, à différentes reprises qu'un jugement incompétemment rendu par défaut de juridiction ne peut pas engendrer l'autorité de choses jugée. V. *Bulletin*, tome III, p. 63. Arrêt Daïra Sanieh contre Hassan Bey Tewfick. Alexandrie, 11 décembre 1890.

(2) *Bull.*, t. VI, p. 296.

Par argument *a contrario*, il résulte du premier considérant de l'arrêt que l'erreur, le silence ou le consentement de plaideurs indigènes devant les tribunaux mixtes, pourraient en proroger la compétence ; tandis qu'à maintes reprises, la Cour a déclaré que le consentement des parties de nationalités différentes ne pourrait proroger la compétence des tribunaux indigènes aux dépens des tribunaux mixtes qui sont d'ordre public (1). En ce cas, dit-elle, il s'agit, pour les tribunaux indigènes, d'un principe absolu de prohibition, « dessaisis qu'ils sont, par des conventions internationales, de tout droit de juridiction en matière mixte (2).

En admettant, dans certains cas et en sa faveur exclusivement, une prorogation de juridiction qu'elle dénie à la juridiction indigène, la Cour d'appel mixte ne se comporte-t-elle pas comme seule juridiction de droit commun? Cette conception serait assez hardie ! La Réforme répond, il est vrai, aux besoins et aux intérêts internationaux du pays auxquels la justice indigène ne satisfaisait pas en 1875 ; mais, si importants que soient ces intérêts, il ne faut pas perdre de vue que les tribunaux mixtes

(1) « Attendu qu'il est de principe généralement admis que dans les pays de capitulations où existent et fonctionnent concurremment, plusieurs ordres de juridiction, les uns à côté des autres, toutes les règles qui touchent à la sépration de ces divers ordres de juridiction et en déterminent la compétence respective, sont d'ordre public ;

« Qu'il en suit qu'il ne saurait être loisible aux particuliers d'intervertir l'ordre de ces juridictions et de substituer en matière de contestations mixtes, à la juridiction mixte exclusivement compétente un tribunal dépendant de l'un des autres ordres de juridictions existant dans le pays. *Bull.*, t. IV, p. 295. — V. aussi arrêt du 24 février 1892, *Bull.*, t. IV, p. 211.

(2) 4 juin 1890. *Bull.*, t. II, p. 185.

procèdent d'emprunts faits aux juridictions consulaires, dont ils ne sont que la synthèse; que la juridiction de la réforme, composée d'une Cour d'appel, de trois tribunaux et d'une délégation de justice sommaire, représente le *forum* de la minorité, c'est-à-dire de cent mille européens, qu'enfin elle est née, affectée d'une clause résolutoire mettant son existence en jeu tous les cinq ans (1). La justice indigène, au contraire, n'est que la continuation des anciens tribunaux locaux qui rendaient la justice dans le pays à l'égal des nouveaux tribunaux, en vertu du firman de la Sublime-Porte reconnaissant, dès 1840, à l'Egypte, la souveraineté territoriale (2); elle est composée d'une Cour d'appel, de sept tribunaux de première instance, de quarante délégations sommaires répandues dans le pays et

(1) Un jugement, confirmé par arrêt de la Cour d'Alexandrie, en date du 20 mars 1895, dit cependant « que rien dans les conventions ne laisse supposer que les tribunaux mixtes ne sont institués qu'à titre provisoire et pour la période déterminée de cinq ans; — que l'art. 40 du règl. d'org. jud. ne contient qu'une réserve pour le cas où l'expérience n'aurait pas confirmé l'utilité pratique de la Réforme, auquel cas il est loisible aux Puissances soit de recourir à l'ancien ordre de choses, soit d'aviser à d'autres combinaisons d'accord avec le gouvernement Égyptien; qu'à l'expiration de la première période quinquennale, les Puissances n'ayant pas usé de la réserve faite à leur profit et ayant consenti une nouvelle prorogation, aucune interruption n'a eu lieu dans le fonctionnement des dits tribunaux. » (*Bull.*, t. VII, p. 195.) Mais il nous semble difficile de concilier cette appréciation avec le texte de la loi française sur la réforme ainsi conçu : « *Loi du 17-25 déc. 1875 :* Le gouvernement est autorisé à restreindre *provisoirement* dans les limites et dans les conditions déterminées par les trois documents annexés à la présente loi, et pour une période qui ne pourra excéder cinq ans, la juridiction exercée par les consuls français en Égypte ». — « Le régime actuel n'est que *temporairement* ». Annexe du 10 nov. 1875.

(2) Arrêt du 2 mars 1893. *Bull.*, t. V, p. 157.

rendant la justice à sept millions d'habitants ; sa juridiction est non seulement civile, mais pénale ; sa durée indé-
finie ; elle est la juridiction naturelle de tous les sujets du
Khédive, et la Cour d'appel indigène réclame formellement
pour elle le caractère de juridiction de droit commun : les
tribunaux indigènes, dit-elle, ont remplacé les tribunaux
antérieurs qui étaient dans le pays les tribunaux de droit
commun, tandis que les tribunaux mixtes, ne pouvant
statuer que sur les actions que leur règlement d'organisation judiciaire leur attribue expressément, sont par là-
même exceptionnels (1).

De son côté, le gouvernement égyptien n'a cessé d'affirmer
le caractère exceptionnel de la juridiction de la réforme. A
la commission internationale de 1880, M. Giaccone, ayant
rappelé que lors de la convention de 1869, il avait toujours
été compris qu'il était loisible à deux parties indigènes de
se soumettre d'un commun accord à la juridiction mixte,
l'avocat-conseil du gouvernement répondit : « La proposition de M. Giaccone tend à substituer à toute juridiction
indigène les tribunaux mixtes ; comment veut-on que le
gouvernement puisse l'admettre, alors que les tribunaux
mixtes ne sont en Egypte qu'une juridiction d'exception,
réunissant dans un seul faisceau commun, les anciennes
justices consulaires dont les inconvénients avaient été reconnus (2) ? »

Et dans une circulaire du ministre des Affaires étrangères aux Puissances (28 juin 1890) le gouvernement déclarait récemment encore qu'il ne pouvait admettre la
compétence des tribunaux de la réforme dans les rapports

____

(1) Arrêt de la cour indigène du Caire, 18 février 1892. Affaire
Georges Eid contre Hanna Khalil.

(2) Procès-verbal de la séance du 19 janvier 1881, p. 18.

entre indigènes « sans dénaturer le caractère même de la juridiction mixte qui n'est qu'une juridiction d'exception. »

Si une controverse peut naître sur un point aussi important, à plus forte raison comprendra-t-on que, bien qu'en théorie la sphère de chacun de ces deux ordres de juridiction ait été nettement délimitée, en pratique la ligne de démarcation ait souvent varié. Les tribunaux mixtes installés plusieurs années avant les nouveaux tribunaux indigènes, avaient sur eux une avance qui leur a permis de s'étendre d'autant plus, qu'ils avaient le sentiment, qu'eux seuls inauguraient et représentaient la justice dans le pays : en les instituant, l'Égypte et l'Europe déclaraient ouvertement que ni la juridiction locale ni la juridiction consulaire n'étaient satisfaisantes. Quant aux consulats, encombrés de maintes autres attributions, ils ne demandèrent pas mieux que de se décharger d'un fardeau judiciaire qui ne leur était pas toujours aisé à porter, et c'est ainsi qu'en l'absence de toute juridiction rivale, les tribunaux de la réforme ont pu étendre leur domaine.

SECTION II

DÉVELOPPEMENT DE LA RÉFORME. — THÉORIE DE L'INTÉRÊT MIXTE.

Nous avons exposé que les tribunaux mixtes ne pouvaient être compétents entre co-nationaux ou entre indigènes seuls; qu'un élément mixte était indispensable. Mais si simple que paraisse le principe de cette compétence, la jurisprudence de la Cour d'appel mixte d'Alexandrie l'a interprété de telle façon qu'elle est arrivée à faire comparaître devant les tribunaux de la réforme, des indigènes figurant seuls au procès ou des européens de nationalité identique. C'est la théorie de l'intérêt mixte que la Cour a formulée dans la double proposition suivante :

1°. Les tribunaux mixtes deviennent compétents toutes les fois que dans un procès entre personnes de même nationalité il y a un intérêt étranger engagé ;

2° Il suffit que l'intérêt étranger ressorte clairement et manifestement des débats pour que les tribunaux mixtes soient compétents; il n'est pas nécessaire que le tiers étranger figure personnellement et en son nom dans le procès (arrêt de la Cour d'Alex. 4 mai 1882).

Cette jurisprudence, que les tribunaux consulaires ont acceptée plus volontiers que les tribunaux indigènes, leur a enlevé, aux uns et aux autres, un certain nombre d'affaires. Pour la justifier, la Cour s'est posée en protectrice des intérêts étrangers en Egypte, et cela à l'aide de deux arguments, l'un de principe et l'autre de texte.

L'argument de principe, que nous puisons dans un arrêt reproduit plus loin, se résume à dire que les tribunaux de la Réforme, d'après l'esprit et la lettre de leur institution, sont appelés à sauvegarder les intérêts mixtes qui sont leur raison d'être ; que par conséquent, c'est le caractère des intérêts engagés au procès et non la personnalité de ceux qui les représentent qui doit déterminer leur compétence, et qu'il importe peu, dès lors, que les parties litigantes soient toutes de la même nationalité, du moment que des intérêts mixtes sont en cause.

L'argument de texte est tiré de l'article 13 du règlement d'organisation judiciaire. Cet article dit que le seul fait de la constitution d'une hypothèque en faveur d'un étranger sur les biens immeubles, quels que soient le possesseur et le propriétaire, rend les tribunaux mixtes compétents. L'art. 13 ne serait donc, en matière immobilière, qu'une application de la théorie de l'intérêt mixte que la Cour a dégagée dans les actions personnelles.

Nous allons successivement examiner les différentes applications qui ont été faites de cette théorie dans les relations : 1° des particuliers entre eux ; 2° des indigènes vis-à-vis des sociétés commerciales ou financières établies en Egypte ; 3° des indigènes vis-à-vis de certaines administrations gouvernementales.

§ Ier. — Théorie de l'intérêt mixte appliquée aux rapports des particuliers.

Dans les rapports des particuliers entre eux, l'application la plus fréquente de la théorie de l'intérêt mixte se rencontre en matière de saisie-arrêt. La Cour a déclaré que bien que le saisissant et le débiteur saisi appartinssent à la même nationalité, la saisie est mixte si le tiers saisi est d'une nationalité différente, qu'il soit représenté ou non aux débats. L'instance en validité, dit-elle, n'est que le préliminaire de l'insistance en déclaration qui s'engage déjà directement entre le saisissant et le tiers-saisi ; or ce dernier étant un étranger, l'instance en déclaration ne pourra évidemment être portée que devant la juridiction mixte ; il est donc certain qu'en cas de diversité de nationalité des parties, la procédure de saisie-conservatoire dès son début, ne peut se faire que devant la juridiction mixte et par le ministère des huissiers dépendant de cette juridiction (¹). Pour arriver à cette conclusion, la Cour a dû déclarer que les instances en validité et en déclaration ne faisaient qu'un tout. Cette argumentation n'est justifiée, il est vrai, qu'au point de vue de la procédure initiale, mais elle cadre avec l'esprit de la jurisprudence qui n'admet pas que l'intérêt d'un étranger puisse être en jeu, sans qu'il ait la possibilité d'intervenir, car, « voulût-il se pourvoir devant les tribunaux indigènes par voie d'intervention ou de tierce opposition, il y serait irrecevable ; il ne pourrait que recourir directement, de son côté, devant la juridiction mixte, avec l'unique perspective d'aboutir à un conflit ; dès lors, la solution qui s'impose, c'est que seule peut être saisie, la juridiction qui, d'après les conditions mêmes de son institution, est de nature à assurer garantie à tous. » Aussi les juridictions consulaires et indigènes ont-elles accueilli cette manière de voir sans difficulté (Décision de la juridiction indigène du Caire, déclarant son incompétence (27 janvier 1883) et jugement du tribunal consulaire de France à Alexandrie, du 12 février 1886, affaire Jean Dimitri c. Ibrahim Hassoun) (²).

Si effacé et si lointain soit-il, l'intérêt mixte suffit. Ainsi un indigène demande contre un autre indigène la nomination d'un séquestre d'immeuble sur lequel le crédit foncier a pris une inscription hypothécaire. Bien que celui-ci s'en rapporte simplement à justice dans la mesure débattue entre deux indigènes, la Cour, sur le seul fait de

(1) Alexandrie, 1er février 1893. *Bull. de Législ.*, t. V, p. 94.

V. aussi un arrêt statuant entre deux sujets italiens, le tiers saisi étant une administration égyptienne (Alexandrie, 7 avril 1892. *Bull.*, t. IV, p. 191).

(2) Cités par P·ADOA BEY. *Journal de Dr. Int. Priv.* 1888, p. 302.

son inscription hypothécaire, se déclare justement saisie (1).
Dans certains cas même la disparition totale de l'intérêt
étranger a permis à la Cour de statuer entre personnes de
nationalité identique, quand l'intérêt en jeu n'était que
l'accessoire d'un intérêt principal dont elle avait eu à
connaître ; ainsi il a été jugé : — que lorsque les tribunaux mixtes ne sont compétents, que par la présence au
débat, d'un-tiers saisi de nationalité différente de celle des
parties qui ont la même nationalité, leur compétence
persiste pour les incidents, même si le tiers saisi n'y a
plus intérêt, alors surtout qu'il s'agit de mesures provi-
soires ou conservatoires qui touchent à l'ordre public (2) ; —
que la demande de taxe d'un gardien judiciaire contre un
créancier saisissant, tous deux de même nationalité, n'est
que la conséquence d'une instance introduite devant le
tribunal mixte, les frais relatifs à une affaire ne pouvant,
dit la jurisprudence, être liquidés que par le juge qui a
connu de l'affaire (3) ; — que la contestation entre un
avocat et son client, tous deux de même nationalité, est
de la compétence mixte quand elle a trait aux honoraires
d'une affaire plaidée devant le tribunal mixte (4). L'art.
197 du règlement général judiciaire établit en effet qu'à
défaut de convention, le montant des honoraires est fixé

<hr>

(1) Alexandrie, 23 nov. 1892. *Bull.*, t. V, p. 22.
(2) Alexandrie, 20 juin 1894. *Bull.*, t. VI, p. 349.
(3) Alexandrie, 4 avril 1894. *Bull.*, t. VI, p. 218.
(4) La juridiction mixte ne se déclare compétente que lorsqu'elle
est saisie par voie d'opposition à taxe car alors l'instance n'est que
l'accessoire d'un procès principal déroulé devant elle ; si au contraire
les honoraires ont été stipulés par contrat entre l'avocat et le client,
l'action directe intentée sur la base de ce contrat donne lieu à un
débat ordinaire pour lequel la compétence se décide d'après les règles
générales. (Arrêt, 16 mai 1895. *Bull.*, t. VII. p. 272.)

par le juge devant lequel l'affaire a été plaidée (Aléxandrie, 4 décembre 1879) ; et la juridiction consulaire, dans ce cas, décline sa compétence (1).

En vertu de la théorie de l'intérêt mixte, non seulement il suffit qu'un intérêt étranger ait été au début, ne fût-ce qu'un seul instant, sous la juridiction mixte, pour que celle-ci retienne sa compétence même dans l'exécution du litige, alors que cet intérêt étranger peut avoir depuis longtemps disparu, mais la naissance de cet intérêt à un moment quelconque, devient pour elle dévolutif de juridiction.

C'est ainsi que le syndic de la faillite d'un indigène est obligé de continuer devant les tribunaux mixtes, l'instance commencée devant une autre juridiction, dès qu'un étranger s'y déclare créancier (2). D'autres arrêts ont décidé

(1) Telle est la jurisprudence du consulat de France. Elle se base sur ce motif que ce règlement préparé avec le concours de magistrats français, siégeant dans les tribunaux mixtes, et accepté par le gouvernement égyptien a reçu l'assentiment certain du gouvernement français. La Cour de cassation a confirmé cette théorie en ajoutant qu'on ne saurait admettre que l'autorité chargée par les gouvernements étrangers de créer en le règlementant l'ordre des avocats en Egypte, n'eut pas un pouvoir de délégation suffisant pour déterminer comment il serait pourvu, en cas de contestation, au mode de règlement des honoraires dûs à ces avocats, occupant dans les affaires portées devant les tribunaux mixtes, alors qu'ils étaient constitués, en l'absence de toute corporation d'avoués, les représentants légaux et forcés des parties. (Cassation, 27 février 1883. Affaire Rocca-Serra contre héritiers Menager. DALLOZ. 1884. 1, 69.)

(2) « Dans le cas où, après une déclaration de faillite prononcée par une juridiction indigène, un intérêt étranger se révèle, cette juridiction se trouve dessaisie de l'affaire qui est alors portée devant la juridiction mixte, cette dévolution n'impliquant toutefois aucun droit de contrôle ou de rétractation des actes accomplis ou des décisions rendues par la première juridiction ; tout ce qui a été fait devant la juridiction indigène se trouve alors, par la seule force de la

que les arrangements, liquidations, concordats même, ter-
minés devant la juridiction consulaire (1), n'étaient pas
opposables aux créanciers étrangers, n'y en eût-il qu'un
seul, et que la présence de celui-ci suffisait à rendre la
cause mixte et investir les tribunaux de la réforme (2).
C'est ainsi encore qu'il a été jugé que l'étranger ne pouvant plaider que devant les tribunaux mixtes, contre des
parties de nationalité différente, ces tribunaux deviennent
compétents sur toutes les demandes incidentes ou reconventionnelles formées par les unes ou les autres des parties en cause, sans qu'il y ait à rechercher si l'obligation
dont le demandeur poursuit la réalisation est ou non divisible et si, *dans le cas de divisibilité reconnue, les parties défenderesses étant de même nationalité*, tout débat
incident entre elles, ne devrait pas être détaché du débat
principal et soustrait à la juridiction déjà saisie (3).

Toutes ces décisions ont été été dictées par la préoccupation qu'a eue la nouvelle juridiction de remplir le rôle
tutélaire qui lui avait été assigné et qu'elle a exprimé dans

loi, non avenu et sans effet et c'est à nouveau que la juridiction mixte,
en vertu de son droit propre, procède ou doit procéder.» Alexandrie,
4 février 1891. *Bull.*, t. III, p. 154.

(1) La mise en liquidation judiciaire d'une maison de commerce
française, prononcée par l'autorité judiciaire française, ne peut avoir
pour effet de modifier la situation juridique ou la capacité de cette
maison à l'égard des tiers étrangers qui ont contracté avec elle et
dont les droits sont uniquement régis par les codes mixtes. Alexandrie, 5 janvier 1893. *Bull.*, t. V, p. 76.

(2) Alexandrie, 6 avril 1803. *Bull.*, t. V, p. 291. — 3 avril 1895.
Bull., VII, p. 201.

(3) Alexandrie, 24 février 1892, *Bull.*, t. IV, p. 211.

« La demande qui constitue un incident accessoire d'une instance
principale déférée aux tribunaux mixtes est de la compétence de ces
tribunaux. » Arrêt, 1er mai 1895. *Bull.*, t. VII, p. 278.

les termes suivants : « Alors même que le débat existerait
« entre deux indigènes, s'il vient à s'y manifester d'une ma-
« nière certaine un intérêt mixte, même non intervenant
« ou appelé, les tribunaux de la réforme ont seuls autorité
« pour y statuer ; cette jurisprudence, affirmée par la Cour
« chaque fois que l'occasion s'en présentait, est basée sur
« ce que, d'après l'esprit et le texte du règlement d'orga-
« nisation judiciaire, les intérêts mixtes ne peuvent, en cas
« de difficulté, dépendre d'autres tribunaux que des tribu-
« naux mixtes, puisque, s'il en était autrement, toutes les
« garanties fixées par l'institution même de la réforme se
« trouveraient, par ce fait, indirectement annulées dans
« leurs effets. » (Arrêt du 14 mars 1890).

Mais si l'on peut approuver sans restriction tous ceux de
ces arrêts dans lesquels la jurisprudence se guide sur son
principe « que la compétence se détermine d'après le caractère des intérêts en cause et non d'après la personnalité
de ceux qui les représentent » (arrêt du 14 mars 1888),
il est difficile de ne pas faire une réserve pour les cas où
ce point de repère fait absolument défaut. Ainsi nous con-
sidérons qu'il y a erreur manifeste lorsque la Cour décide
que le créancier étranger, en exerçant les droits de son
débiteur indigène contre un autre indigène, agit en vertu
d'un droit qui lui est propre (1) (art. 202, C. civ.). Il en
résulte que si le demandeur est étranger alors même que
les défendeurs seraient tous indigènes ou tous étrangers
d'une même nationalité autre que la sienne, c'est devant
la juridiction mixte que l'action doit être portée. Bien
plus, dans le cas où l'un des contractants aurait même
déjà saisi la juridiction consulaire ou indigène, la Cour

____

(1) *Bull.*, t. VI, p. 35,

mixte déclare, que tant qu'une solution n'est pas intervenue, la procédure engagée devant un autre forum,
n'est pas opposable au créancier étranger, qui peut toujours porter sa réclamation directe et personnelle devant
la juridiction mixte dont il relève et qui seule peut statuer
à son égard. Or, le créancier qui exerce le droit de son débiteur, agit si peu en vertu d'un droit qui lui est propre,
qu'on peut lui opposer toutes les exceptions qu'on pourrait
opposer au débiteur lui-même et que, pour faire annuler
les conventions de son débiteur qui lui portent préjudice,
il doit en prouver la fraude, sinon il est obligé de les subir.
Avec la théorie de la Cour, on voit une obligation née entre
deux indigènes ou entre deux européens de même nationalité, qui, dans l'esprit des contractants, devait être jugée,
soit par les tribunaux indigènes, soit par les tribunaux
consulaires, déférée aux tribunaux mixtes par suite de
l'action directe du créancier de l'un des contractants. En
souscrivant une obligation on n'est donc plus assuré que
la juridiction compétente au moment de la formation du
contrat soit compétente au moment de son exécution.

De même est-elle bien conforme à l'esprit de l'institution
cette jurisprudence qui va jusqu'à déclarer que la loi mixte
ne prohibant pas les prête-noms, un indigène peut porter
légalement son action contre un autre indigène devant le
tribunal mixte à l'aide d'un prête-nom, le procureur ou
prête-nom étant revêtu d'un titre apparent (1). Et n'est-il
pas à craindre qu'à l'abri de ce subterfuge légal, un cessionnaire fictif, sans intérêt dans le débat, ne puisse chan-

(1) Alexandrie, 20 avril 1892. *Bull.*, t. IV, p. 203.
    id.,   22 mars 1893. *Bull.*, t. V, p. 159.

ger l'ordre des juridictions que la Cour a tant de fois proclamé d'intérêt public ? Telle n'a pas toujours été sa jurisprudence et nous pensons qu'au point de vue juridique elle était bien plus près de la vérité lorsque, dans l'arrêt Zobeir Pacha contre le gouvernement, elle décidait « que la cession d'une créance faite par un indigène à un étranger, soit à titre de vente, soit à titre d'action en paiement, ne rendait les tribunaux mixtes compétents qu'à la condition que la propriété de tout ou partie de la créance soit réellement transmise, de telle sorte que le cessionnaire soit subrogé à tous les droits et actions du créancier, et puisse même, en dehors de tout concours et de toute assistance de ce dernier, faire valoir son titre (1) ».

Se contenter d'une simple apparence pour décider de sa compétence, ne nous paraît pas, même en l'absence de tout texte qui le prohibe, conforme au but poursuivi par la réforme judiciaire ; la Cour mixte l'a compris, et, dans son dernier arrêt sur cette matière, elle est revenue à sa jurisprudence antérieure en décidant qu'un indigène ne pouvait, par une vente fictive ou un contrat de prête-nom, se soustraire aux décisions de son autorité judiciaire compétente (1er mai 1895) (2).

---

(1) *Bull.*, t. III, p. 155. Dans cet arrêt la Cour avait même décidé que « le fait de se constituer le bailleur de fonds d'un plaideur et de stipuler, sous le nom d'association, une participation aux bénéfices du procès, n'implique et ne renferme aucun des éléments essentiels d'un transport de créance et d'une subrogation opposables au débiteur cédé. »

(2) *Bull.*, t. VII, p. 240.

§ II. — Théorie de l'intérêt mixte appliquée aux sociétés anonymes égyptiennes.

La théorie de l'intérêt mixte s'est accusée encore davantage dans les procès entre indigènes et sociétés anonymes. Aux termes des articles 46 et 47 du Code de commerce, les sociétés anonymes ne peuvent se fonder en Égypte, qu'en vertu d'un firman du Khédive qui leur impose la nationalité égyptienne. Il semble donc que, plaidant contre un sujet égyptien, les deux plaideurs se trouvant être de nationalité égyptienne, la société devait être jugée par les tribunaux indigènes. Les tribunaux mixtes n'ont pas admis cette manière de voir. Quand ils ont rencontré dans les sociétés anonymes des intérêts étrangers, ils n'ont pas hésité à déclarer que, pour être égyptiennes, ces sociétés n'en étaient pas moins mixtes et que leurs procès contre des sujets locaux relevaient de la juridiction de la réforme.

L'application de cette théorie témoigne d'une incertitude qu'il est intéressant de suivre. Le précédent le plus ancien que l'on rencontre, bien que ne reflétant pas encore toute la théorie de l'intérêt mixte, se réfère à la Compagnie du Canal de Suez. Un indigène soutenait que cette compagnie étant indigène comme lui, puisqu'elle était égyptienne, la Réforme n'était pas compétente pour connaître du litige. La Cour d'Alexandrie déclara au contraire que la Compagnie du Canal de Suez était internationale et retint sa compétence par des motifs que nous croyons devoir reproduire *in extenso :*

« Attendu que si, dans l'article 16 de la convention du 22 février 1836 la Compagnie du Canal de Suez a été qualifiée d'égyptienne, on ne saurait en conclure que dans ses rapports avec les tiers, cette Compagnie puisse être considérée comme ayant revêtu une personnalité indigène ; qu'elle est égyptienne en ce sens qu'elle relève, sous certain point de vue, de l'administration supérieure du pays, et que le théâtre de son activité et de ses travaux se trouve en Egypte, mais qu'au fond, et si l'on étudie son organisation, ses statuts et la nature des intérêts qu'elle est destinée à servir et à défendre, elle est universelle, ainsi que l'indique son titre d'ailleurs accepté et approuvé par le Gouvernement ;

« Attendu que cela résulte spécialement des actes de concession du 30 novembre 1854 et du 5 janvier 1856, dans lesquels il est dit expressément que M. de Lesseps est autorisé à fonder, sous le nom de Compagnie Universelle du Canal maritime de Suez, une compagnie formée de capitalistes de toutes les nations ; que le canal servira à la grande navigation maritime ; qu'il sera creusé suivant le programme d'une commission scientifique internationale, que les tarifs de navigation seront appliqués, sans aucune exception ni faveur, à tous les navires dans les conditions identiques ; et enfin que si le siège administratif de la société est établi ailleurs qu'en Egypte, la compagnie sera tenue de se faire représenter à Alexandrie par un agent supérieur nanti de tous les pouvoirs nécessaires pour assurer ses rapports avec le Gouvernement ;

« Attendu que cela résulte encore des statuts de la compagnie, dans lesquels on relève notamment : que si la société a son siège à Alexandrie, son domicile administratif est à Paris (art. 3), que ses titres sont libellés en langue turque, allemande, anglaise, française et italienne (art. 7), que les paiements se font dans la caisse sociale ou chez les représentants de la compagnie à Alexandrie, Constantinople, Londres, New-York, Paris, Saint-Pétersbourg, etc., etc. (art. 8), que la société est administrée par un conseil composé de 32 membres représentant les principales nationalités intéressées à l'entreprise (art. 24), qu'enfin un simple administrateur, à ce délégué, réside à Alexandrie (art. 42) ;

« Attendu que cela résulte enfin des termes mêmes de l'art. 16 de la convention du 22 février 1866, dans lequel, après avoir déclaré que la société étant égyptienne, était régie par les lois et les usages du pays, les parties contractantes ont ajouté : « qu'en ce qui regardait sa constitution et les rapports des associés entre eux, elle était, par une convention spéciale, réglée par les lois qui, en France, régissent les sociétés anonymes, et que toutes les contestations de ce chef seraient jugées en France par des arbitres, avec appel comme surarbitre à la Cour impériale de Paris. »

« Attendu que de l'ensemble de ces clauses et de ces dispositions, l'on doit nécessairement conclure que la Société Universelle du Canal de Suez, composée d'individus appartenant à toutes les nationalités, et dont le but et l'objet ont un caractère international, a, quoique égyptienne, une personnalité qui lui est propre, et qu'elle ne saurait être assimilée à un indigène.

« Attendu que c'est évidemment sous l'empire de cette pensée qu'il a été stipulé dans le même article 16 de la convention précitée « que les différends en Égypte entre la compagnie et les particuliers, à quelque nationalité qu'ils appartiennent, seraient jugés par les tribunaux locaux, suivant les formes consacrées par les lois et usages du pays et les traités ».

« Attendu que si l'on rapproche cette clause de l'art. 73 des statuts qu'elle a abrogé et remplacé, et dans lequel il était dit : « que la société ferait élection de domicile légal et attributif de juridiction à son domicile administratif, à Paris, où devraient lui être faites toutes les significations », on demeure convaincu que les parties ont entendu simplement décider, par cette nouvelle disposition, que les différends qui naîtraient en Égypte seraient jugés en Égypte, par les tribunaux établis dans le pays; qu'elles on voulu en un mot rapprocher le juge du justiciable, sans rien changer aux lois et aux usages du pays, ou aux traités qu'elles n'avaient point d'ailleurs le pouvoir de modifier.

« Attendu que si avant l'institution des tribunaux de la réforme, il a pu s'élever quelque doute sur la question de savoir devant quels tribunaux du pays devraient être portées les contestations dans lesquelles la Compagnie Universelle du Canal de Suez était partie, et s'il a fallu recourir, suivant l'expression du Ministre des Affaires étrangères de France, à un « *modus vivendi* » essentiellement provisoire (lettre de M. de Remusat, du 23 février 1872), ces doutes ne sont plus possibles aujourd'hui qu'il a été institué en Égypte des tribunaux auxquels ont été exclusivement dévolues toutes les affaires intéressant des parties de nationalité différente ;

« Attendu que la pensée du gouvernement sur ce point s'est claire-ment revélée dans l'article premier de la convention du 23 avril 1869, relative précisément à la matière du procès actuel, et dans lequel il est dit, que les ventes de terrains le long du canal de Suez ne seront autorisées qu'après que les négociations pendantes avec les puissances auront déterminé le mode de juridiction à établir en Egypte, entre étrangers et indigènes; qu'il résulte évidemment de cette clause qu'en prévision des procès qui pourraient naître entre la compagnie et les concessionnaires, on jugeait opportun d'attendre, avant de faire des ventes, qu'il eût été établi des tribunaux, devant lesquels ces contes-tations devaient être portées ;

« Attendu qu'il suit de ce qui précède, qu'en présence des termes de l'art. 9 du règlement d'organisation judiciaire, la Compagnie Universelle du Canal de Suez à laquelle ont été confiés des intérêts internationaux, ne peut être justiciable, soit dans ses rapports avec le gouvernement, soit dans ses rapports avec les indigènes ou les étran-gers, à quelque nationalité qu'ils appartiennent, que des tribunaux de la réforme, seuls compétents aujourd'hui dans le pays pour statuer sur les contestations mixtes. »

« Que l'exception d'incompétence doit donc être rejetée. » (Alexan-drie, 20 mai 1980, R. O. T. V, p. 263, affaire Stavri Magripili c. Cie du Canal de Suez. (1)

(1) Par arrêt du 4 mars 1896, la cour d'appel d'Aix vient de confir-mer cette jurisprudence de la cour d'Alexandrie. Réformant un juge-ment du tribunal consulaire de France du Caire qui s'était déclaré compétent sur la demande intentée par une française contre la Com-pagnie du Canal de Suez, la cour d'Aix s'appuie incidemment sur l'arrêt ci-dessus (20 mai 1880) et sur le caractère mixte et interna-tional qu'il donne à la Compagnie du Canal de Suez pour la rendre justiciable des tribunaux de la réforme ; elle conclut « qu'à aucun titre la juridiction consulaire française n'était compétente pour sta-tuer sur un litige qui ne s'agitait pas exclusivement entre français », (Affaire veuve Kintz contre Compagnie du Canal de Suez.)

Pourtant ce n'était pas encore là la théorie de l'intérêt mixte. On le vit bien quand, en 1882, la Cour d'appel eut à se prononcer sur la nationalité de la Compagnie des Eaux. L'art. 17 du Firman du 17 mai 1865, qui autorise la formation de cette société, et l'art. 40 de ses statuts approuvés par le gouvernement portent textuellement : « La société est essentiellement égyptienne ; par suite, elle relève exclusivement de l'autorité locale égyptienne, quels que soient le domicile réel et la nationalité de ses membres et actionnaires intéressés. »

Cette déclaration amena la Cour à faire une distinction (sur laquelle elle revint plus tard), en décidant qu'une société de nationalité égyptienne n'était pas une société mixte. « C'est à tort, dit-elle, que la société des Eaux invoque, à l'appui de sa prétention, l'arrêt rendu le 28 mai 1880 par la Cour d'appel d'Alexandrie dans la cause entre Stavri Magripli et la Compagnie Universelle du canal de Suez ; que cette assimilation n'est pas exacte ; que les deux sociétés diffèrent dans la nature des intérêts qu'elles sont destinées à servir, dans leur organisation et dans leurs statuts constitutifs ; qu'il suffit à cet égard de rappeler qu'aux termes de ses statuts, la Compagnie Universelle du canal de Suez a son domicile légal et attributif de juridiction à Paris, et que le siège social réel et le domicile attributif de juridiction de la Société des Eaux a toujours été et est encore au Caire, où ont lieu les assemblées générales et où les actions ont été émises. »

Ici donc, sans se préoccuper des intérêts internationaux que la société représente, la Cour décide que la convention lui ayant donné la *nationalité égyptienne*, elle relève des tribunaux indigènes. Nous verrons, au contraire, bientôt la Cour se déclarer compétemment saisie en raison de cette même *nationalité égyptienne*, parce qu'en Egypte toute société anonyme devant être forcément égyptienne, elle fera résulter la nationalité, au point de vue de la compétence, moins de la convention des parties ou de la volonté de la loi, que du caractère réel des intérêts représentés.

Cet arrêt est doublement curieux, parce qu'il a été rendu bien que la Compagnie des Eaux soutînt qu'elle fût une personnalité mixte, et contre l'administration des chemins de fer représentant des intérêts mixtes ! Il est piquant de relever qu'en présence de deux administrations mixtes, qu'elle devait plus tard retenir sous sa juridiction, la Cour mixte se soit déclarée incompétente ! Cette jurisprudence se maintint quelques années et, en 1887, nous trouvons encore un arrêt décidant de l'incompétence des tribunaux mixtes vis-à-vis de la Société des Eaux pour les mêmes motifs qu'en 1882. Mais cette même année, il fut jugé qu'une société en nom collectif, formée entre deux ou plusieurs personnes de nationalités différentes, était mixte et par conséquent même dans ses rapports avec les indigènes justiciables des tribunaux de la réforme. C'était une première manifestation de cette nationalité nouvelle que la Cour devait discerner dans la nationalité des sociétés (1). Dans la même année, la Cour, ainsi que nous venons de le dire plus loin, se déclarait compétente dans le

(1) « Attendu qu'une société formée entre deux personnes de nationalité différente est nécessairement mixte; qu'elle constitue une personalité morale distincte de la personne individuelle des associés..... Que la société composée d'éléments mixtes est exclusivement mixte et dépend comme telle de la juridiction mixte dans ses rapports avec les tiers, étrangers ou indigènes ». — Alexandrie, 17 février 1887. *R. O.*, T. XII, p. 74. — V. aussi arrêt, 30 mai 1893. *Bull.*, t. VII, p. 311.

procès entre la Daïra Sanieh et les indigènes en posant comme règle que toutes les fois qu'en Egypte il s'agissait de statuer sur des intérêts mixtes, la réforme était seule instituée pour en connaître (1).

A partir de ce jour, la Cour déduit la compétence de la juridiction mixte sur les sociétés de cette double proposition :

A. Chaque fois qu'une société en nom collectif composée d'étrangers de nationalités différentes, n'a pas reçu de l'acte constitutif une nationalité distincte, elle est réputée mixte d'après le caractère de ses intérêts (2).

B. Toute société anonyme créée en Egypte et déclarée égyptienne en vertu du Firman qui lui en impose la nationalité est, non pas indigène, mais mixte, et, partant, justiciable de la réforme même dans des procès contre des indigènes.

C'est ce que la Cour décida une première fois au sujet de la société anonyme de la Bourse khédiviale plaidant contre le gouvernement : « Attendu, dit-elle, qu'en raison des intérêts mixtes toujours engagés dans les sociétés anonymes, elles sont nécessairement justiciables des tribunaux mixtes, mais que le bénéfice de cette juridiction ne leur confère pas la qualité d'étranger ; que la nationalité

(1) Alexandrie, 10 mars 1887, V. *infra.*

(2) « Attendu que rien ne démontre, dit la cour, que la raison sociale Dumreicher frères et Cie ait été régulièrement constituée en vertu des lois commerciales danoises, ou reconnue danoise par le gouvernement danois ; que par conséquent s'agissant d'une société commerciale qui n'a pas régulièrement assumé une nationalité déterminée et qui se trouve au moment du litige composée de personnes de nationalités différentes, les tribunaux mixtes sont compétents pour connaître de toutes contestations soit entre les associés, soit entre la société et des tiers étrangers ou indigènes. » — Alexandrie, 12 février 1891. *Bull.*, t. III. p. 188.

égyptienne qui leur est imposée par la loi et par le décret
même de leur constitution reste intacte (1). » C'est ici que
l'on voit bien la nationalité égyptienne se dédoubler : cette
société, qui est égyptienne, plaide contre le gouvernement
égyptien, et pourtant les tribunaux mixtes, qui en principe
ne peuvent statuer qu'entre étrangers, se déclarent compétents. Pourquoi ? L'arrêt a pourtant bien soin de dire que
la juridiction mixte ne confère pas à la société la qualité
d'étranger et que sa nationalité égyptienne reste intacte.
C'est que cette expression « nationalité égyptienne » éveille
désormais dans l'esprit de la Cour une double idée ; à côté
de l'indigénat, elle y voit une nationalité, mixte en quelque
sorte, comme les intérêts qu'elle enveloppe. S'inspirant
du caractère de ces intérêts autant que de la nationalité
que leur impose le Firman de constitution, elle les fait
comparaître devant la juridiction chargée de veiller
sur eux. Ils sont égyptiens par la dénomination de la loi,
mais mixtes de leur nature ; par conséquent, des tribunaux
mixtes peuvent seuls en connaître.

Bien plus ! si même les actes constitutifs des sociétés
anonymes portent qu'elles sont indigènes et qu'elles accep-
tent la juridiction des tribunaux locaux, la Cour ne tient
pas compte d'un vœu qui déroge à l'ordre des juridictions.
C'est ce qu'elle a décidé tout d'abord (2) dans le cas très
intéressant de la Banque ottomane plaidant contre le Gouvernement :

« Attendu que le gouvernement a proposé l'exception d'incompé-

(1) 6 avril 1892. *Bull.*, t. IV, p. 198.
(2) On verra plus loin qu'il en a été décidé de même pour la Société
anonyme des Eaux du Caire et la Municipalité d'Alexandrie que leurs
actes constitutifs déclarent indigènes.

tence en se basant sur les statuts de la Banque et en outre sur ce que celle-ci aurait reconnu expressément la compétence des tribunaux indigènes ;

« Attendu, quant à ce dernier argument, qu'il n'y a pas lieu de s'y arrêter puisqu'il est évident que la simple énonciation des termes cités par le gouvernement, qui se trouveraient dans les concessions du 18 septembre 1878 et du 5 avril 1879, ne prive pas la Banque demanderesse du droit de s'adresser aux tribunaux dont elle relève et que ce prétendu aveu ne devrait même pas être pris en considération par les tribunaux, dès qu'il serait contraire aux lois qui déterminent la juridiction ;

« Attendu, en ce qui concerne les statuts, qu'il en ressort, de même que de l'acte de concession, que la Banque impériale ottomane représente une association de capitaux appartenant à des personnes de nationalité différente, que son activité n'est pas restreinte à l'empire ottoman et qu'en vue de la participation des capitaux des différents pays de l'Europe, la gestion des affaires est confiée à des conseils mixtes quant à la nationalité de leurs membres ;

« Que, quoique d'après les articles 6 et 7 de l'acte de concession, le siège social et le domicile de la banque restent fixés à Constantinople et qu'il y ait dans cette capitale un conseil d'administration, cependant la véritable direction des affaires est centralisée entre les mains du comité à Londres où à Paris (non pas à Constantinople), qui nomme aussi les membres du dit conseil d'administration, dont trois seulement sur 7 ont besoin de résider à Constantinople et d'être agréés par le gouvernement ottoman (article 21 des statuts) :

« Qu'également le sous-comité ne se trouve pas à Constantinople et que cette ville n'est pas non plus, de droit, le lieu des réunions de l'assemblée générale, lequel est désigné par le comité (articles 15, 20, 21, 28 des statuts) ;

« Attendu que dans ces circonstances, le fait que le siège social et le domicile sont fixés à Constantinople n'est pas concluant ;

« Que la protection et la surveillance de la part du gouvernement ottoman, qui résulte des termes de l'article 2 des statuts et de la constitution de la société sous l'empire du Code de commerce ottoman, n'a qu'une signification politique, mais n'a pas l'effet de faire disparaître le caractère international de cette société, de même que l'article 22 des statuts ne-préjuge pas la question de savoir si en Égypte, ce sont les tribunaux indigènes ou mixtes devant lesquels les contestations doivent être portées ;

« Que si cette dernière disposition avait pour but d'exclure la compétence des tribunaux étrangers, malgré que la véritable gestion des affaires se passe au dehors de l'empire ottoman, elle ne s'oppose pas à ce qu'en Égypte, les différends soient soumis aux tribunaux mixtes, qui ne sont pas des tribunaux étrangers, mais sont précisément institués pour juger les intérêts mixtes ;

« Que relativement à l'argument tiré des articles 13 et 15 de l'acte de concession qui attribuent à la banque la qualité de trésorier payeur de l'empire et d'agent financier du gouvernement, il suffit de rappeler que ce n'est pas sa seule fonction ; mais qu'elle fait, pour le compte de toutes personnes, toutes affaires qui rentrent dans les opérations d'une institution de banque ;

« Attendu que non seulement d'après ce qui précède l'existence d'intérêts mixtes représentés par la banque demanderesse est incontestable, mais qu'au surplus ces intérêts pourraient donner le droit d'intervention aux actionnaires par suite de leur droit aux dividendes et que dans l'espèce le droit d'intervention existerait également au profit des anciens concessionnaires, Benigni et Souvion, sujets français, qui, suivant les contrats versés, ont conservé un intérêt dans l'exploitation de l'abattoir ;

« Attendu par conséquent que le déclinatoire soulevé par le gouvernement doit être rejeté. » (11 février 1890) (1).

Cette théorie ainsi définie, il était à prévoir que la société des Eaux du Caire, malgré les deux arrêts contraires qui l'avaient repoussée, aurait, à la première occasion, gain de cause sur la compétence mixte qu'elle réclamait. En effet, en 1894, dans une instance contre un indigène, le tribunal du Caire d'abord, la Cour ensuite, réformant leur jurisprudence antérieure, se déclarèrent compétents. Ces décisions résument ainsi les principes de

(1) *Bull.*, t. II, p. 255.

la théorie de l'intérêt mixte dans les sociétés anonymes :

YOUSSEF KODJA ZADA C. COMPAGNIE DES EAUX DU CAIRE.

« Attendu que le défendeur, préliminairement à la discussion du fond, a proposé le déclinatoire pour incompétence du tribunal saisi, en raison de la nationalité égyptienne des parties en cause ;

« Attendu qu'il est de la jurisprudence constamment suivie depuis nombre d'années par la Cour, que la compétence se détermine d'après le caractère des intérêts engagés au procès, et non d'après la personnalité de ceux qui les représentent ;

« Attendu dès lors, quelle que soit la nationalité des parties en cause, que les tribunaux de la réforme, appelés, d'après l'esprit et le texte du règlement d'organisation judiciaire, à sauvegarder les intérêts mixtes, ont seuls autorité pour statuer sur les différends de cette nature ; qu'en effet, s'il en était autrement, toutes les garanties fixées et mises sous la sauvegarde de l'institution même de la réforme se trouveraient par le fait indirectement annulées dans leurs effets ;

« Attendu que peu importe donc que le litige soit engagé entre deux personnalités de la même nationalité, du moment que l'intérêt mixte s'y manifeste d'une manière certaine et incontestable, révélant ainsi la nature mixte du procès et établissant la compétence des tribunaux de la réforme, compétence qui résulte de l'essence même de l'institution et qui, puisqu'elle tient à l'ordre des juridictions, ne saurait lui être enlevée par aucune disposition, convention ni aveu ;

« Attendu qu'en l'espèce l'intérêt mixte est manifeste ; qu'en effet non seulement les membres fondateurs de la société requérante appartenaient à des nationalités différentes, mais encore aujourd'hui la diversité de nationalités des actionnaires est démontrée par la composition du conseil d'administration dont les membres, nécessairement actionnaires aux termes de l'art. 21 des statuts, appartiennent à des nationalités différentes ;

« Attendu que l'intérêt mixte du procès, une fois constant, a pour conséquence forcée de placer le litige sous la juridiction des tribunaux de la réforme ;

« Qu'il est irrelevant à ce point de vue, qu'aux termes de l'art. 47

du Code de commerce, les sociétés anonymes fondées en Égypte soient toutes de nationalité égyptienne, et que l'art. 17 du Firman d'autorisation place ·la société requérante, pour toutes les contestations et difficultés généralement quelconques, sous la juridiction exclusive des tribunaux égyptiens, car les tribunaux de la réforme, ainsi que les tribunaux indigènes sont des tribunaux égyptiens et jugent dans les limites de la compétence qui leur est attribuée par les lois en vigueur :

« Attendu qu'enfin le fait de la non-intervention des actionnaires étrangers au procès ne saurait enlever au litige le caractère mixte. raison déterminante pour l'ordre de juridiction :

« Par ces motifs : se déclare compétent.

« La Cour,

« Attendu que les motifs qui ont déterminé les premiers juges justifient suffisamment leur décision ;

« Qu'au surplus, lors de la conférence du Caire de 1884, les délégués des puissances et du gouvernement égyptien ont été unanimement d'avis que les contestations des sociétés anonymes, même égyptiennes, avec toute personne même indigène, relevaient des tribunaux mixtes, par cela seul que les sociétés, dont les actionnaires appartenaient ou pouvaient appartenir à des nationalités différentes, représentaient des intérêts mixtes dont la protection avait été confiée à ces tribunaux ;

« Que si les décisions de cette conférence n'ont pas été, pour des motifs particuliers, sanctionnées par les puissances, elles n'en demeurent pas moins comme l'expression d'une interprétation officielle de l'art. 9 du règlement d'organisation judiciaire :

« Par ces motifs : Et par ceux des premiers juges qu'elle adopte :

« Confirme (1).

(1) Alexandrie, 21 juin 1891. *Bull.*, t. VI, p. 320.

§ III. — Théorie de l'intérêt mixte appliquée aux administrations gouvernementales.

A l'avènement d'Ismaïl Pacha en 1863, la dette égyptienne était de L. E. trois millions et les revenus ordinaires suffisaient à y faire face ; à la fin de 1876, elle était de L. E. quatre-vingt-dix-huit millions. Cette progression énorme, résultant d'emprunts contractés en Europe, devait fournir un aliment considérable au développement de la juridiction mixte. Contrairement à ce qui se passe en Europe, le gouvernement égyptien, au lieu de prendre un engagement général sur ces revenus, affecta à ses créanciers certaines recettes déterminées ; or, chaque fois que des revenus spéciaux, domaines, impôts, recettes d'administration, au lieu d'être versés directement dans la caisse du trésor leur furent donnés en garantie, les créanciers demandèrent à surveiller et diriger leur gage. De sorte qu'au fur et à mesure que l'état financier empirait, l'ingérence étrangère se développa ; les créanciers mirent la main sur l'administration financière et il en résulta que des administrations indigènes représentèrent des intérêts étrangers.

La théorie de l'intérêt mixte a trouvé là son champ d'application le plus étendu en apportant à la juridiction de la réforme un contingent d'affaires très important. Dans les rapports des indigènes avec l'une des administrations de l'État : Domaines, Daïra Sanieh, Chemins de fer, Douanes (1), Municipalité d'Alexandrie, la jurisprudence a

(1) V. l'étude très intéressante sur ce sujet due à l'un des membres les plus éminents du barreau d'Egypte, Me Padoa Bey, qui a mis en

posé la distinction entre l'administration *égyptienne* et l'administration *indigène*. Ces deux termes qui, au premier abord et pendant plusieurs années, ont été synonymes, représentent désormais un sens légal différent ; une administration peut être égyptienne sans être indigène ; elle est égyptienne quand elle représente des intérêts mixtes en Égypte, le terme indigène étant réservé au sujet local seul ou à l'administration qui ne représente que les intérêts exclusifs des sujets locaux. C'est dans un arrêt du 31 janvier 1884 que pour la première fois la Cour mixte oppose l'un à l'autre ces deux termes en en précisant ainsi le sens : « La qualification de « *égyptienne* » doit s'entendre plutôt dans le sens de la même qualification donnée aux codes de la réforme appliqués aux tribunaux mixtes. On voit dans ces codes même que le législateur emploie les termes « *indigènes* » ou « *sujets locaux* » toutes les fois qu'il s'agit de désigner des personnes absolument sujettes locales ; cela résulte des articles 2, 3, 4, 9, 18, 36, titre 1er, du règlement d'organisation judiciaire pour les causes mixtes en Égypte et des articles 5 et 13 du Code civil ».

Cette terminologie juridique qui ne considère comme indigène que le sujet local et fait de l'expression « *administration égyptienne* » l'équivalent de « *administration mixte* » avait besoin d'être précisée. La Cour l'a fait dans un arrêt ultérieur. « Une *administration égyptienne*, au sens de l'intitulé du Code mixte, n'est *indigène*, dit-elle, que lorsqu'elle est la représentation pure et simple du gouvernement égyptien lui-même, lorsque, par exemple,

relief les principes généraux de la compétence en matière d'intérêt mixte. *Journal de Dr. int. Pr.*, 1888, p. 301.

elle n'agit que d'après les ordres du ministère et qu'elle ne doit remettre ses fonds qu'à lui seul, sans qu'aucun élément étranger par son origine ou son objet se rencontre dans son fonctionnement administratif et concourre à sa direction ». Jugement du tribunal civil d'Alexandrie du 21 janvier 1888, confirmé par la Cour, affaire Sedki (1).

Voyons maintenant l'application que la jurisprudence a fait de ce principe aux diverses administrations gouvernementales.

A. — *Domaines de l'État.*

L'administration des Domaines a été constituée à la suite d'un emprunt contracté par Ismaïl Pacha auprès de MM. Rothschild, le 31 octobre 1878, emprunt pour lequel il a affecté en gage hypothèque (mort-gage) 425,729 feddans. Les actes constitutifs de ce gage immobilier, passés et transcrits aux greffes des tribunaux mixtes, stipulent que cette étendue considérable de terrains garantit les porteurs de titres de l'emprunt ; que l'administration en est confiée à une commission composée d'un Français, d'un Anglais et d'un Égyptien et que le produit des ventes doit leur être remis directement, jusqu'à l'acquittement intégral de l'emprunt. Mixte déjà par sa direction, cette Commission de tiers-convenus, en tant qu'elle représente des porteurs de titres de toute nationalité, devait-elle être assimilée à une administration indigène? Les tribunaux indigènes du Caire et de Tantah l'avaient pensé en se déclarant formellement compétents, dans les procès entre la Commission et les indigènes, au sujet des terres qu'elle leur louait ; mais

---

(1) Cité par PADOA BEY. *Loc. cit.*

le tribunal mixte du Caire, (jugement du 19 mai 1880),
retint sa compétence dans une demande en paiement de
fermages vis-à-vis d'un indigène, par la raison :

« Que, sans entrer dans l'examen de la question de savoir si la
Commission des domaines de l'Etat peut être considérée comme une
administration publique ou plutôt comme une administration privée,
investie de garanties spéciales d'ordre public, et si, dans l'un et l'autre
cas, elle doit être considérée comme personne civile indigène, il suffit,
pour résoudre l'exception d'incompétence soulevée d'office par le ministère public, d'observer que la composition même de la Commission
dont s'agit, c'est-à-dire trois commissaires, dont un Indigène, un
Anglais et un Français, de même que les attributions de cette Commission, qui consistent dans l'administration des biens donnés en
garantie par le gouvernement égyptien aux souscripteurs de l'emprunt
dit « Rothschild » ou « domanial », en quelque sorte comme tierce
détentrice, dans l'intérêt tant du débiteur indigène que des créanciers
en majeure partie européens, démontrent clairement la nature mixte
et internationale de la Commission ;

« Que si le texte de l'article 9 du règlement d'organisation judiciaire et de l'article 5 du Code civil pouvaient laisser quelque doute,
l'esprit de ces dispositions, la raison d'être de la nouvelle juridiction,
de même que le rôle et le but de la Commission des Domaines, son
mode de fonctionner et de contracter, en harmonie avec les codes
en vigueur près ladite juridiction de la réforme, si différents des lois
appliquées par les tribunaux locaux, et enfin les plus impérieux besoins
des affaires auxquelles la juridiction de la réforme est destinée à donner une équitable satisfaction, tout concourt à faire disparaître, tout
doute à affirmer la compétence de cette juridiction, à connaître des
causes entre la Commission et les indigènes (1) ».

Et le 12 mai 1881, la Cour mixte rendait un arrêt conforme, en relevant que :

« S'il est vrai que l'administration des Domaines est une administration de l'État, toutefois il appert des articles II et III de l'acte dé

(1) Cité par PADOA BEY. *Loc. cit.*, p. 304.

conclusion de l'emprunt domanial, reçu le 1er février 1879 par le greffier du tribunal du Caire, que le gouvernement égyptien a mis MM. Bouteron, Roswell et S. E. Roustem-Pacha, respectivement désignés, comme Commissaires des domaines par les Gouvernements français, anglais et égyptien, en possession des biens domaniaux à titre de gage dans l'intérêt des contractants de l'emprunt domanial et par suite des porteurs des obligations ;

« Qu'en exécution du décret du 25 octobre 1878 et du dit acte du 1er février 1879, les Commissaires des domaines, en qualité de tiers convenus entre le gouvernement égyptien et les contractants de l'emprunt détiennent les biens domaniaux à titre de gage, en perçoivent et remettent directement les revenus aux créanciers des diverses nationalités, jusqu'à l'acquittement intégral de l'emprunt :

« Que de ces attributions des Commissaires il résulte qu'ils représentent, outre une branche de l'administration de l'État, les intérêts de créanciers de diverses nationalités, et que, dès lors, c'est à bon droit que les premiers juges trouvant en la personne des Commissaires la qualité de tiers convenus prévue par l'art. 652 du Code civil, et considérant les intérêts mixtes par eux représentés, ont retenu leur compétence. » (R. O. T. VI, p. 171).

La juridiction indigène n'insista pas sur sa compétence et, depuis 1881, aucune contestation n'a surgi sur le principe de jurisprudence posé par la Cour mixte. Dernièrement encore, dans un arrêt du 14 juin 1893, la Cour mixte rappelait la raison de sa compétence, disant que les biens désignés en Egypte sous le nom de « Domaine » ont été donnés en antichrèse à certains créanciers et sont administrés par une commission convenue entre les parties et investie à certains égards de pouvoirs et actions propres qui la rendent notamment justiciable de la juridiction mixte (1).

(1) *Bull.*, t. V, p. 301

B. — *Daïra Sanieh.*

‹La dette de la Daïra Sanich résulte d'un emprunt contracté·par Ismaïl·Pacha, le 12 juillet 1877, en garantie duquel les porteurs de titres ont, comme les créanciers de l'emprunt domanial, reçu des immeubles en garantie. L'intérêt mixte dans les affaires de la Daïra se manifeste de deux façons : 1° par le caractère international'de l'administration composée d'un directeur général, d'un conseil de direction et d'un conseil supérieur (art. 50 de la loi de liquidation). Sur la désignation des gouvernements anglais et français, deux Contrôleurs et deux Commissaires de la Caisse de·la Dette, représentant les porteurs de titres, font partie de ces conseils chargés de toute l'administration. Cette organisation n'a rien de commun avec une admi nistration indigène. 2° Les recettes sont aux termes du contrat·du 12 juillet 1877 (1) et de l'article 41 de la loi de liquidation, affectées aux créanciers étrangers ; ils en reçoivent les fonds, non du gouvernement, mais des mains de leurs représentants ; l'intérêt mixte y est donc tout aussi manifeste que pour les Domaines.

L'hypothèque en faveur des porteurs de titres, la destination des revenus et le caractère internationnal de l'administration devaient donc entraîner la compétence mixte dans les différends entre les indigènes et la Daïra. Néanmoins la juridiction indigène se déclarait à diverses reprises compétente (2) ; de son côté, la juridiction mixte, par un premier jugement de principe du 29 janvier 1887

(1) Le contrat est rappelé dans la loi de liquidation du 17 juillet 1880. Art. 40 et s., Voir sur cette loi, *infra*.

(2) PADOA BEY. *Loc. cit.*, p. 307.

(tribunal d'Alexandrie), confirmé par la Cour (10 mars 1887) retenait également sa compétence. La Cour indigène y répondait par un arrêt du 25 mai 1887 affirmant à nouveau sa compétence. Le dernier mot cependant de ce conflit de juridiction est resté à la Réforme par l'arrêt Abdallah Nasser.

ABDALLAH NASSER C. DAIRA SANIEH

« Attendu que la situation de la Daïra Sanieh est régie par le contrat du 12 juillet 1877, intervenu entre les sieurs Goschen et Joubert, agissant au nom et pour le compte de leurs mandants anglais, français et autres porteurs de titres de l'emprunt Daïra Sanieh de 1870, et la direction générale de cette Daïra, ainsi que par la loi de liquidation du 17 juillet 1880 ;

« Attendu que d'après cette dernière loi (art. 46) les revenus des terres de la Daïra Sanieh sont affectés à fournir aux porteurs de titres de la dette générale de la Daïra, l'intérêt déterminé à l'article 44 de ladite loi ;

« Que, de plus, l'excédant, ainsi que le produit des aliénations de propriété de la Daïra Sanieh, sont affectés à l'amortissement des dits titres (art. 48 et 42 de la loi de liquidation et art. 3 du contrat du 12 juillet 1877) ;

« Attendu que cette affectation au profit des porteurs de titres donne manifestement aux intérêts auxquels elle s'applique un caractère mixte ;

« Qu'en raison de ce caractère et pour la garantie efficace des intérêts mixtes attachée à la Daïra Sanieh, son administration a été placée en des mains mixtes ;

« Attendu que la demande en paiement de fermages constitue un acte d'administration ;

« Attendu que si l'administration de la Daïra Sanieh est comprise parmi les administrations de l'État et que les intérêts mixtes des porteurs de titres lui sont confiés, ces intérêts ne changent point pour cela de nature ;

« Que la compétence se détermine d'après le caractère des intérêts en cause et non d'après la personnalité de ceux qui les représentent ;

t. II

« Attendu que si le directeur général de la Daïra Sanieh agit seul pour
la Daïra en justice, cette modalité est sans influence, non seulement
parce que ce sont des intérêts mixtes qu'il représente et à la représentation desquels il est délégué, mais aussi parce que, d'après
l'art. 53 de la loi de liquidation, il ne peut agir que sur l'autorisation
du conseil de direction, composé en dehors de lui de deux
européens ;

« Que la dénomination de contrôleurs, donnée à ces deux délégués
a d'autant moins d'importance intrinsèque que leurs attributions ne se
bornent pas à un simple droit de surveillance, mais qu'elles leur
assurent une vraie ingérence, prépondérante par leur nombre, dans
l'administration de la Daïra, puisque aucun acte d'administration de
quelque portée ne peut se faire qu'en tant qu'ils y sont intervenus :

« Attendu, au surplus, qu'il est d'une jurisprudence constante
qu'alors même que le débat existerait entre deux indigènes, s'il vient
à s'y manifester d'une manière certaine un intérêt mixte, même non
intervenant ou appelé, les tribunaux de la Réforme ont seuls autorité
pour y statuer ;

« Que cette jurisprudence, affirmée par la Cour chaque fois que
l'occasion s'en présentait, est basée sur ce que, d'après l'esprit et le
texte du règlement d'organisation judiciaire, les intérêts mixtes ne
peuvent, en cas de difficultés, dépendre d'autres tribunaux que des
tribunaux mixtes, puisque, s'il en était autrement, toutes les garanties
fixées, non seulement en ce qui concerne la Daïra Sanieh par les
articles ci-dessus relatés, mais d'une manière plus générale par l'institution même de la Réforme, se trouveraient par le fait indirectement
annulées dans leurs effets ;

« Que c'est donc à bon droit que le tribunal mixte d'Alexandrie a
retenu sa compétence ;

« Alexandrie, le 14 mars 1888 » (1).

Enfin, un arrêt du 11 décembre 1890, dont les termes
trahissent la lutte qui s'était établie entre les deux juridictions mixte et indigène, résume la jurisprudence de la

______

(1) *R. O.*, T. XIII. p. 112.

Cour en rappelant qu'en raison de l'organisation spéciale
que lui a conféré la loi de liquidation, la Daïra Sanieh représente une personnalité mixte qui la rend exclusivement
justiciable des tribunaux mixtes ; que le droit de juridiction exclusif des tribunaux mixtes, en matière de contestations mixtes, implique, pour les tribunaux indigènes, un
défaut absolu de juridiction en la même matière ; que, par
conséquent, un jugement incompétemment rendu par le
tribunal indigène du Caire, ne saurait, en raison d'un défaut de juridiction, engendrer l'autorité de la chose jugée,
ni la saisie-arrêt, pratiquée en vertu d'un titre vicieux,
sortir à aucun effet légal vis-à-vis de la Daïra. La Cour
annula les résultats obtenus à l'aide de la sentence du
tribunal indigène (1).

C. — *Chemins de fer égyptiens.*

Les chemins de fer égyptiens qui, depuis leur création,
fonctionnaient comme un service gouvernemental autonome, ont été transformés, par le décret du 18 novembre
1876, en administration spéciale par suite de l'affectation
de leurs revenus au service de la Dette privilégiée. Aux
termes de l'article 3 de ce décret, « les revenus des chemins de fer et du port d'Alexandrie sont directement
appliqués au paiement des intérêts et de l'amortissement
d'une série d'obligations privilégiées ayant une hypothèque spéciale sur les chemins de fer et le port d'Alexandrie ».
Aux revenus de cette administration, la loi de liquidation a
rattaché les télégraphes (art. 2 de la loi de liquidation).
L'exploitation des chemins de fer, les contrats d'achat de

______
(1) *Bull.*. T. III, p. 64.

matériel, les tarifs, la nomination et la révocation du personnel, l'entretien de la voie, du port, en un mot tous
les actes administratifs importants, dépendent directement
d'une commission (art. 25, décret 18 novembre 1876) composée de trois administrateurs, un anglais, un français
et un indigène, avec présidence à l'administrateur anglais
(art. 1, décret 25 décembre 1879). Par conséquent, que
l'on envisage cette administration au point de vue de sa
direction ou au point de vue de la destination de ses revenus, elle présente les caractères d'une administration
mixte. Nous avons vu pourtant que, par un arrêt de 1882,
la Cour d'appel mixte s'était déclarée incompétente. La
question s'étant posée à nouveau en 1892, sur l'action d'un
indigène poursuivant l'administration pour renvoi intempestif, la Cour, malgré l'opposition de l'administration,
proclama hautement sa compétence : « Attendu qu'à la différence du Gouvernement proprement dit et de certaines
autres administrations de l'État, l'administration des chemins de fer égyptiens représente, par les conditions mises
à la désignation et à la nomination de son haut personnel
dirigeant, par les attributions et les pouvoirs conférés à
ce personnel, par les intérêts divers qui s'y trouvent engagés, et enfin par l'affectation spéciale de ses revenus, une
exploitation d'un intérêt et d'un caractère mixtes, réglée
par les conventions internationales. » La Cour conclut en
déclarant qu'en aucun cas, dans ses contestations avec
des étrangers ou avec des sujets locaux, l'administration
des chemins de fer ne pouvait et ne devait être jugée
par une autre juridiction que la juridiction mixte (1).

____

(1) *Bull.*, t. IV, p. 273.

D. — *Douanes.*

Le décret du 7 mai 1876 portant unification de la dette égyptienne affecte aux porteurs de titres les revenus des douanes d'Alexandrie, Suez, Damiette, Rosette, Port-Saïd, El Arich (art. 3), affectation confirmée par l'art. 9 de la loi de liquidation. Les recettes des douanes, devant être remises directement aux créanciers étrangers par l'intermédiaire des commissaires de la dette (art. 31 de la loi de liquidation), leur appartiennent par voie de délégation. Par conséquent, tout procès pouvant aboutir à une augmentation ou à une diminution des recettes d'un exercice touche directement à l'intérêt des porteurs de titres de la dette unifiée. Il est vrai que la direction de la douane n'est pas composée d'étrangers comme les directions des Domaines, de la Daïra et des Chemins de fer, mais l'adhésion des commissaires de la dette à toute mesure pouvant influer sur les perceptions, semblait manifester suffisamment l'intérêt mixte et cadrer avec la définition donnée par la Cour de l'*administration égyptienne*. La question de la compétence se posa en 1888. L'administration des douanes, poursuivie par un indigène devant les tribunaux mixtes, soutint l'incompétence de cette juridiction, disant qu'elle était une véritable administration gouvernementale et que si ses revenus ont été affectés en vertu de conventions internationales de puissance à puissance, ils n'ont jamais été engagés ; cette affectation touchant les recettes seules et non l'administration. Le tribunal d'Alexandrie se déclara néanmoins compétent ; dans une matière aussi importante, nous croyons préférable de reproduire les motifs que de les résumer :

« Attendu, dit le jugement, qu'à l'instar des Domaines et de la Daïra Sanieh, l'administration des Douanes n'est pas une administration indigène, c'est-à-dire une représentation pure et simple du Gouvernement égyptien lui-même, n'agissant que d'après les ordres du ministre, ne devant remettre ses fonds qu'à lui seul, et sans qu'aucun intérêt étranger, par son origine ou son objet, se rencontre dans son fonctionnement administratif et concoure à sa direction, mais elle est une administration égyptienne (au sens de l'intitulé des codes mixtes) ;

« Qu'en effet, les fonds perçus par le directeur général des douanes doivent être par lui remis aux commissaires de la dette, en leur qualité de représentants légaux des porteurs de titres (art. 2 du décret du 7 mai 1876, et art. 31 et 38 de la loi de liquidation) ;

« Qu'à propos de cette remise des revenus aux commissaires, le directeur général, tout en étant mandataire du gouvernement égyptien, est en même temps mandataire des porteurs de titres, et ce, par le fait même de l'acceptation de ses fonctions (art. 2 du décret du 2 mai 1876, art. 3 du décret du 7 mai 1876, et art. 9, 31 et 39 de la loi de liquidation) ;

« Qu'en ce qui concerne le fonctionnement administratif des douanes, si les porteurs de titres ont laissé au gouvernement le soin de désigner le directeur général, ainsi que le personnel subalterne de l'administration des douanes, les intérêts que ce directeur général est appelé à représenter, et le mandat que lui assignent la loi et les décrets sus-mentionnés ne changent pas pour cela de nature ;

« Que, par contre, aucun des revenus ne pouvant être modifié sans l'assentiment des commissaires de la dette (art. 8 du décret du 2 mai 1876), il s'ensuit que toute mesure législative, toute réglementation, toute disposition de nature à influer sur les perceptions comportent l'accord des commissaires ; qu'ainsi donc, ni par rapport à la remise des fonds, ni par rapport à la liberté de réglementation et d'action, la douane ne peut être considérée comme une représentation pure et simple du gouvernement, et par suite comme une administration indigène ;

« Que s'il en est ainsi, peu importe que l'administration soit considérée comme administration de l'État ; que du moment que, depuis l'affectation, elle représente, outre une branche de l'administration de l'État, les intérêts des créanciers de diverses nationalités, ses contestations, même vis-à-vis des indigènes, doivent relever des tribunaux de la réforme, en considération des intérêts mixtes qu'elle représente et en vertu du principe que c'est la qualité des représentés, et non la personnalité des représentants qui détermine la compétence ;

« Attendu, en outre, que si la situation des Domaines et de la Daïra Sanieh est régie par des conventions civiles intervenues entre le gouvernement égyptien et les représentants des porteurs de titres de ces emprunts, il en est ainsi, même pour la dette unifiée, car il s'est agi encore, au sujet de cette dette, d'une conversion suivant laquelle le gouvernement a offert, moyennant une réduction, de nouveaux titres moindres, mais accompagnés de la garantie de l'affectation de certains revenus, et alors un véritable contrat s'est formé entre le gouvernement et ceux qui ont accepté les nouveaux titres ;

« Que du reste, cette différence dans les actes constitutifs de la situation juridique actuelle de ces différents emprunts ne saurait dans tous les cas, changer en rien la véritable nature des choses ou la nationalité des intérêts en jeu ;

« Attendu, de plus, que, s'il est vrai que les biens domaniaux ont été constitués en gage, les biens de la Daïra Sanieh ne l'ont jamais été ; que toutefois, la nationalité des intérêts des porteurs des titres de tous ces emprunts ne saurait être déterminée par la nature des garanties offertes à ces porteurs, et elle reste la même, indépendamment de ces garanties ;

« Que même, enfin, en admettant qu'au sujet des douanes, il y a eu affectation dans les recettes, et non affectation dans l'administration, la situation ne change point, puisque l'affectation seule dans les recettes suffirait pour leur donner le caractère d'intérêts mixtes. »

Mais, sur appel, la Cour mixte annula ce jugement en s'appuyant sur ce fait que le versement des recettes de la douane à la caisse de la Dette n'était qu'une simple mesure de garantie ne pouvant créer aucun droit d'intervention des créanciers dans la gestion de la douane ; son

arrêt la déclare administration indigène parce qu'elle est
un organe de l'État, soustrait à toute ingérence étrangère et ne présentant, dès lors, qu'un intérêt mixte insuffisant pour ressortir de la juridiction mixte :

« Attendu, dit la Cour, qu'il est de principe non contesté que toute
administration gouvernementale participe de la nationalité de l'État
dont elle constitue un des organes ;

« Attendu que les dérogations à ce principe doivent être interprétées
d'une manière rigoureuse et restrictive ;

« Attendu que ni le décret du 7 mai 1876 qui affecte les revenus des
douanes égyptiennes au service de la dette générale de l'État, ni la loi
de liquidation du 17 juillet 1880 qui les affecte au service spécial de la
dette unifiée, n'ont, par aucune de leurs dispositions, enlevé à l'administration des douanes égyptiennes son caractère d'administration
gouvernementale et partant indigène ;

« Que le caractère purement gouvernemental de cette administration est confirmé par le décret du 10 décembre 1878, qui réserve au
Ministère des Finances égyptien la nomination et la révocation des
employés, même supérieurs, de la dite administration, ainsi que
l'ordonnancement de toutes les dépenses qui le concernent ;

« Que ce même caractère est encore directement affirmé par les
dispositions du décret du 2 mai 1876 et de la loi de liquidation de 1880
qui, en limitant les attributions des commissaires de la dette publique
à la réception des recettes des douanes égyptiennes et à l'emploi de ces
recettes au but auquel elles sont destinées, ont, par le fait, exclu toute
ingérence étrangère dans la gestion de l'administration dont s'agit ;

« Attendu qu'à défaut d'une convention spéciale ou d'une disposition
légale, telles que celles qui ont, provisoirement et au profit d'administrations revêtues d'un caractère international, dessaisi le gouvernement égyptien de la gestion des biens affectés au service de l'emprunt
gagé domanial, de l'emprunt de la Daïra Sanieh et de la dette privilégiée de l'État, la seule affectation des recettes de l'administration
des douanes égyptiennes au service de la dette unifiée de l'État, ne
saurait avoir eu pour effet d'enlever au gouvernement égyptien le droit
exclusif à la gestion de la dite administration et par suite à elle-
même son caractère primitif d'administration indigène ;

« Attendu que cet effet ne saurait non plus être résulté de la circonstance, que les recettes des douanes égyptiennes doivent, aux termes
du décret du 2 mai 1876 et de la loi de liquidation, être versées
directement de la part des percepteurs, dans la caisse de la dette
publique désignée pour les recevoir, puisque le texte dudit décret et
de la dite loi dispose expressément, que ce versement se fait pour le
compte du gouvernement égyptien, et que la dite caisse, quoique
confiée à l'administration de commissaires étrangers, n'en est pas
moins, aux termes du décret et de la loi précités, une caisse du trésor
égyptien ;

« Que dans ces conditions, le versement direct des recettes des
douanes égyptiennes dans la caisse de la dette publique, ne peut être
considéré comme étant la conséquence d'un droit d'intervention des
créanciers dans la gestion desdites douanes, mais uniquement comme
une mesure tendant à assurer que les recettes dont s'agit ne seront
pas distraites de la destination qui leur a été donnée par la loi ;

« Attendu qu'il suit de ce qui précède que si l'on ne peut pas baser
la compétence de la juridiction mixte pour connaître des contestations
entre l'administration des douanes égyptiennes et des sujets indigènes,
sur la personnalité juridique de cette administration, on ne saurait
non plus la fonder sur cette considération que toute contestation de
cette nature impliquerait nécessairement un intérêt mixte ;

« Que l'art. 9 du règlement d'organisation judiciaire n'attribue
compétence à la juridiction mixte qu'entre parties mixtes ;

« Mais qu'en admettant même que l'existence d'un simple intérêt
mixte doive entraîner l'incompétence de la juridiction indigène et
fonder celle de la juridiction mixte, il faudrait tout au moins que cet
intérêt fût fondé sur un droit qui pourrait éventuellement servir de
base à une intervention dans le procès ;

« Attendu que cette condition fait défaut en l'espèce, puisque les
détenteurs des titres de la dette unifiée n'ont, ni par eux-mêmes, ni
par les commissaires de la dette publique, leurs représentants légaux,
un droit quelconque d'intervenir dans la gestion même de l'administration des douanes, et partant, dans les procès qu'elle pourrait avoir à
soutenir à l'occasion de la gestion, à moins d'un cas de fraude à leur
préjudice, qui seul justifierait une intervention de leur part, en vertu
des dispositions de l'article 204 du Code civil ;

. « Qu'en l'espèçe il n'a pas été argué d'un cas de fraude de cette nature ;

« Par ces motifs :

« Dit que c'est à tort que le tribunal d'Alexandrie s'est retenu compétent ;

« Annule en conséquence le jugement dont appel » (1).

La Cour aurait encore pu ajouter, nous semble-t-il, que,
malgré l'affectation des revenus, le Gouvernement, pour
rester maître de son régime économique et douanier, s'est
réservé le droit de conclure des traités de commerce portant
modifications aux droits de douane sans que la Commission de la Caisse de la Dette pût s'y opposer. (Article 8
in fine, du décret du 2 mai 1876).

E. — *Municipalité d'Alexandrie.*

L'importance commerciale et maritime d'Alexandrie et
la prospérité des colonies européennes qui y centralisent
la plus grande partie de la richesse, ont fait à cette ville
une situation particulière en Égypte.

Depuis un certain nombre d'années, une commission
d'édilité composée de notables, s'y était formée pour assurer ou améliorer certains services municipaux à l'aide de
contributions volontaires ; le commerce d'importation et
d'exportation avait consenti à s'imposer certaines taxes, et
la propriété bâtie des centièmes additionnels. Mais l'existence précaire de cette commission prenant fin en 1888,
le comité des notables adressa aux représentants des Puissances un projet d'organisation qui, aux services provi-
soires, devait substituer une administration définitive. De

(1) Alexandrie, 22 mai 1889. *Bull.*, t. I, p. 143.

son côté, le Gouvernement se montrait animé d'une sollicitude spéciale pour une ville qui joue un rôle si important dans le transit commercial et qui méritait, à ce titre, un traitement particulier. C'est ainsi que des pourparlers engagés entre le gouvernement égyptien et les diverses Puissances, naquit une municipalité, corps moitié élu, moitié nommé, représentant la ville et chargé, aux lieu et place du Gouvernement, de l'ensemble des services publics. (Décret du 5 janvier 1890).

L'article 13 du décret organique dit que « la Commission municipale d'Alexandrie constitue une personnalité civile de nationalité indigène ». Il semblait en résulter que le gouvernement ait voulu écarter toute interprétation qui tendrait à rendre la municipalité justiciable des tribunaux mixtes. Malgré ce texte, un jugement du tribunal d'Alexandrie vient de déclarer qu'en fait de nationalité la municipalité est internationale et que dans ses rapports avec les indigènes, elle est justiciable de la réforme (1). Ce jugement s'appuie sur trois ordres de considérations : 1º origine de la municipalité procédant d'un acte international, en vertu duquel les européens ont été astreints à payer des taxes dont ils étaient exempts par les capitulations ; 2º composition non seulement mixte de la municipalité, mais en fait prépondérance de l'élément étranger ; 3º attributions de la municipalité portant sur des intérêts essentiellement mixtes. Quant à l'art. 13, le jugement déclare que les Puissances n'y ont pas donné leur adhésion et qu'on ne peut d'ailleurs pas supposer qu'elles aient eu l'intention d'abandonner la juridiction mixte pour tous

(1) En raison de sa personnalité civile, la Cour d'appel avait déjà jugé que la Municipalité n'était pas une administration gouvernementale. (Arrêt, 9 novembre 1892. *Bull.*, t. V, p. 4.)

les .procès intéressant la municipalité, une renonciation
de cette importance ne se présumant pas. L'intérêt qui
s'attache à ce jugement est trop grand et trop actuel, pour
que nous ne croyions pas devoir le reproduire *in extenso*.

DAME HOYAMI ET HOURI
CONTRE MUNICIPALITÉ D'ALEXANDRIE ET GOUVERNEMENT ÉGYPTIEN.

« Attendu que les hoirs Houry ont assigné la Municipalité d'Alexandrie et le gouvernement égyptien pour entendre dire qu'ils sont propriétaires d'une parcelle de terrain décrite et délimitée en l'exploit
introductif d'instance et en conséquence voir défendre aux défendeurs d'ouvrir, sans indemnité préalable, une rue sur ladite parcelle ;

« Attendu que la Municipalité d'Alexandrie, à laquelle se joint le
gouvernement, conclut, sans toucher au fond, à ce que le tribunal se
déclare incompétent à raison de la nationalité indigène de toutes les
parties en cause, y compris la Municipalité ;

« Attendu que la question qui se pose, pour statuer sur ce déclinatoire, est celle de savoir si la Municipalité d'Alexandrie est ou non
justiciable des tribunaux de la Réforme dans ses rapports avec les indigènes ;

« Attendu qu'il importe de rappeler avant tout les principes que la
jurisprudence des tribunaux et de la Cour a déduits du texte et de
l'esprit de l'article 9 du règlement d'organisation judiciaire, à savoir
que la compétence se détermine non pas exclusivement d'après la nationalité des parties en cause, mais bien d'après les intérêts qu'elles
représentent, de sorte que les tribunaux sont compétents lorsque des
intérêts mixtes se trouvent manifestement représentés par une personne de nationalité indigène, même agissant contre un indigène ;
que c'est ainsi que par divers arrêts la Cour a successivement reconnu
comme justiciables des tribunaux mixtes les Domaines de l'État, la
Daïra Sanieh et les Chemins de fer. bien qu'administration de l'État ;
qu'elle a également déclaré soumis à la même juridiction la Compagnie du Canal de Suez, la Compagnie des Eaux du Caire, le Crédit Foncier Égyptien et la Banque Ottomane, parce que ces diverses sociétés,
bien que qualifiées égyptiennes et soumises à l'autorité locale, ne re-

présentent pas des intérêts purement locaux, mais bien des intérêts essentiellement mixtes :

« Attendu qu'en s'inspirant de ces principes, on ne saurait contester la compétence des tribunaux de la Réforme à connaître des procès intéressants la Municipalité d'Alexandrie où tout, si l'on considère son origine, sa raison d'être, sa composition, ses attributions et son fonctionnement, a un caractère nettement international ;

« Attendu, en effet, que sous le régime des capitulations les européens ne pouvaient être soumis au paiement de taxes par le gouvernement égyptien ; qu'aucune administration municipale alimentée par les deniers des habitants d'Alexandrie, y compris les Européens, ne pouvait donc être créée sans l'assentiment des Puissances : que dans ces conditions la nécessité de pourvoir d'une manière régulière aux besoins d'une localité dans laquelle l'élément européen jouait à tous égards un rôle des plus importants, sinon prépondérant, donna naissance à un accord international en vertu duquel fut établie la commission municipale d'Alexandrie ; que s'il est vrai que le gouvernement soutient que l'adhésion des Puissances n'était nécessaire que pour l'établissement des taxes, ce point de vue ne fut cependant pas accepté et, en fait, tout le projet fut soumis au corps diplomatique et consulaire et discuté par lui, ainsi qu'il résulte notamment des documents diplomatiques échangés à ce sujet ; que, bien plus, le droit de modifier en quoi que ce soit le règlement organique de la Municipalité fut méconnu au gouvernement égyptien agissant de sa seule autorité et sans le consentement de la France, qui n'accepta qu'à cette condition l'obligation, pour ses sujets ou protégés, de payer les taxes municipales (1) : que la Municipalité d'Alexandrie, considérée dans

(1) Réponse du gouvernement français à la circulaire de S. E. Zulficar Pacha, du 16 mai 1889, concernant la création de la municipalité. Le comte d'Aubigny à S. E. Zulficar Pacha : « *Je suis chargé de faire savoir à V. E. que le gouvernement français adhère aux propositions du gouvernement khédivial sous le bénéfice des réserves suivantes : .... 2° Le gouvernement français considère que les sujets ou protégés français ne seront astreints aux taxes prévues dans le projet qu'autant que la teneur du règlement organique ne sera pas modifiée par l'administration khédiviale agissant de sa seule autorité et sans le consentement de la France.* » *(Livre jaune).*

son origine et sa raison d'être, a donc un caractère absolument international.

« Attendu que ce caractère ne ressort pas moins clairement de sa composition, de ses attributions et de son fonctionnement ; qu'en effet sa composition est essentiellement mixte et ne peut être autre, puisqu'aux termes de l'art. 2 du décret du 5 janvier 1890, la commission est composée de 28 membres, dont 6 de droit, 8 nommés par le Gouvernement et 14 élus, avec cette restriction qu'on ne pourra élire plus de 3 membres d'une même nationalité indigène ou étrangère, de sorte que 11 membres élus, au moins et en tous cas, doivent être étrangers ; qu'en fait l'importance de l'élément étranger est encore ou peut être plus grande qu'elle ne le paraît au premier abord ; qu'ainsi la composition de la municipalité, telle qu'elle a été faite par décret du 20 mars 1890, comprenait même deux membres étrangers parmi ceux nommés par le Gouvernement, tandis que sur les 14 membres élus, pas un n'était indigène, en sorte que 16 des 28 membres de la commission étaient étrangers, sans compter que sur les 6 membres de droit, deux seulement étaient indigènes ; que cette part importante, sinon nécessairement prépondérante, accordée à l'élément étranger s'explique et se justifie par le nombre très grand d'européens établis à Alexandrie et par le fait qu'ils disposent de capitaux considérables, que la propriété immobilière leur appartient en grande partie, que les affaires commerciales et financières les plus importantes sont concentrées entre leurs mains, que les impôts pèsent sur eux pour une large part, qu'en un mot ils contribuent dans une très grande mesure à la richesse et à la prospérité de la ville, et qu'ils ont donc un intérêt très grand à la bonne administration de la Municipalité.

« Attendu, quant aux attributions de la commission municipale et à son fonctionnement, qu'elle délibère sur le budget des recettes et des dépenses ordinaires et extraordinaires concernant l'édilité de la ville, et, par conséquent, étant donné la situation de fait dont il vient d'être parlé, sur des intérêts essentiellement mixtes ; que surtout, elle a le pouvoir considérable d'établir, avec approbation du Conseil des ministres et sans l'assentiment des Puissances, certaines taxes frappant les étrangers aussi bien que les indigènes et dont il lui appartient de régler le mode de perception et de recouvrement forcé ; que si l'on considère, en outre, que le Gouvernement n'aurait pas le droit, sans le consentement unanime des Puissances, non seulement de supprimer la commission municipale pour la remplacer par une autre institution, mais même de modifier en quoi que ce soit, ainsi qu'il a été dit, l'organisation de la Municipalité, l'on doit reconnaître qu'une administration de cette nature ne saurait être soumise à une juridiction autre que celle à qui la mission a été confiée de statuer là où des intérêts mixtes se trouveraient engagés.

« Attendu que, cela étant, le seul argument que l'on puisse invoquer pour soutenir l'incompétence de la juridiction mixte est celui tiré de l'art. 13 du décret sus-visé, portant que la « commission municipale d'Alexandrie constitue une personnalité civile de nationalité indigène ».

« Mais attendu que si vraiment cet article avait la portée qu'on lui donne de soumettre la commission municipale à la juridiction indigène, il constituerait, de la part des Puissances, une renonciation au droit incontestable qu'elles avaient de par les lois établies, de revendiquer la compétence des tribunaux mixtes pour tous procès intéressant la Municipalité ; qu'en vertu des principes généraux du droit, une renonciation, surtout une renonciation de cette importance, ne se présume pas et doit être expresse, ou tout au moins il faut que la volonté de renoncer résulte clairement de l'intention de celui qui renonce et ne puisse être révoquée en doute.

« Attendu qu'aucune adhésion expresse n'a été donnée à l'art. 13 par les Puissances ; que celles-ci n'ont officiellement adhéré qu'aux dispositions des articles 31 et 40, ainsi que le porte le préambule du décret ; qu'il est vrai que tout le projet leur a été soumis et qu'on peut soutenir qu'elles sont ainsi censées l'avoir tacitement accepté dans toutes ses dispositions, mais que ce serait évidemment aller au-delà de leur intention que de prétendre que cette acceptation tacite comporterait de leur part une renonciation, en ce qui concerne la Municipalité, aux règles de la compétence établies par les Codes mixtes ; que tandis que d'autres concessions moins importantes sont discutées dans les documents diplomatiques publiés, pas un mot n'y est dit au sujet de cette question ; que rien ne permet donc de conclure à une pareille renonciation ; qu'au contraire, dans sa lettre du 15 novembre 1889 fixant les conditions auxquelles la France consentait à l'établissement de la municipalité, M. Spuller, alors ministre des affaires étrangères, écrivait ce qui suit à l'agent diplomatique de France en Égypte : « *Quels que soient les inconvénients de détail que présente* « *le projet en question, l'intérêt que nous avons à voir fonctionner* « *régulièrement à Alexandrie une* MUNICIPALITÉ INTERNATIONALE *doit* « *primer aujourd'hui toute autre considération* » ; qu'il est évident qu'en affirmant ainsi le caractère international de la Municipalité, le ministre ne pouvait avoir la pensée de soustraire celle-ci à son juge naturel ; qu'il faut admettre plutôt, qu'en acceptant le projet qui lui était soumis et par conséquent aussi l'art. 13, le gouvernement français n'a pas donné à ce dernier article l'interprétation littérale et étroite qu'on voudrait maintenant faire prévaloir, oubliant qu'elle est contraire aux règles de la compétence et qu'en outre, elle donnerait lieu à tous les inconvénients pouvant résulter d'un dualisme de juridiction ; qu'il a certainement compris cet article dans le sens des principes consacrés par la jurisprudence de la Cour d'appel mixte et en vertu desquels, malgré le titre d'administration indigène attribué à la Municipalité, celle-ci n'en resterait pas moins, comme certaines autres administrations, soumise à la juridiction mixte, à raison des intérêts manifestement mixtes représentés par elle.

« Par ces motifs :

« Se déclare compétent.

« Alexandrie, le 8 avril 1895. »

Sur appel, la Cour mixte, par un arrêt tout récent, a confirmé ce jugement. Son argumentation peut se ramener à ces deux idées : la Municipalité est une personne civile comme les sociétés, banques, etc... ; les individualités et les intérêts mixtes qu'elle représente la rendent donc, comme elles, justiciable de la Réforme ; en second lieu, il est impossible d'admettre une dualité de juridiction entre une municipalité et ses administrés : juridiction mixte pour les européens, juridiction indigène pour les sujets locaux. L'unité qu'exige la bonne gestion des affaires d'édilité s'y oppose :

« La Cour : attendu que la compétence des tribunaux de la Réforme se trouve réglée par les dispositions des art. 9 du régl. d'org. de ces tribunaux, et 5 du Code civil mixte ;

« Qu'elle s'étend à toutes les contestations en matière civile et commerciale, entre indigènes et étrangers, et entre étrangers de nationalité différente ;

« Que par une conséquence logique et nécessaire reconnue par une jurisprudence constante, elle s'étend aussi aux contestations entre les indigènes et les *personnes civiles* formées en Égypte, qui, non seulement représentent des intérêts mixtes, mais qui, en outre, et en vertu même de leur loi d'organisation, se composent d'individualités appartenant à différentes nationalités ;

« Que la formation de ces *personnes civiles* peut, en certains cas, dépendre de l'initiative ou de l'autorisation du gouvernement local, mais qu'une fois créées ou autorisées, elles deviennent forcément justiciables des tribunaux de la Réforme, sans qu'il soit possible de les soustraire à cette loi de compétence par aucune appellation distincte, ni aucune disposition dérogatoire non consentie par les Puissances ;

« Que telles sont en Égypte les sociétés anonymes prévues à l'art. 47 du Code commercial mixte, les grandes compagnies comme celles du Canal de Suez, du Crédit Foncier, de la Banque Ottomane, dont les intérêts sont en effet de nature mixte, par suite de leur loi de formation, et dont la personnalité civile comprend en outre des éléments étrangers ;

« Attendu qu'en vertu de ces principes, cette règle de compétence doit aussi, pour les mêmes raisons, s'appliquer à une personnalité civile telle que la Municipalité d'Alexandrie, puisque non seulement elle représente des intérêts mixtes de la plus grande importance, mais qu'elle doit en outre se composer nécessairement et *électivement* d'individualités appartenant à des nationalités différentes ;

« Que, dès l'instant donc que la municipalité d'Alexandrie constitue, non pas une administration gouvernementale (arrêts des 8 novembre 1892 et 15 novembre 1893), mais une personne civile ayant des droits et intérêts propres, ce qui ressort des art. 31 et 40 de son règlement organique ; qu'elle règlemente avec droit de taxe et d'impôts sur les étrangers et administre des intérêts qui touchent autant, si ce n'est plus, les étrangers que les indigènes, ce qui résulte des mêmes articles; qu'elle se compose et doit se composer électivement d'indigènes et d'étrangers, ce qui est écrit dans l'article 2 dudit règlement organique, il importe peu que la qualification de *personne civile indigène* lui ait été donnée dans l'art. 13 de ce même réglement;

« Que cette qualification, pas plus que celles de *Sociétés de nationalité égyptienne*, données aux sociétés anonymes, prévues à l'art. 47 du Code commercial mixte, n'a pu avoir pour effet de créer une dérogation à la règle de compétence ci-dessus rappelée, laquelle ressort, ainsi qu'il a été dit déjà, du principe fondamental déposé dans les art. 9 du régl. d'org. jud. et 5 du Code civil mixte ;

Que l'on voudrait vainement établir une distinction entre la qualification de *personne de nationalité égyptienne* employée dans l'art. 47 du Code commercial mixte et celle de *personne de. nationalité indigène*, employée dans le décret organique de la municipalité ;

« Que l'art. 41 du code commercial indigène, évidemment édicté pour les indigènes *seuls,* repousse absolument cette distinction puisqu'il se sert précisément de la même qualification de *personne de nationalité égyptienne* pour désigner la société anonyme *exclusivement indigène ;*

« Qu'il faut donc bannir toute distinction entre les deux qualifications et reconnaître que, sous l'une et l'autre appellation, il existe des *personnes civiles* qui sont justiciables des tribunaux mixtes ou des tribunaux indigènes suivant leur composition, leurs attributions, leurs pouvoirs et leur but ;

« Qu'autrement il faudrait admettre que dans la période écoulée de 1875 (date de l'établissement de la Réforme) à l'année 1883 (date de la création des tribunaux indigènes) les sociétés anonymes dont parle le Code de commerce mixte et qui sont qualifiés, comme il a été dit, de *personnes de nationalité égyptienne*, auraient dû porter leurs contestations avec les indigènes devant les anciens tribunaux locaux, alors cependant que les lois que ces tribunaux étaient chargés d'appliquer, ne reconnaissaient même pas l'existence de pareilles sociétés; ou bien admettre encore que l'art. 41 du Code de commerce indigène contient une dérogation à l'art. 47 du même Code mixte et même son abrogation complète et qu'à partir de sa promulgation, toutes les sociétés anonymes, quelle qu'en fût la composition, étaient devenues, en vertu de cette seule appellation de personnes égyptiennes, des personnes civiles exclusivement indigènes, ce qui n'est pas soutenable ;

« Attendu que les appelants ne sont pas mieux fondés à se prévaloir, à l'appui de leur système, de certains droits de haute autorité que le gouvernement s'est réservés sur la composition du bureau, les délibérations et le fonctionnement de la Municipalité ;

« Que ces réserves, comme il s'en rencontre d'ailleurs dans beaucoup de législations européennes à l'égard des personnalités civiles les plus autonomes et les plus indépendantes, peuvent expliquer la qualification de *personnalité indigène* donnée à la Municipalité, mais laissent subsister sa composition obligatoire d'éléments étrangers et indigènes ainsi que toutes les attributions, tous les droits et toutes les prérogatives qui lui ont été conférés après un accord international ;

« Attendu qu'à ces considérations s'ajoutent celles des premiers juges qui conservent toute leur autorité, notamment celle tirée de l'impossibilité d'admettre rationellement une dualité de juridiction entre une municipalité et ses administrés ;

« Qu'entre personnes privées, cette dualité de juridiction dans un même pays peut encore se comprendre, malgre la confusion et les inconvénients qu'elle engendre, mais qu'il est impossible d'admettre qu'elle ait été voulue et consentie entre une administration qui représente les intérêts généraux d'une cité et des particuliers ;

« Qu'on ne voit pas, en effet, comment une municipalité pourrait administrer et gérer ses affaires d'édilité, et régler son budget, si elle était exposée à avoir raison dans ce qu'elle entreprend, réclame ou refuse devant une juridiction, et avoir tort sur le même sujet devant une autre.

« Par ces motifs : confirme.

« Alexandrie, 12 mars 1896.

« *Le Président* (signé) : KOHIZMICS. »

F. — *Caisse de la dette.*

Nous ne ferons que mentionner ici l'application de la théorie de l'intérêt mixte aux matières d'ordre financier auxquelles nous consacrons la section qui suit.

La présence aux débats de la Caisse de la Dette (1) est obligatoire dans les cas où une condamnation des tribu-naux contre le gouvernement pourrait entraîner une diminution du fonds de réserve. Le décret du 12 juillet 1888 (2) rendu avec l'assentiment des Puissances signataires de la convention de Londres, pour la constitution d'un fonds de réserve, ordonne en effet « la mise en cause de la Caisse de la Dette dans toutes les affaires déjà introduites ou à introduire, pouvant entraîner une condamnation à la charge de la liquidation et par suite une diminution du fonds de réserve constitué par le même decret. » Il en est résulté qu'un certain nombre de procès entre indigènes et le gouvernement, ont été soustraits à la juridiction indigène pour être jugés par les tribunaux mixtes, alors que la juridiction indigène avait déjà été saisie, et dans certains cas même qu'elle avait déjà statué. C'est ainsi que la Cour mixte a décidé que « toute affaire pouvant entraîner une condamnation à la charge de la liquidation, déjà introduite devant la juridiction indigène et dans laquelle est intervenu un jugement en premier ressort avant la promulgation du décret du 12 juillet 1888, doit être reprise à nouveau avec mise en cause de la caisse de la dette et portée devant la juridiction mixte en commençant par le premier degré. »

(Arrêt Zulficar Pacha contre Gouvernement Égyptien et Caisse de la Dette, 29 janvier 1891, *Bull.*, t. III, p. 152. — V. aussi arrêt Halim-Pacha, 4 fév. 1891, *Bull.*, t. III, p. 154 — et arrêt 4 mai 1893, *Bull.*, t. V, p. 238).

(1) V. à la section suivante : Caisse de la Dette.
(2) *Journal officiel* du 14 juillet 1888 et *Bull. des Lois*, 1888, p. 141.

La théorie de l'intérêt mixte est une théorie ingénieuse mais audacieuse, qui doit être restreinte plutôt qu'étendue. Si l'on voulait l'appliquer d'une façon absolue, il faudrait déférer à la Réforme les contestations entre le gouvernement et les indigènes d'une grande partie de l'Egypte. Le second alinéa de l'art. 9 de la loi de liquidation affecte les revenus des quatre provinces les plus riches, à la garantie de la dette unifiée : les Moudiriehs de Garbieh, Menoufieh, Béhéra et Siout. Les Moudirs de ces provinces doivent remettre directement leurs recettes, non au gouvernement Egyptien, mais à la Caisse de la Dette, mandataire des porteurs de titres (art. 2, décret du 2 mai 1876 ; 30 et 31, loi de liquidation).

M. Padoa-Bey, dans l'étude que nous avons citée, préconise l'extension de la Réforme à ces Moudiriehs. Mais les raisons que la Cour a invoquées pour décliner sa compétence au point de vue des Douanes, se reproduisent ici avec plus de force encore. Ce sont plus que des administrations indigènes ce sont des parties mêmes de l'État ? Quels sont les actes dessaisissant le Gouvernement ? Où sont ceux admettant l'ingérence des créanciers et sur quoi pourrait-on baser leur droit d'intervention ? La seule limitation mise aux droits du Gouvernement consiste à lui interdire, sans l'avis conforme de la Caisse de la Dette, de porter dans aucun des impôts spécialement affectés, des modifications qui pourraient avoir pour résultat une diminution de la rente de cet impôt. A la condition que cette rente soit assurée, le Gouvernement a une latitude complète ; il peut même affermer un ou plusieurs de ces impôts, pourvu que le contrat de fermage assure un revenu au moins égal à celui déjà existant (art. 8, décret 2 mai 1876). De ce que l'art. 21 du décret du 18 novembre 1876 prescrit, par

exemple, que les marchandises ou denrées données pour
le paiement des impôts dans les Moudiriehs affectées doivent être mises à la disposition exclusive des Commissaires de la Dette, peut-on dire, comme l'a fait M. Padoa-
Bey, que ce soient là des actes de gestion ? Faits en nature
ou en espèces, des paiements ne sont toujours que des
paiements et encore recommande-t-on aux Commissaires de
s'entendre pour réaliser ces denrées avec le ministère des
Finances ; de même pour certains autres actes qui sont des
actes de contrôle et non de gestion. La caisse de la Dette
n'est ici qu'une caisse du trésor égyptien, et l'on ne saurait admettre que l'intérêt mixte, du moment qu'il est
sauvegardé par la remise directe des revenus, puisse prévaloir contre l'intérêt supérieur de l'État qui exige qu'aucune atteinte ne soit portée à la juridiction normale des
habitants de quatre de ses provinces.

. Les Moudiriehs ne peuvent être comparées aux administrations confiées par le Gouvernement aux mains des
créanciers. Si le Gouvernement en a agi différemment à
leur égard, c'est que le danger d'un état de choses qui lui
enlèverait le droit exclusif à l'administration d'une portion
si importante du territoire, pour la remettre à des étrangers, est évident. Les Moudiriehs sont réellement la représentation pure et simple du Gouvernement. Le dessaisissement que les parties contractantes n'ont pas voulu dans
l'ordre administratif, la jurisprudence ne l'établira pas dans
l'ordre judiciaire parce qu'il en résulterait des conséquences trop dérogatoires à la Souveraineté (1). Si on appliquait
la théorie de l'intérêt mixte avec toute la rigueur préconi-

______

(1) Nous devons rappeler ici que nous avons considéré les tribunaux
mixtes comme internationaux plutôt qu'égyptiens.

sée par M. Padoa-Bey, elle finirait par accaparer toute la
compétence en Égypte. Or, il est impossible d'admettre
qu'en empruntant, le Gouvernement ait voulu compromettre aussi gravement son indépendance ; on ne donne
pas ses provinces en gage parce qu'on en affecte les
revenus !

SECTION III

DÉVELOPPEMENT DE LA RÉFORME PAR SA JURIDICTION ADMINISTRATIVE.

Tandis que dans ses rapports avec les sujets locaux,
l'État égyptien n'est justiciable des tribunaux indigènes que pour les mesures administratives prises en violation d'une loi ou d'un décret (art. 15 du décret de réorganisation des tribunaux indigènes) et que toutes contestations relatives à la dette publique ou à l'assiette de l'impôt
sont déclarées hors de leur compétence (art. 16), dans
ses rapports, au contraire, avec les étrangers, l'État est
justiciable des tribunaux mixtes comme un simple particulier. Il n'a pas été créé de tribunaux administratifs à l'instar de ce qui existe en France, de sorte que
c'est devant les tribunaux de droit commun, alors même
que le débat roule sur une matière administrative, qu'en
vertu des art. 10 et 11 du règlement d'organisation judiciaire on actionne le gouvernement.

Art. 10. — Le gouvernement, les administrations, les
Daïras de S. A. le Khédive d'Égypte et des membres de sa
famille, seront justiciables de ces tribunaux (mixtes) dans
les procès avec les étrangers.

Art. 11. — Ces tribunaux, sans pouvoir statuer sur la propriété du domaine public, ni interpréter ou arrêter l'exécution d'une mesure administrative, pourront juger, dans les cas prévus par le Code civil, les atteintes portées à un droit acquis d'un étranger, par un acte d'administration.

Le commentaire de ces articles a été fait ainsi : « Tant que l'administration égyptienne agira dans le cercle de ses attributions, quelque dommage ou quelque avantage qui en résulte pour les intérêts européens, rien à dire. Mais si l'acte implique lésion ou violation d'un droit légitimement acquis par un européen, cela suffira pour donner ouverture à la compétence judiciaire (1). »

Le gouvernement peut donc prendre telles mesures d'intérêt général que bon lui semble, mais à la condition qu'il ne porte pas atteinte à un droit acquis par les capitulations, les usages ou les traités. Un droit acquis sur la foi de ces garanties ne peut être lésé qu'avec l'assentiment des Puissances. Mais si la première partie de l'art. 11 établit le principe de la séparation du pouvoir judiciaire et du pouvoir administratif, la seconde partie permet de poursuivre le Gouvernement d'après les règles de droit commun contenues au Code civil. Si bien que cette séparation qui devait laisser une certaine latitude au Gouvernement est restée une démarcation théorique. En fait la Réforme a accueilli toutes les demandes avancées contre le Gouvernement sur les motifs les plus divers ; on peut les diviser en trois groupes suivant qu'ils se rattachent à l'administration financière du pays, — aux impôts — ou à

----

(1) Rapport présenté à la Chambre des députés d'Italie par M. MANCINI. P. 70.

des rapports journaliers assez difficiles à classifier. Ces derniers sont les plus nombreux. Dans les premières années de la Réforme surtout, les réclamations élevées par les particuliers pour violation de droits acquis ont donné lieu aux décisions les plus variées. Nous n'en indiquerons que quelques exemples : la Cour mixte a jugé : — que le gouvernement ottoman ne pouvait édicter de règlement d'administration intérieure à l'égard des européens en Égypte, qu'à la condition qu'ils ne portent aucune atteinte aux stipulations internationales, aux privilèges et droits qui leur étaient garantis (8 mars 1877) ; — que le gouvernement égyptien était responsable du dommage causé par un séquestre exécuté par la police d'une manière irrégulière (13 décembre 1877) ; — que la fermeture d'une imprimerie ne peut être ordonnée par voie de simple mesure administrative (27 janvier 1881) ; — que le gouvernement égyptien peut, sans l'intervention consulaire, interdire à un étranger le séjour dans le Soudan, car ce n'est pas là une expulsion du territoire égyptien (5 janvier 1882) ; — que même en expulsant un individu du territoire égyptien il n'engage sa responsabilité qu'à la condition qu'il ait agi avec arbitraire et mauvaise foi (4 mai 1892) ; — que les tribunaux de la Réforme, bien qu'ils ne puissent interpréter ou arrêter l'exécution d'une mesure administrative, peuvent néanmoins examiner si cette mesure émane d'un fonctionnaire compétent pour la décréter (4 février 1882) ; et si la mesure est véritablement une mesure administrative prise dans un intérêt général et conformément aux lois et décrets en vigueur (25 mai 1882); — que le gouvernement porte atteinte à un droit acquis en retirant une autorisation de bâtir précédemment accordée (6 mai 1886) ; — que bien que l'autorité puisse fermer une usine, ses agents ne peuvent y entrer par force pour en démonter les machines, alors même qu'elles fonctionnent d'une façon irrégulière (21 janvier 1886) ; — qu'il appartient aux tribunaux mixtes de connaître de l'action intentée par un étranger contre le gouvernement égyptien, en vue d'obtenir la remise de titres de la dette unifiée en conformité du décret de 1876, portant conversion de l'emprunt public de 1873 (11 décembre 1889).

Les tribunaux mixtes ont encore apprécié de nombreuses demandes à fin de pension ou indemnité, intentées par les étrangers fonctionnaires du gouvernement à la suite de licenciements, et se sont constamment déclarés compétents. Récemment encore, la Cour, estimant qu'elle ne saurait être liée par une question de forme, mais qu'il lui appartenait surtout d'apprécier le fond, jugeait que, *même après avis préalable d'un conseil de discipline*, un fonctionnaire avait droit à des dommages-intérêts, quand il était reconnu que son renvoi était intempestif (11 avril 1889), parce qu'il y avait lésion d'un droit acquis par un acte d'administration (13 mars 1895).

Signalons aussi tous les procès auxquels a donné lieu la forclusion édictée par l'art. 86 de la loi de liquidation.

Enfin, la jurisprudence a statué que le gouvernement n'avait pas le droit de distribuer l'eau du Nil contrairement aux règles administratives établies et publiées par l'administration elle-même, et que ces règles, une fois édictées et mises en pratique étaient obligatoires, aussi bien pour les administrations et leurs agents que pour les particuliers ; en conséquence, elle a reconnu que le propriétaire dont les terres étaient susceptibles de bénéficier des eaux du Nil, avait un droit acquis à leur jouissance, droit auquel la distribution arbitraire des irrigations faites par le gouvernement ne pourrait porter atteinte sans donner ouverture à une action en dommages-intérêts (4 mai 1892). Dans le même ordre d'idées, la Cour d'appel vient de décider que le gouvernement était obligé d'indemniser ou d'exproprier les propriétaires auxquels l'irrigation avait porté préjudice (15 janvier 1896).

Impôts.

Mais c'est surtout dans les nombreuses contestations auxquelles ont donné lieu l'assiette et la perception de l'impôt, que la jurisprudence a érigé la réforme en juridiction administrative, décédant de la légalité et de la quotité des droits dont chacun pouvait être imposé. On se souvient des appréhensions qu'au point de vue financier, la nouvelle juridiction avait suscitées. Le gouvernement français, craignant qu'elle ne servît d'instrument pour contraindre les étrangers à des taxes nouvelles, tint à préciser tout particulièrement les termes de l'article 11, en un sens restrictif que M. le duc Decazes fit consigner dans une communication officielle. Une note (10 novembre 1875), annexée à la convention entre les gouvernements français et égyptien, relative à la Réforme, est ainsi conçue :

« L'article 11 du règlement relatif à la compétence des « tribunaux nouveaux en matière administrative ayant « donné lieu à des interprétations divergentes, et pou- « vant, s'il n'était exactement défini, devenir une source « de difficultés entre S. A. le Khédive et les étrangers, le « gouvernement français croit de son devoir de s'expliquer « sur les limites dans lesquelles les effets de cette disposi-

« tion doivent, suivant lui, demeurer circonscrits. Dans sa
« pensée, la juridiction des nouveaux tribunaux ne saurait
« s'étendre jusqu'à leur conférer la faculté de consacrer
« la légalité des taxes, contributions ou impôts qu'il
« pourrait convenir à l'administration égyptienne d'éta-
« blir. La nouvelle magistrature serait donc sans droit
« pour sanctionner par ses arrêts toute mesure fiscale
« qui serait contestée par la voie diplomatique, et l'action
« des gouvernements étrangers et de leurs agences ou
« consulats pourra toujours s'interposer pour obtenir la
« cessation ou la réparation des actes contraires soit aux
« stipulations des traités, soit aux prescriptions du droit
« des gens, dont nos nationaux auraient à souffrir de
« la part du gouvernement égyptien ou de ses agents.
« Le gouvernement français fait à cet égard les réserves
« les plus formelles, et il se refusera à accepter pour ses
« nationaux la juridiction et la compétence des nouveaux
« tribunaux dans les cas ci-dessus spécifiés » (1).

Pour saisir la portée de cette note, il est nécessaire de
rappeler que par un privilège aussi précieux pour les
étrangers que gênant pour le gouvernement, les européens étaient avant la Réforme affranchis de tous impôts,
hormis les droits de douane et l'impôt foncier. Par conséquent, toute dérogation à cette immunité devait continuer à nécessiter un accord international. La note qu'on
vient de lire avait pour but, en provoquant des éclaircisse-
ments, de confirmer cette situation que les tribunaux
mixtes se sont rigoureusement appliqués à maintenir. Dès leur fondation, il se sont refusés à consacrer la
légalité de toute contribution édictée par le gouvernement

---

(1) Cette interprétation a bénéficié à toutes les Puissances.

égyptien (1) seul, en décidant qu'une taxe établie en dehors de la sanction diplomatique constituait un acte arbitraire pouvant causer un préjudice et nécessiter une réparation. C'est ainsi que tout récemment encore, en 1894, un arrêt déclarait illégitimes certains droits sur l'ivoire, que par ordre du gouverneur général du littoral de la Mer Rouge, on réclamait d'un protégé français (2).

Par conséquent, bien qu'ils aient été *a priori* déclarés incompétents a connaître de la légalité d'une taxe établie par le Gouvernement égyptien seul, le Gouvernement français ayant déclaré qu'il se refusait à accepter leur juridiction pour toute mesure fiscale qu'il pourrait convenir à l'administration égyptienne d'établir, les tribunaux mixtes en sont fatalement arrivés à ne reconnaitre la

(1) Arrêt, 13 déc. 1877.

(2) « Attendu, dit l'arrêt, en ce qui concerne la France, que par sa déclaration du 10 nov. 1875 le gouvernement français a formulé des réserves spéciales ; qu'il a nettement exprimé que dans sa pensée la juridiction des nouveaux tribunaux ne saurait s'étendre jusqu'à leur conférer la faculté de consacrer la légalité des taxes, contributions ou impôts qu'il pourrait convenir à l'administration égyptienne d'établir ;

« Que la nouvelle magistrature sera sans droits pour sanctionner par ses arrêts toute mesure fiscale qui serait contestée par la voie diplomatique, et l'action des gouvernements étrangers, ou leurs agents et consulats, pourra toujours s'interposer pour obtenir la cessation ou la réparation d'actes contraires soit aux stipulations des traités, soit aux prescriptions du droit des gens, etc. ;

« Qu'enfin le gouvernement français se refusait à accepter pour ses nationaux la juridiction et la compétence des nouveaux tribunaux dans les cas ci-dessus spécifiés.

« Attendu qu'en ces conditions et à défaut de la preuve tant d'une acceptation formelle des droits dont s'agit au procès, que d'une réclamation diplomatique contraire, il y a lieu de surseoir. »

Alexandrie, 30 mai 1894. (*Bull.*, t. VI, p. 272.)

légitimité d'une action en paiement d'impôts, intentée par le Gouvernement, que si elle avait une base légale, c'est-à-dire, un acte international.

L'impôt des patentes, les droits d'octroi, l'impôt sur la propriété bâtie, les taxes municipales d'Alexandrie ont donc nécessité des négociations diplomatiques avec toute l'Europe ; mais dès que l'accord international s'est produit, les tribunaux mixtes se sont attribués, en ces matières, une compétence des plus larges.

Impôts fonciers. — La loi du 18 juin 1867 (7 safer 1284), en accordant aux européens le droit d'acquérir des immeubles en Turquie, les a « assimilés aux sujets ottomans pour tout ce qui concerne la propriété immobilière (1) », par conséquent à l'obligation de subir toutes les charges grévant la propriété sous une forme ou dénomination quelconque.

---

(1) « Art. 1er. — Les étrangers sont admis au même titre que les sujets ottomans, et sans autre condition, à jouir du droit de propriété des immeubles urbains ou ruraux dans toute l'étendue de l'empire, à l'exception de la province de Hedjaz, en se soumettant aux lois et règlements qui régissent les sujets ottomans eux-mêmes comme il est dit ci-après.

« Art. 2. — Les étrangers propriétaires d'immeubles urbains ou ruraux sont en conséquence assimilés aux sujets ottomans en tout ce qui concerne leurs biens immeubles.

« Cette assimilation a pour effet légal :

« 1º De les obliger à se conformer à toutes les lois et à tous les règlements de police ou municipaux qui régissent dans le présent et pourront régir dans l'avenir la jouissance, la transmission, l'aliénation et l'hypothèque des propriétés foncières ;

« 2º D'acquitter toutes les charges et contributions, sous quelque forme et sous quelque dénomination que ce soit, frappant ou pouvant frapper par la suite les immeubles urbains ou ruraux. » (Loi du 7 safer 1284.) ARISTARCHI-BEY. *Legisl. Ott.* T. I, p. 19.

Acceptée par les Puissances, cette loi est devenue un traité international comportant pour les européens le droit acquis d'être traités sur le pied d'une parfaite égalité. Chaque fois, par conséquent, qu'un acte administratif est venu contrarier ce principe, la Cour y a vu une atteinte à un droit acquis au préjudice d'un étranger et s'est déclarée compétente en vertu de l'art. 11 du régl. d'org. jud. (29 avril 1880) (1). C'est ainsi qu'elle a décidé : que si l'autorité administrative refuse de statuer sur la réclamation du contribuable ou si la décision qu'elle rend le lèse dans ses droits, il peut recourir devant la Réforme par voie judiciaire (4 janvier 1893) (2) ; — que l'inégalité de l'impôt peut dépendre aussi bien de l'établissement d'une taxe différente entre terres, pourtant similaires, appartenant à des indigènes et à des étrangers, que du classement en catégories différentes de terres se trouvant dans les mêmes conditions ; qu'elle peut résulter encore d'une taxation ou d'un classement soumetttant des [terres inférieures appartenant aux uns au même traitement que des terres supérieures appartenant à d'autres (20 déc. 1893) (3) ; — que les terres abîmées par des travaux publics ne peuvent être imposables tant qu'elles sont restées impropres à la culture (14 janvier 1891) (4) ; — que les poursuites en saisie-administrative, effectuées au mépris de ces principes, sont nulles et la vente inefficace à l'égard de celui qui s'est déclaré adjudicataire (10 mai 1894) (5); et d'une façon générale, elle statue sur la régularité du recouvre-

(1) *R. O.*, t. V, p. 243.
(2) *Bull.*, t. V, p. 75.
(3) *Bull.*, t. VI, p. 70.
(4) *Bull.*, t. III, p. 123.
(5) *Bull.*, t. VI, p. 251.

ment ou du dégrèvement des impôts suivant les formalités prévues par les lois en vigueur. A cet effet, elle donne aux parties lésées un recours devant l'autorité judiciaire en leur permettant de provoquer toutes les vérifications et expertises qu'elles croiront utiles, sans qu'on puisse repousser leur demande en vertu du principe de la séparation des pouvoirs (29 nov. 1894) (1).

En résumé, la Cour mixte a formulé le principe de sa compétence dans les termes suivants : « L'administration est souveraine pour décider et prendre dans les limites de ses pouvoirs et en se conformant aux lois et règlements qui la régissent, les mesures qu'elle croit propres pour assurer le recouvrement des impôts ; mais les tribunaux sont seuls compétents à juger si l'impôt dont on réclame le paiement ne présente rien d'illégal dans son principe, s'il n'est pas excessif quant au chiffre, ou si, dans l'application des lois et règlements ou le mode de perception, il n'a pas été commis une faute de nature à obliger l'administration à une réparation ou à une restitution » (22 janvier 1890) (2).

Dans l'impôt foncier, il faut comprendre l'impôt sur les dattiers.

Le tribunal de justice sommaire d'Alexandrie s'étant déclaré d'office incompétent pour statuer sur la question de savoir si les étrangers sont assujettis ou non au paiement de la dîme sur les dattiers, la Cour d'appel a formellement déclaré que les dattiers étant immeubles par incorporation, l'impôt qui les frappe, aux termes du décret du 28 mai 1881, participe, par sa nature, à celle de

(1) *Bull.*, t. VII, p. 25.
(2) *Bull.*, t. II, p. 338.

l'impôt foncier et constitue une surélévation de cet impôt à la charge des terres plantées en dattiers. L'assentiment des Puissances à ce décret n'a donc pas été nécessaire pour qu'il soit applicable aux étrangers. Au surplus, dit la Cour, le fait qu'il n'a été l'objet d'aucune réclamation de la part des gouvernements étrangers implique de leur part la reconnaissance du droit, d'ailleurs incontestable, que le gouvernement Égyptien avait de promulguer à lui seul ce décret avec force obligatoire pour les étrangers possédant dans le pays des terres plantées en dattiers (4 juin 1891) (1).

Impôts issus de la Convention de Londres. — La convention signée à Londres le 17 mars 1885 entre les six grandes Puissances, contenait les déclarations suivantes : « Les gouvernements d'Allemagne, d'Autriche-Hongrie, de France, de la Grande-Bretagne, d'Italie et de Russie...... considérant qu'il importe d'apporter certaines modifications à la loi de liquidation (2) ; considérant qu'ils reconnaissent l'équité de soumettre leurs nationaux en Égypte aux mêmes taxes que les indigènes ; déclarent accepter l'application à leurs nationaux, comme aux sujets locaux, du décret de S. A. le Khédive, en date du 13 mars 1884, concernant l'impôt sur la propriété bâtie ; ils déclarent également accepter l'application à leurs nationaux comme

(1) *Bull.*, t. III, p. 365.

(2) Par la convention de Londres les Puissances garantissaient un emprunt de 9,000,000 de livres émis par le Gouvernement égyptien sous l'autorisation du Sultan afin de pourvoir au règlement de la situation financière. En raison des modifications qu'il apportait à la loi de liquidation, le décret concernant cet emprunt dut être soumis à la sanction des Puissances qui avaient pris part à l'établissement des tribunaux de la Réforme afin d'être reconnu comme loi obligatoire devant ces tribunaux.

aux sujets locaux du droit de timbre et du droit de patente et s'engagent à entreprendre immédiatement; de concert avec le gouvernement égyptien, l'étude des projets de loi établissant ces deux impôts (1) ».

Le droit de timbre ne fut pas créé.

La loi des patentes fut promulguée le 8 mars 1891. Elle établissait un droit fixe et un droit proportionnel à l'exercice de chaque profession, tant à l'égard des étrangers que des indigènes. A défaut de paiement de la taxe par le contribuable étranger, commandement était décerné contre lui et avis donné à son consulat. Cinq jours après, le commandement était rendu exécutoire par le juge de service du tribunal mixte qui y faisait apposer la formule exécutoire, en suite de laquelle il était procédé à la saisie-exécution et à la vente des biens meubles et immeubles du patentable (art. 23). Cette loi qui remplaçait tous les impôts perçus antérieurement sur les indigènes sous la dénomination de taxes professionnelles, constituait pour eux, comme pour les étrangers qu'elle affectait pour la première fois, une lourde charge et présentait de grandes difficultés de perception. A son avènement au trône, un des premiers actes de S. A. le Khédive Abbas Pacha, fut de la rapporter ; un décret du 28 janvier 1892, pris avec l'assentiment des Puissances signataires de la convention de Londres, l'a supprimée. Les tribunaux de la Réforme eurent à connaître de diverses questions concernant cet impôt, mais étant donné sa disparition, nous croyons inutile de les traiter, n'ayant voulu que pour mémoire, mentionner son existence extensive de la juridiction mixte.

____

(1) *Documents officiels du gouvernement égyptien.* 1885, p. 447.

L'impôt sur la propriété bâtie date du décret du 13 mars 1884 ; nous le classons pourtant parmi les impôts issus de la Convention de Londres parce que c'est l'acceptation des Puissances réunies à cette conférence qui lui a permis d'entrer en vigueur. Comme l'impôt des patentes, il procède de cette considération d'équité qui exige l'égalité de traitement entre tous les habitants d'un même pays, bénéficiant des mêmes avantages. Bien que la loi de 1867 ait subordonné d'une manière absolue la concession, aux étrangers, du droit de propriété immobilière dans l'empire ottoman, à l'obligation pour eux de payer l'impôt sur les biens-fonds urbains ou ruraux, une nouvelle acceptation des gouvernements étrangers était, en ce qui concerne l'Egypte, devenue nécessaire. L'usage, en effet, avait consacré l'exemption pour les résidents étrangers de l'impôt sur la propriété bâtie, et la jurisprudence avait confirmé cet usage. Dans un arrêt du 20 avril 1883 (1), c'est-à-dire postérieur au décret khédivial, la Cour d'appel d'Alexandrie avait déclaré que, soit en vertu des usages, soit en vertu des capitulations, les étrangers n'avaient pas à payer d'impôts pour les propriétés bâties qu'ils possèdent dans les villes d'Egypte. De nouveaux accords étaient donc indispensables : le gouvernement le reconnaissait d'ailleurs en demandant aux Puissances leur adhésion au décret du 13 mars 1884 : c'était avouer que sans leur concours, il ne pouvait imposer la propriété bâtie (2).

Le décret du 13 mars 1884 institue des commissions d'évaluation et des conseils de revision d'après un système électoral où les étrangers sont représentés. Par suite

(1) *R. O.*, t. VII, p. 145.
(2) Arrêt du 4 juin 1891. *Bull.*, t. III, p. 365.

de l'opposition que nous avons indiquée, le fonctionnement de ce système électoral ayant soulevé dans son application des difficultés insurmontables, abstentions, refus de mandats, etc., qui rendaient impossible la perception de l'impôt, on fut obligé d'en suspendre la mise en vigueur jusqu'au 11 avril 1886. L'impôt sur la propriété bâtie est du douzième de la valeur locative. A défaut de paiement, des poursuites sont exercées contre le contribuable en vertu d'une contrainte administrative qui tient lieu de titre exécutoire. Les oppositions aux poursuites et les difficultés qu'elles soulèvent de la part des redevables étrangers sont jugées par les tribunaux mixtes. Pour ne citer que les points les plus saillants résolus par sa jurisprudence, la Cour mixte s'est déclarée compétente : sur les attributions du conseil de revision ; — sur l'application du principe *solve* et *repete* (7 mai 1890) ; — sur les cas qui donnent lieu à décharge ou à réduction de l'impôt afférent à un immeuble demeuré vacant (15 janvier 1890) ; — sur les contestations auxquelles donnent lieu le principe de la fixité des évaluations (construction nouvelle, démolition, incendie, destruction totale ou partielle des propriétés bâties ou leur non-occupation) (27 avril 1892) ; — et d'une façon générale, la Cour estimant que les attributions du conseil de revision ont été limitées à la constatation de simples points de fait, en un mot à des opérations matérielles, enlève à ce conseil l'appréciation des questions en litige, se réservant à elle seule le droit d'interpréter les dispositions du décret et de dire si la perception de l'impôt a eu lieu d'une manière conforme ou non à son esprit et à son texte.

Finances.

La création de la Caisse de la Dette publique, immédiatement après l'institution de la Réforme, en est le corrollaire au point de vue financier. Ainsi, du moins, semblent l'avoir compris et le gouvernement égyptien et les Puissances.

Le décret du 2 mai 1876, qui institue la Caisse de la dette publique, dit en son préambule : « Voulant donner un témoignage solennel de notre ferme intention d'assurer toutes garanties aux intérêts engagés, avons résolu d'instituer une Caisse spéciale, chargée du service régulier de la dette publique, et de nommer à sa direction des commissaires étrangers, lesquels seront, sur notre demande, indiqués par les gouvernements respectifs... ». L'art. 1er charge la Caisse de recevoir les fonds nécessaires au service des intérêts et de l'amortissement de la dette, et de les destiner exclusivement à cet objet ; l'art. 8 interdit au gouvernement de diminuer les impôts sans l'avis de la Caisse, et l'art. 9 lui interdit de contracter aucun emprunt. Comme sanction de ces dispositions, le décret institue la juridiction mixte compétente à connaître des actions contre l'administration financière :

« Les actions, qu'au nom et dans l'intérêt des créanciers en grande partie étrangers, la Caisse et, pour elle, ses directeurs croiront avoir à exercer contre l'administration financière, représentée par le ministre des Finances, pour ce qui concerne la tutelle des garanties de la dette que nous avons confiée à la direction de ladite Caisse, seront portées dans les termes de leur juridiction devant les nouveaux tribunaux qui, suivant l'accord établi avec les Puissances, ont été institués en Egypte. » (art. 4).

Le décret du 18 novembre 1876 vient affermir les attributions des commissaires de la Caisse en les chargeant, comme *garantie plus efficace pour les intérêts des créanciers*, des opérations de l'amortissement (art. 6), et en déclarant la commission de la dette permanente jusqu'à l'entier amortissement de la dette (art. 18). Malgré ces dispositions, la situation financière relevait, jusqu'en 1880, du pouvoir absolu du Khédive, qui eût pu les révoquer. Mais en 1879, la déconfiture se produit, le Khédive Ismaïl abdique, et une loi dite « de liquidation » est concertée entre son Successeur et les Puissances, donnant aux créanciers des garanties irrévocables (17 juillet 1880). Cette loi maintient les décrets ci-dessus et donne aux commissaires de la dette qualité pour poursuivre, devant la juridiction mixte, l'exécution des obligations assumées par le gouvernement pour le service de sa dette.

Art. 38 : « Les Commissaires de la Dette, représentants légaux des porteurs de titres, auront qualité pour poursuivre devant les tribunaux de la Réforme contre l'administration financière, représentée par notre ministre des finances, l'exécution des dispositions concernant les affectations de revenus, les taux d'intérêt des dettes, la garantie du trésor, et généralement toutes les obligations qui incombent à notre gouvernement, en vertu de la présente loi, à l'égard du service des dettes privilégiée et unifiée (1). »

______

(1) La loi de liquidation a réglé la situation financière obérée du gouvernement en balançant l'actif et le passif de la dette consolidée de l'État. Toutes les réclamations contre le gouvernement ont été arrêtées et des ressources spéciales ont été créées pour en assurer

En 1885, de nouveaux embarras financiers se produisent; pour y faire face, l'Egypte demande à contracter un emprunt, et la convention internationale du 18 mars 1885 l'autorise à emprunter une somme de L. st. 9 millions. L'emprunt est garanti conjointement et solidairement par les Puissances, et le service en est confié à la Caisse de la dette. A cette occasion, l'Allemagne et la Russie, puissances garantes, obtiennent d'être représentées par la nomination d'un commissaire à la Caisse de la dette.

En résumé, depuis la loi de liquidation, les différents actes qui réglementent les finances du gouvernement égyptien ont été soumis à l'approbation des Puissances ; ils constituent donc de véritables traités internationaux, limitant l'exercice du pouvoir souverain (1). Ces événements rappelés pour l'intelligence des décisions qui vont suivre, quel usage a fait la Réforme de la compétence que lui donnaient soit l'art. 11, soit l'art. 4 du décret du 2 mai 1876, dont l'art. 38 de la loi de liquidation n'est que la reproduction ?

Dans la période antérieure à 1880, la question de la compétence de la juridiction mixte en matière financière fut résolue par la jurisprudence, de deux façons opposées. Le gouvernement se réclamait, dans l'administration de ses finances, d'un pouvoir supérieur échappant à tout contrôle. Quand il dut, par suite des difficultés qu'il traversait, proroger par décret, pour une période de trois

le paiement; puis pour prévenir toute réclamation ultérieure de nature à créer de nouveaux embarras financiers, on édicta (art. 86) la forclusion des actions pour droits acquis contre le gouvernement antérieurement au 1er janvier 1880. Par la liquidation du passé cette loi créait au gouvernement une situation financière nouvelle.

(1) Arrêt de la Cour d'Alexandrie, 11 mars 1880 et 23 avril 1880.

mois, l'échéance des bons du trésor, la Cour mixte fut
saisie pour la première fois de la question par un étranger,
qui réclamait le paiement immédiat. La Cour déclara que
l'État ne pouvait, ni par voie législative, ni par mesure
administrative, léser les porteurs européens des délégations émises par la Daïra du Khédive sur le ministère des
Finances et que le décret rendu à cet effet sans l'adhésion des
Puissances était un acte administratif qui violait les droits
des particuliers. Le gouvernement répondit par les protestations les plus énergiques; cette décision constituait à ses
yeux, disait-il, un empiètement de la Cour sur les droits de
l'Etat et, au nom du principe de la séparation des pouvoirs,
il revendiquait, dans une circulaire aux Puissances, le droit
de prendre législativement telle mesure que commandait
l'intérêt général. La décision de la Cour fut, en effet, très
discutée. Aucun texte ne donnait à la Réforme le droit à
un pareil contrôle, résultant d'une confusion manifeste des
pouvoirs et dans l'espèce on pouvait, en outre, lui reprocher de s'être basée sur une assimilation, qui n'est pas au-
dessus de la critique, des bons du trésor avec des effets de
commerce (Arrêt Carpi, 3 mai 1876).

L'arrêt Sursock, rendu en 1880, rétablit plus exactement la limite des rapports entre l'État et le pouvoir judiciaire. Les frères Sursock avaient assigné le gouvernement
pour atteinte portée à des droits acquis du fait de la réduction d'intérêt des titres de la Dette, réduction à laquelle
ils ne voulaient pas se soumettre. La Cour, par des consi-
dérants d'une grande élévation juridique, repoussa leur
demande en vertu de la distinction qu'elle fit de l'État
agissant :

A. — Comme *Pouvoir Suprême*, préposé à la gestion des
intérêts généraux de la société ;

B. — Comme *Pouvoir soit exécutif, soit administratif,* agissant pour l'exécution ou l'application des lois et règlements d'administration publique ;

C. — Comme *Personne juridique et civile,* agissant dans le domaine des intérêts privés.

Ce n'est qu'à ce troisième point de vue que la Cour admit la responsabilité de l'État, l'article 11 ne rendant les tribunaux compétents que pour juger les atteintes à un droit acquis dans les cas prévus par le Code civil. Les engagements offerts par un État emprunteur et librement acceptés par le public, pouvaient-ils établir, entre l'État et les preneurs de titres, des rapports contractuels d'obligation proprement dite, ayant la même force légale que les rapports juridiques résultant de contrats passés avec l'État sur des objets d'intérêt privé, comme des contrats d'engagements de services, de fournitures, d'entreprises de travaux publics, etc. Non, dit la Cour, il était nécessaire que l'action fût fondée sur une obligation positive de droit commun, soit une convention, soit un fait entrainant la lésion d'un droit. Or, en procédant à une réduction d'intérêts, par voie de réglementation générale, l'État accomplissait un acte émanant de sa puissance publique, dans un but supérieur de conservation sociale, et autoriser, dans ce cas, un recours devant l'autorité judiciaire, ce serait transporter l'action gouvernementale dans les tribunaux, c'est-à-dire placer la Souveraineté dans un corps à pouvoir défini, créé par la Souveraineté elle-même pour la protection spéciale des droits individuels et privés. Parmi les fonctions du pouvoir gouvernemental, dit l'arrêt, figure, en première ligne, l'organisation des finances publiques et l'appréciation des mesures financières indispensables pour le fonctionnement

régulier de l'État et l'accomplissement de ses fins naturelles ; or, en matière de réglementation de la Dette publique,
le droit des capitulations ne contient aucune disposition
restrictive de la souveraineté de l'État dont les étrangers
puissent se prévaloir. En résumé, la Cour déduisait son
incompétence de ce que tout gouvernement serait impossible, si, pour les actes les plus légitimes, l'État pouvait
être poursuivi devant les tribunaux : un pareil système
constituant le renversement complet de la hiérarchie et de
la séparation des pouvoirs en plaçant l'intérêt général à la
merci et sous la dépendance des intérêts particuliers.
L'arrêt concluait donc que le domaine de haute administration du Gouvernement étant incommunicable et inces-
sible, celui-ci ne pouvait être recherché qu'en vertu d'un
contrat civil de droit commun, rentrant directement dans
les prévisions des Codes égyptiens, c'est-à-dire dans le
domaine du droit privé (arrêt Sursock, 22 avril 1880) (1).
Effrayés par cet arrêt, qui mettait les porteurs de titres à
la discrétion absolue du Gouvernement, la Commission de
la Caisse de la Dette exigea quand, deux mois plus tard,
fut promulguée la loi de liquidation, que la compétence
des tribunaux mixtes, en cas d'infraction au régime financier, fût explicitement formulée ; elle fit donc insérer dans
la loi de liquidation un article 38, qui avait justement
pour but de limiter l'exercice du droit éminent que le
Gouvernement revendiquait tout entier et d'accorder ainsi
à la Cour une compétence qu'elle n'avait pas cru devoir
se reconnaître.

Malgré cette attribution formelle de juridiction aux tribunaux mixtes, le gouvernement discuta encore la com-

(1) *R. O.*, t. V, p. 225.

.pétence de la Réforme lors des difficultés financières de
1884. La loi de liquidation avait établi une sorte de con-
cordat entre le gouvernement et ses créanciers, en vertu
duquel certaines ressources spéciales avaient été affectées
à l'amortissement de la dette, et la remise devait en être
opérée directement entre les mains des Commissaires
constitués les représentants officiels de tous les créanciers
étrangers de l'Égypte. Or, le 18 septembre 1884, le ministère des Finances avait informé les Commissaires de la
Caisse de la Dette qu'en vertu d'une décision du Conseil
des ministres, les chefs des administrations dont les revenus étaient affectés par la loi de liquidation au paiement
de la dette consolidée, seraient invités à verser directement au ministère des Finances les sommes destinées au
rachat de cette dette. Aussitôt protestation des Commissaires et assignation au gouvernement, devant les tribunaux mixtes, pour s'entendre condamner à rembourser,
avec intérêts de droit, toutes les sommes par lui reçues
en violation des articles 2 du décret du 2 mai 1876 et 31
de la loi de liquidation. Le Gouvernement, se fondant sur
l'article 11 du règlement d'organisation judiciaire qui interdit aux tribunaux mixtes « de statuer sur la propriété du
domaine public et d'interpréter ou arrêter l'exécution d'une
mesure administrative, sauf les atteintes portées à un droit
acquis d'un étranger par un acte d'administration », déclinait
la compétence des tribunaux mixtes dont une sentence, disait-il, serait un empiètement du pouvoir judiciaire sur
les attributions du pouvoir administratif. Le tribunal du
Caire, sur les conclusions conformes du chef du parquet
mixte, qui était un indigène, M. Afifi Bey, rendit un
jugement où cette matière délicate des droits du gouvernement, agissant comme pouvoir public, et l'étendue de

sa responsabilité envers les particuliers, est exposé avec
beaucoup de science. Après avoir constaté que le trésor
public avait reçu indûment des capitaux qui appartenaient
aux créanciers de la dette consolidée et qui, d'après la loi
de liquidation, devaient être versés dans la Caisse de la
Dette, il apprécie sa compétence déclinée en vertu de
l'article 11. Ce texte, dit-il, constitue non pas une atténuation du principe général de compétence, mais une
définition des prérogatives naturelles du pouvoir judiciaire considéré dans ses rapports avec le pouvoir administratif ; il en ressort que l'État est assujeti à la juridiction
des tribunaux, non seulement pour tous les actes de sa
vie civile, mais encore pour toute atteinte à des droits
acquis que l'un ou l'autre de ses organes pourrait commettre dans l'exercice de son pouvoir administratif ;
suivant ce principe d'un jurisconsulte célèbre (1), « si
la raison indique que l'intérêt privé doit fléchir devant
l'intérêt général, l'intérêt de la société doit toujours céder
devant le droit de l'individu, car il n'y a pas d'intérêt
social plus grand, plus sacré que le respect du droit ».
L'article 11 ne signifie pas autre chose sinon que le
pouvoir judiciaire doit s'abstenir d'apprécier les actes
administratifs au point de vue de leur opportunité ou
de leur valeur intrinsèque, comme aussi d'entraver, par
voie de dispositions générales, la force obligatoire de
l'acte administratif pour s'en tenir strictement dans les
limites de ses attributions naturelles, qui consistent à
rechercher dans chaque espèce si la mesure dont on se
plaint constitue, selon les règles de la loi civile, « une
atteinte portée à un droit acquis », ou si elle ne constitue

______

(1) LAURENT. *Principes de Droit civil*, t. XX, n° 421.

que la lésion d'un intérêt privé. Mais il n'y a pas lieu de restreindre la compétence des tribunaux de la Réforme à la connaissance de l'action en responsabilité civile proprement dite, les termes de l'art. 11 et son esprit ne faisant aucune distinction. Il est donc superflu, au point de de vue de la compétence, de rechercher la source du droit lésé. D'ailleurs, ajoute-t-il, la question de compétence est tranchée en l'espèce par un texte formel, l'art. 38 de la loi de liquidation qui confère aux Commissaires qualité pour poursuivre l'exécution des dispositions de la loi, devant les tribunaux de la Réforme, contre l'administration financière. L'article 38 ne constitue, ni une extension, ni une atténuation du droit commun, mais une simple application de ce droit au cas spécial de la liquidation de la dette égyptienne, et cela résulte :

1° Du but particulier que le législateur s'est proposé en édictant la loi de liquidation ;

2° De la contexture même de l'art. 38, lequel a pour objet spécial, non de créer, ni même de consacrer un principe de compétence, mais de régler le service des actions à intenter au nom et dans l'intérêt des créanciers ;

Et 3° tout particulièrement des termes même du décret du 2 mai 1876, art. 4.

Le tribunal conclut donc à sa compétence en déclarant que les Commissaires de la Dette, représentants légaux des porteurs de titres, avaient qualité pour poursuivre l'exécution des dispositions de la loi devant les tribunaux de la Réforme, contre l'administration financière, et, au fond, dit que, par le seul fait de la réception, le Trésor public est obligé de restituer des capitaux indûment reçus ainsi que les intérêts, depuis le jour de l'encaissement (jugement du tribunal mixte du Caire du 9 décembre 1884).

Contraire à la théorie de l'arrêt Sursock, cette argumentation trouvait un point d'appui dans un fait nouveau, la loi de liquidation.

Mais le Gouvernement releva appel de cette décision et la cause était pendante à la Cour lorsque, par suite de la Convention internationale du 18 mars 1885, il fut convenu que les tribunaux mixtes n'auraient pas à en connaître (art. 26 du décret du 27 juillet 1885).

La compétence de la Réforme en matière financière, vient à nouveau de se poser dans le procès retentissant des porteurs de titres.

Le 19 mars 1896, le gouvernement égyptien ayant décidé de faire une expédition militaire au Soudan, demandait aux commissaires de la caisse de la Dette publique de mettre à sa disposition, sur le fonds de réserve générale affecté à la garantie des porteurs de titres de certains emprunts publics, une somme de L. E. 500,000 pour les frais de l'expédition. A la séance de la commission du 26 mars, les commissaires français et russe déclarèrent que cette demande ayant un objet politique, la commission de la caisse de la Dette n'était pas compétente pour se prononcer sans une délégation spéciale et commune des Puissances ; ils s'opposèrent donc au vote sur le crédit. D'un avis contraire, les commissaires anglais, italien, allemand et austro-hongrois, formant la majorité, accordèrent au gouvernement égyptien les fonds réclamés ; en deux reprises, le ministère des Finances toucha L. E. 350,000. Aussitôt, MM. Herbault et consorts, porteurs de titres des dettes Unifiée et Domaniale, assignèrent le gouvernement égyptien et les commissaires de la Dette devant le tribunal mixte du Caire pour faire déclarer que ces derniers n'avaient eu ni droit ni qualité pour délibérer sur le crédit demandé et pour faire restituer au fonds de réserve les sommes dont la distraction pouvait retarder l'amortissement de la Dette. A l'audience, le gouvernement souleva l'exception d'incompétence basée sur ce qu'agissant dans la plénitude de son pouvoir, il ne pouvait, pour un acte gouvernemental, être traduit devant les tribunaux. Il est de principe, en droit public, disait-il, que les mesures prises par tout gouvernement pour l'organisation de ses finances, constituent des actes de souveraineté échappant, par leur nature même, à toute mesure ou appréciation de l'autorité judiciaire ; bien que la loi de liquidation, en réorganisant les finances du gouvernement, ait limité sa souveraineté en matière financière, une décision prise avec le consentement de la caisse de la Dette devait être considérée comme un acte souverain et parfait. Il concluait donc en disant au tribunal : L'acte que l'on vous défère a la même valeur que si les Puissances l'avaient décidé elles-mêmes ; or, les actes de souveraineté échappent à la compétence des tribunaux et vous ne pouvez en connaître sans vous substituer, vous, pouvoir à compétence limitée, aux Puissances.

De leur côté, les commissaires formant la majorité de la caisse de la Dette soutenaient qu'ils agissaient comme pouvoir politique exerçant des droits de souveraineté déléguée, qui, bien plus qu'une simple mesure administrative, échappait à toute juridiction.

A cette argumentation, les porteurs de titres objectaient que la commission de la caisse de la Dette était instituée

pour contrôler la bonne administration des fonds pour les
quels les créanciers n'avaient pas confiance dans le gouvernement égyptien, mais qu'elle était une institution
financière et non un corps politique souverain et qu'elle
ne pouvait, par conséquent pas, déroger à des traités internationaux. Aux commissaires de la majorité qui avaient
voté le crédit, les porteurs de titres disaient : Vous avez
agi en dehors de vos pouvoirs et, comme vous êtes, d'après
la loi de liquidation, nos représentants légaux, nous avons
le droit nous, vos mandants, de vous demander compte
d'une mesure excédant vos pouvoirs. Ainsi, tandis que vis-
à-vis des commissaires de la Dette, c'était l'action de droit
commun dérivant du mandat qui était invoquée contre le
gouvernement, les porteurs de titres se prévalaient de
l'article 11 du règl. d'org. jud. et de l'article 38 de la loi
de liquidation. Par ces dispositions, les puissances, disaient-
ils, en instituant les tribunaux mixtes, leur ont délégué le
droit de réprimer les atteintes que des actes administratifs, contraires aux traités, peuvent porter aux droits
acquis des Européens, d'assurer le respect de ces droits et
l'exécution des devoirs incombant à l'administration financière. Et tant que les puissances n'ont pas dessaisi les tribunaux mixtes en évoquant à elles l'objet du litige, comme
elles l'ont fait à plusieurs reprises, ces tribunaux conservent une compétence exclusive. La question se résume
dans le dilemme suivant : « Ou bien la commission de la
dette est restée une administration absolument financière,
et alors elle n'a pu délibérer valablement sur une question
politique ; ou bien le décret du 12 juillet 1888 (constitutif
du fonds de réserve) a conféré aux commissaires une délégation politique, et alors, cette délégation est restée néces-

sairement, par sa nature, assujettie aux règles des délégations politiques internationales qui commandent l'unanimité. A tous égards donc, la délibération des quatre commissaires a été illégale et les décrets violés (1) ».

Le tribunal mixte du Caire, par un jugement du 8 juin
dernier, se déclara compétent vis-à-vis du gouvernement,
à connaître d'une action fondée sur une atteinte à un droit
acquis (art. 11); et, vis-à-vis des commissaires de la dette,
se basant sur le décret du 2 mai 1896 et sur la loi de liquidation qui donne aux commissaires de la dette la qualité
de *mandataires légaux des porteurs de titres* avec attribution de juridiction aux tribunaux mixtes, pour les contestations pouvant naître entre la Caisse de la dette et
l'administration financière, jugea que les porteurs de titres
avaient qualité, d'après le droit commun, pour les assigner
devant les tribunaux, car le pouvoir souverain dont se
réclamait la Caisse, s'il lui avait appartenu à titre exceptionnel en des circonstances spéciales, n'était pas son
caractère général. Statuant au fond, le jugement annule le
vote de la commission de la dette sur le crédit réclamé
par le gouvernement et condamne celui-ci à restituer au
fonds de réserve, avec intérêts de droit, les sommes
qui en ont été prélevées. (Voir ce jugement aux annexes).

Le gouvernement a relevé appel de la décision et l'affaire
est encore pendante.

En accueillant les procès de toute nature dont ils ont été
saisis à la charge de l'État et des administrations publiques,
les tribunaux mixtes sont-ils bien restés dans les prévisions des codes égyptiens, qui semblaient exiger, comme

(1) Note à l'appui des conclusions de MM. Herbault et consorts
contre le gouvernement égyptien et les commissaires de la Dette par
A. Padou, avocat à la cour.

condition première de leur compétence, que l'action fût
fondée sur une obligation positive de droit commun ? Il
est permis d'en douter, mais il faut convenir que la ligne
de démarcation tracée par l'article 11, était, dans la pratique, assez difficile à observer ; aussi est-il arrivé que ce
texte, assez confus d'ailleurs, dont on pensait déduire une
certaine irresponsabilité en faveur de l'État pour ses
fonctions gouvernementales, l'a bien peu protégé. C'est
que les anomalies auxquelles a donné lieu l'application
de l'article 11, tiennent moins au système judiciaire en lui-
même, qu'aux conditions particulières dans lesquelles les
capitulations placent la souveraineté ottomane dans son
action vis-à-vis des étrangers.

Des privilèges spéciaux, que les européens possèdent en
Égypte en vertu des lois internationales, il devait nécessairement résulter que les décrets et les lois du pouvoir local, qui contreviendraient à ces privilèges, en dehors d'une
coopération formelle des puissances étrangères, seraient
considérés par les tribunaux comme de simples mesures
administratives qui, dès qu'elles lèseraient les étrangers,
donneraient naissance à une action civile en dommages-
intérêts. Telle est l'argumentation de l'arrêt Sursock ; in-
terprêtés de cette façon, les articles 10 et 11 du règlement d'organisation judiciaire ne présentent, dit-il, rien
d'exorbitant, mais constituent, au contraire « une garantie
nécessaire et essentielle pour le respect et la pratique sincère des capitulations. » Il y a lieu, il est vrai, d'ajouter
que l'obligation, pour les administrations publiques, de répondre civilement de leurs actes illicites en tant qu'ils
portent atteinte à des droits privés, se retrouve dans la
législation de tous les pays bien organisés et que ces législations ne diffèrent entre elles, que quant à la juridiction

appelée à connaître de ce genre d'obligations. Quoi qu'il en soit de l'application plus ou moins logique de l'article 11, l'ensemble de droits de nature si différente, auxquels les tribunaux mixtes ont donné accès : contestations concernant la dette publique, la liquidation, réclamations relatives aux impôts, aux droits d'octroi, aux droits judiciaires, procès de douane, contentieux des travaux publics (régime des eaux, entreprises, mines, fouilles, chemins de fer, expropriations), licenciement de fonctionnaires, pensions civiles ou militaires, questions relatives aux établissements dangereux ou insalubres, marchés de fournitures, etc., etc., constituent bien, pour la Réforme, la juridiction administrative la plus complète.

SECTION IV

DÉVELOPPEMENT DE LA RÉFORME PAR LES POUVOIRS DE POLICE DU GOUVERNEMENT.

Antérieurement à la Réforme, la police sur les étrangers était exercée par leurs consuls respectifs. L'origine de ce pouvoir remontait à l'administration intérieure des fondiques, quand les consuls remplissaient vis-à-vis de leurs compatriotes des attributions en quelque sorte municipales. Au fur et à mesure que les européens se furent répandus sur les différents points du territoire, ces attributions consulaires disparurent et l'autorité territoriale revendiqua l'exercice exclusif de son droit de police. Mais la situation générale des étrangers fit que ce droit se trouva partagé plus ou moins irrégulièrement entre l'auto-

rité locale et l'autorité consulaire, celle-ci se réservant le
droit de police dans les mesures ayant pour objet les
personnes et ne laissant à l'autre que les mesures ayant
pour objet les choses.

Cette situation, qui créait au Gouvernement égyptien les
plus grands embarras, amena les Puissances à lui reconnaître, au cours des négociations qui aboutirent à la Réforme, le droit de faire des règlements concernant l'ordre
public : « Les lois de police et de sûreté obligent tous
ceux qui habitent le territoire. Les poursuites pour contravention de simple police sont soumises à la juridiction des
nouveaux tribunaux. » (C. civ. art. 10).

Du code pénal, resté lettre morte, le titre IV des contraventions (art. 331 à 341) est donc entré en vigueur.
Or, le premier de ces articles punit d'une peine de simple
police « ceux qui ne se seront pas conformés à un règlement rendu par l'autorité municipale dans les limites de
sa compétence ; » et l'article 340 ajoute que « les règlements à intervenir sur les faits non prévus ci-dessus, devront déterminer la peine encourue pour contravention,
dans la limite des peines de simple police ; dans le cas où
une peine plus forte serait prononcée, elle sera de plein
droit réduite dans cette limite. »

Au moment donc de l'installation de la Réforme judiciaire, les droits du Gouvernement, en matière réglementaire, se trouvaient définis et reconnus ainsi : droit de
prendre des arrêtés municipaux à la condition que les
contraventions n'entraîneraient pas de peine supérieure
aux peines de simple police. Fort de ce droit, le Gouvernement promulgua divers règlements applicables aux
étrangers, notamment un règlement sur la prostitution.

Mais par un arrêt du 19 mai 1886, la Cour mixte annula

un jugement qui condamnait une contrevenante en déclarant que le Gouvernement égyptien ne pouvait, de sa seule autorité, prendre des règlements obligatoires pour les étrangers. La Cour s'appuyait sur l'article 12 du Code civil ainsi conçu : « Les additions et modifications aux présentes lois seront édictées sur l'avis conforme du corps de la magistrature et, au besoin, sur sa proposition. » La Cour n'admettait donc pas qu'il pût être fait, sous forme de règlement, une addition à la loi, sans son adhésion préalable. « Si les Puissances, dit l'arrêt, en acceptant les dispositions de l'art. 331 du Code pénal précité, ont pu reconnaître sans difficulté au Gouvernement égyptien le droit d'édicter des règlements de police applicables aux étrangers, pour des faits non prévus par le Code, c'est parce qu'elles n'ignorent pas que sans l'avis conforme de la magistrature, il ne serait fait aucune addition à cette loi, pas plus qu'à toutes les autres lois approuvées par les Puissances et rendues obligatoires pour leurs nationaux. L'article 12 du Code civil le déclare formellement et cette disposition constitue, pour les étrangers, une garantie aussi efficace que leur dépendance de la juridiction mixte, garantie qui deviendrait illusoire si les tribunaux mixtes étaient tenus d'appliquer aux étrangers des dispositions de lois émanées de l'autorité seule ou du caprice du Gouvernement égyptien. » (Alexandrie, 19 mai 1886).

La doctrine posée par cet arrêt qui qualifiait d'*excès de pouvoir* toute réglementation prise en dehors de la Cour, causa un certain émoi au Gouvernement. A la crainte qu'on y lisait, de lui voir transformer en contraventions des faits autres que ceux spécifiés sous le titre IV du Code pénal, le gouvernement répondait, avec quelque raison, que

l'obliger de s'adresser à la Cour d'appel et d'obtenir son
assentiment, chaque fois qu'il aurait besoin d'un nouveau
règlement, c'était le mettre en tutelle pour le moindre règlement de voirie ; qu'en matière de police et de sûreté,
les étrangers sont assimilés aux indigènes et les lois de police et de sûreté obligatoires pour tous ceux qui habitent le
territoire ; qu'enfin l'article 12 s'appliquait au Code et non
aux règlements d'administration, et que dans tous les
pays du monde c'était le pouvoir exécutif et non le pouvoir judiciaire qui édictait les règlements (1).

La situation présentait, il faut le reconnaître, une certaine gravité. Aussi, à l'expiration de la période quinquennale en cours, le Gouvernement Egyptien soumit la question aux Puissances en s'efforçant d'obtenir un pouvoir
réglementaire complet qui fît disparaître la contradiction
possible entre l'article 331 du Code pénal et l'article 12 du
Code civil, car, en l'absence de pouvoirs de police, il lui
était interdit, disait-ils (2), d'appliquer, dans la vie journalière du public, les mesures les plus simples de bon
ordre. Les matières qu'il désirait réglementer étaient énumérées dans une *annexe D*, où se trouvaient indiqués notamment : l'hygiène et la salubrité publique ; la police des
établissements publics, tels que : hôtels, cafés, maisons
meublées, cabarets, les établissements incommodes, insalubres ou dangereux ; la voirie, etc. ; il proposait, d'ailleurs, que les ordonnances à édicter en ces matières fussent,
au préalable, soumises à l'assemblée générale de la Cour

(1) V. Consultation de M. Ch. de Rocca-Serra, Conseiller khédivial :
Blue-Boock, Egypt. 1887. n° 5, p. 19.

(2) Circulaire de Zulfikar Pacha, ministre des affaires étrangères.
9 octobre 1888.

d'appel qui devait s'assurer : 1° que les lois et règlements proposés étaient communs à tous les habitants du territoire, sans distinction ; 2° qu'ils ne contenaient aucune disposition contraire au texte des traités et conventions, ni aucune peine supérieure aux peines de simple police. Dans une réunion des consuls généraux tenue au Caire, le 14 novembre 1888, cette proposition fut acceptée à l'unanimité, et toutes les Puissances y adhérèrent. En même temps donc qu'il faisait paraître, le 31 janvier 1889, le décret de prorogation de la Réforme, le gouvernement publiait le même jour un décret pris en vertu de l'assentiment des Puissances et lui conférant les pouvoirs de police demandés dans l'annexe D. (1). Muni de ces pouvoirs,

(1) Nous, Khédive d'Égypte,

Vu Notre décret, en date de ce jour, portant prorogation des tribunaux égyptiens mixtes ;

Sur la proposition de Nos ministres de l'intérieur et de la justice et l'avis conforme de Notre Conseil des ministres ;

Avec l'assentiment des Puissances mentionnées dans Notre décret susvisé ;

Décrétons :

Art. 1er. — A partir du 1er février 1889, les tribunaux égyptiens mixtes appliqueront les ordonnances actuellement en vigueur ou qui seront édictées à l'avenir par Notre gouvernement, concernant le régime des terres, digues et canaux ; la conservation des antiquités ; la voirie (tanzim) ; l'hygiène et la salubrité publiques, la police des établissements publics, tels que : hôtels, cafés, maisons meublées, cabarets, maisons de tolérance, etc.; l'introduction, la vente et le port d'armes et de matières explosibles ou dangereuses ; le droit de chasse ; le règlement des voitures et autres moyens de transport ; la police des ports de navigation et des ponts ; la mendicité, le vagabondage, le colportage, etc.; les établissements incommodes, insalubres et dangereux et, en général, tous règlements permanents et généraux de police et de sûreté publique.

Art. 2. — Les ordonnances à édicter en ces matières seront pro-

le gouvernement fit paraître un premier décret (17 décembre
1890) (1) rendant obligatoire aux européens la vaccination des enfants nouveaux-nés.

Cette mesure fut accueillie par des réclamations, les
étrangers y voyant une atteinte à l'inviolabilité de la
personne ; puis parurent cumulativement, au mois de
juin suivant, cinq décrets : l'un (9 juin 1891) (2) instituant en Egypte les registres de l'état-civil et y soumettant les européens ; les quatre autres (13 juin 1891) (3)
réglementant l'exercice de la médecine, de la pharmacie,
de la vente des substances vénéneuses, et les établissements publics.

Ces décrets, qui comportaient des visites domiciliaires, la
perception de taxes, l'autorisation préalable du Gouvernement, etc., la Cour d'appel les avaient sanctionnés, jugeant
qu'ils n'enfreignaient aucune des trois conditions mises
à l'exercice du pouvoir réglementaire du Gouvernement.
Mais à la première application des protestations isolées et
collectives se produisirent au sein des colonies. Leurs représentants soulevèrent d'abord une objection de principe,

mulguées à la suite d'une délibération de l'Assemblée générale de la
Cour qui se bornera à s'assurer :

1o Que les lois et règlements proposés sont communs à tous les
habitants du territoire sans distinction ;

2o Qu'ils ne contiennent aucune disposition contraire au texte des
traités et conventions et, enfin, que dans leurs dispositions ils ne contiennent aucune peine supérieure aux peines de simple police.

Art. 3. — Nos ministres de l'intérieur et de la justice sont chargés
de l'exécution du présent décret.

Fait au palais d'Abdin, le 31 janvier 1889 (29 gamad-awel 1306).

(Signé) MEHEMET-TEWFICK.

(1) *Législation de police*, p. 656.
(2) *Législ. de police*, p. 635.
(3) *Bull. de Législ.*, t. III, p. 242 et suiv.

déclarant qu'aux termes mêmes de l'annexe D plusieurs de ces règlements ne pouvaient rentrer dans la catégorie des règlements de police (1). En les considérant en particulier, le règlement sur la vaccine était critiqué comme attentatoire à la liberté individuelle et, d'ailleurs, les autorités médicales n'étaient pas même d'accord, disait-on, sur l'innocuité de cette mesure préventive à laquelle on voulait astreindre les chefs de famille sous peine d'amende et de prison; au règlement sur la tenue des registres de l'état-civil, qui obligeait les européens à faire les déclarations de naissance et de décès à l'autorité locale, on objectait que l'hygiène et la salubrité publiques, sur lesquelles le Gouvernement se basait, n'étaient pas en cause; que c'était là une pure affaire de statistique non prévue à l'annexe D, et que cette mesure aboutissait à la main-mise, par les services sanitaires égyptiens, sur l'état-civil des européens dont on faisait ainsi de véritables administrés égyptiens; quant aux autres règlements on y relevait une triple infraction à l'annexe D. Cette annexe stipule en effet que les ordonnances à édicter ne contiendront aucune disposition contraire au texte des traités et conventions en vigueur. Or, 1° les droits mis à l'exercice de la médecine, de la pharmacie, de la vente des substances vénéneuses constituaient des impôts contraires aux capitulations (art. 63 de la capitulation du 28 mai 1740) d'après

<hr>

(1) « Nous ne saurions par exemple considérer, dit M. Ribot, les questions concernant l'état-civil de nos nationaux ou l'exercice des professions libérales comme pouvant être réglé autrement que par la voie suivie jusqu'à présent pour légiférer en Égypte. » (Dépêche du ministre des affaires étrangères à M. le marquis de Reverseaux, le 1er juillet 1891. Documents diplomatiques, *Affaires d'Égypte*, p. 413.)

lesquelles, moyennant le paiement des droits de douane et de teskéré, les européens ne peuvent être assujettis, dans l'empire ottoman, à aucun impôt sans l'assentiment de leur Gouvernement ; 2° les visites et inspections domiciliaires nécessitées par l'application de ces divers règlements, étaient contraire aux capitulations (art. 70 de la capitulation de 1740) qui interdisent aux gens de justice et d'épée d'entrer par force dans une maison habitée par un étranger sans l'assistance de son autorité consulaire ; 3° on faisait remarquer que l'annexe D porte que les ordonnances, lois et règlements à édicter n'infligeront aucune peine supérieure aux peines de simple police. Or, la fermeture des pharmacies et établissements publics, était une peine supérieure à celle dite de simple police, puisqu'elle ne figure pas dans le titre IV du Code pénal (des contraventions). Enfin les Puissances exprimaient hautement la crainte que, sous forme de règlements d'ordre intérieur et en combinant les pénalités de façon à ne pas dépasser les limites des peines de simple police, il ne fût loisible au Gouvernement khédivial de supprimer progressivement les immunités qui avaient toujours protégé le commerce européen et les résidents étrangers (1).

Le Gouvernement égyptien répondait, que l'enregistrement des naissances et décès avait simplement pour but de faciliter l'application du règlement de la vaccination, qui était une question d'hygiène, et d'établir des données statistiques plus exactes ; mais qu'il était prêt à renoncer aux déclarations individuelles, si tous les consulats voulaient fournir aux autorités sanitaires un

(1) Dépêche de M. de Reverseaux, consul général de France, à M. Ribot, ministre des affaires étrangères, le 15 mai 1891. *Doc. Dipl. Affaires d'Égypte*, p. 392.

état hebdomadaire des naissances de leurs ressortissants.

Sur l'exercice de la médecine et de la pharmacie en tant que profession libérale, il réclamait un droit de contrôle et d'autorisation suivant le décret de 1881, réorganisant les services sanitaires ; et quant à l'exercice de la pharmacie au point de vue commercial, et la vente des substances vénéneuses, il arguait, à l'appui de son droit d'inspection, de la délibération de 1866 et du protocole de 1869, pour ne considérer comme domicile que strictement la demeure privée de l'individu. Sur la fermeture de ces établissements, il répondait que ce n'était pas là une peine, mais une mesure administrative qu'il dépendrait du contrevenant d'abréger en se mettant en règle. Toutefois, dans un esprit de conciliation, il offrait de faire abandon des droits imposés à l'exercice de la médecine, de la pharmacie et à la vente des substances vénéneuses.

Quant aux établissements publics, le gouvernement rappelait avec raison que l'action légitime de la police résultait d'actes postérieurs aux capitulations. On sait en effet qu'en 1849 le gouvernement avait obtenu du corps consulaire que l'action de la police pût s'exercer librement sur ces établissements (circulaire du 2 mai 1849) ; qu'en 1857, le règlement de police de Saïd Pacha, subordonnait le droit pour les étrangers d'ouvrir et de gérer des établissements publics à certaines formalités : autorisation préalable, tenue de registres, visites domiciliaires, etc. ; mais, ainsi que le remarque Gatteschi dans son *Manuale*, plusieurs des dispositions de ce règlement ne furent pas appliquées, si bien qu'en 1866 le gouvernement égyptien, dans une délibération que nous connaissons, demandait à nouveau au corps consulaire de lui laisser faire la police des établissements publics. Cette délibération, dont la Cour d'appel a dernièrement reconnu la validité, permettait à la police locale, en vue de perquisitions ou d'arrestations à opérer, de pénétrer à toute heure et sans avoir besoin du concours des consulats, dans les cafés, restaurants, cabarets, maisons suspectes et autres lieux semblables, étant seul excepté le domicile privé de l'individu. Mais, très concise dans sa forme, cette rédaction laissait aux agents subalternes une latitude trop grande dans des rapports qui demandent un tact tout particulier. C'est alors que la jugeant insuffisante, le gouvernement avait songé, en 1891, à la remplacer par un règlement étendu et plus explicite, qui n'avait pour but que de lui permettre de constater les contraventions, en lui rendant possible l'accès de ces établissements. Enfin, le gouvernement affirmait qu'il ne voulait porter aucune entrave à la liberté du commerce et consentait à excepter de l'interdiction du débit des boissons alcooliques, les villes du Caire, d'Alexandrie et du Canal de Suez. Sur cet échange de vues, et à la suite de l'appui donné par les divers gouvernements à la note du gouvernement français, le comité judiciaire décida à l'unanimité qu'il y avait lieu de reviser les règlements (1).

La décision, soumise au conseil des ministres, fut ratifiée et un accord intervint résultant, partie des notes diplomatiques que nous reproduisons plus loin, partie des décrets qui ont suivi, accord aux termes duquel : *a)* les étrangers n'eurent plus à faire les déclarations des naissances et décès, dont leurs consulats devaient fournir un état à la police ; *b)* tous les droits de chancellerie prévus par les décrets furent supprimés ; *c)* les inspections chez

____

(1) Ministère des affaires étrangères. Documents diplomatiques. Affaires d'Égypte, 1884-1893, p. 427,

les pharmaciens, commerçants ou industriels européens,
débitant des substances vénéneuses furent suspendues sans
que jamais, depuis, ce point ait été repris et réglé ; mais dans
leur ensemble les décrets les concernant sont restés en
vigueur (1) ; *d)* aucune suite ne fut donnée officiellement
aux protestations sur le décret concernant la vaccination (2).

Quant aux établissements publics, le gouvernement
égyptien modifia un certain nombre des articles du règlement, en acceptant de n'imposer la nécessité d'une autorisation préalable que dans quelques cas déterminés. Il
soumit ce nouveau règlement à la Cour d'appel qui consentit également à revenir sur sa première délibération et
à l'approuver, (21 novembre 1891) (3). Le point capital
était l'entrée de la police dans ces établissements ; le nouveau décret ne fit que reproduire sans le modifier l'article 19 du décret précédent qui donnait, à ce point de vue,
au gouvernement toute satisfaction. Avec une précision
que les actes antérieurs ne présentaient pas, cet article étend
l'action de la police jusque dans l'intérieur des établissements publics, où elle peut constater les contraventions,
recueillir des informations, arrêter des criminels ou des personnes recherchées par la police, intervenir dans les rixes et
rétablir l'ordre, enfin même vérifier la nature des boissons.

---

(1) La cour d'appel en a fait l'application en divers arrêts du 4 janv.
1893, notamment pour défaut d'autorisation préalable. *Bull.*, t. IV,
p. 60.

(2) La cour d'appel a déclaré que malgré les pourparlers diplomatiques dont un contrevenant se réclamait, ce décret, en l'absence de
tout acte gouvernemental en suspendant l'exécution, devait être considéré comme entré en vigueur et en a fait l'application dans un arrêt
du 16 novembre 1892. *Bull.*, t. IV, p. 8.

(3) *Bull.*, t. IV, p. 3.

Mais afin de pouvoir compter sur tous les ménagements nécessaires, c'est le plus souvent aux officiers que cette partie délicate de la police a été réservée ; voici au surplus cet article important qui soustrait définitivement à la protection des capitulations les établissements publics.

« Art. 19. — La police aura accès dans les établissements publics (étant seul excepté le domicile privé de l'individu) dans les circonstances et conditions suivantes : 1° les officiers pourront pénétrer dans les hôtels, maisons garnies et autres lieux analogues, pour vérifier le registre visé à l'article 9 (1), s'assurer, auprès du personnel de ces établissements, de l'exactitude des inscriptions y contenues et prendre, en général, auprès de ce personnel, tout renseignement nécessaire à la police.

Les simples agents pourront y pénétrer pour retirer la liste mentionnée à l'article 10 (2).

2° Les officiers et simples agents spécialement désignés par le commandant de la police, pourront pénétrer dans les théâtres, cirques, salles et autres lieux de spectacles et bals publics, pour maintenir l'ordre.

3° Les officiers pourront entrer dans les cercles, clubs, cafés, restaurants, cabarets, buvettes, bars, brasseries, théâtres, cirques et autres établissements analogues, pour constater les contraventions qui se commettraient au présent règlement, pour y recueillir des informations et y arrêter un criminel ou toute autre personne recherchée par la police, qui s'y serait réfugiée.

Les simples agents pourront y pénétrer à l'occasion

(1) Registre des voyageurs avec indication de profession, d'origine et de nationalité

(2) Liste des voyageurs descendus dans les dernières vingt-quatre heures et portant les mêmes indications que le registre.

d'une rixe, d'actes de violence ou de tout autre fait troublant l'ordre public, et pour y arrêter un criminel surpris en flagrant délit.

4° Tout agent de la force publique pourra pénétrer dans tout établissement où sa présence sera requise à l'occasion d'un désordre ou pour prêter assistance.

« Des commissaires spéciaux, qualifiés à cet effet et désignés par l'administration des Services sanitaires, pourront pénétrer dans les établissements publics mentionnés à l'art. 1er, pour vérifier la nature des boissons. S'il s'agit d'établissements tenus par des étrangers, ces commissaires, en se rendant sur les lieux, avertiront verbalement le consulat intéressé. L'autorité consulaire, ainsi avertie, aura la faculté de faire accompagner ces commissaires par un délégué. Si elle n'intervient pas immédiatement, on passera outre » (Décret du 21 novembre 1891) (1).

Les infractions à cet article sont passibles des peines de contravention aux termes des art. 331 et 333 du Code pénal mixte, qui infligent une amende de 5 à 100 P. T. et, dans certains cas prévus, le tribunal peut ordonner la fermeture de l'établissement (art. 20). Il y a lieu de remarquer que, sous ces mots « cercles et clubs », ne sont pas compris les lieux de réunion de *nationaux entre eux*, comme les cercles français, italiens, helléniques, les clubs anglais, etc. Ce ne sont pas, en effet, des établissements publics; chacun y est chez soi : c'est une maison commune aussi inviolable que la maison privée; n'ont le droit d'y entrer que ceux qui y ont été admis dans des conditions de présentation et de ballottage déterminées. Ces lieux de réunion, auxquels le mot « établissement » ne

____

(1) *Législ. de police*, p. 477.

convient même pas n'ont donc pas à faire les déclarations de l'art. 1er, et le rôle dévolu à la police au § 3 de l'art. 19 ne s'y comprendrait pas. La pratique, au surplus, confirme cette interprétation qui aurait, paraît-il, été acceptée dans des pourparlers échangés en ce sens.

Depuis le décret khédivial de 1889 sanctionnant l'annexe D, le pouvoir réglementaire de la Cour s'est exercé en de nombreuses occasions, mais certaines puissances, en protestant contre des règlements que son assemblée générale avait ratifié, et en les faisant réformer, ont exprimé qu'elles ne se considéraient pas engagées par ses décisions lorsqu'elles estimeraient que ces décisions excèdent le mandat conféré à l'Assemblée générale. La discussion d'un règlement d'administration publique ne rentre pas, en effet, dans le rôle judiciaire de la Cour ; c'est là un rôle législatif. Dans cette situation, chaque conseiller est mis aux lieu et place du consul de sa nationalité, à qui l'on communiquait autrefois tous les projets de règlements applicables à ses nationaux. L'assemblée générale de la Cour devient donc une commission internationale, et l'on sait que dans ces réunions ce n'est pas à la majorité, mais à l'unanimité des voix que les actes sont adoptés. Chaque Puissance conservant sa liberté, un règlement qui ne serait pas accepté par son conseiller pourrait-il être opposable à ses nationaux ? Il est difficile de l'admettre si l'on décide que le conseiller ne remplit pas une fonction judiciaire.

Finalement alors, ce sont toujours les Puissances et le Gouvernement égyptien qui ont le dernier mot sur l'applicabilité d'un règlement dans le cas où il serait argué qu'il viole le texte des traités et conventions. Ce point a, du reste, été reconnu.

Depuis l'incident des premiers règlements, les décrets ou

arrêtés qui ont été soumis à la Cour, n'ont visé que des
mesures de police proprement dite : Arrêté de janvier
1891 (1), concernant l'éclairage et la conduite des charrettes
et tombereaux ; arrêté sur les abattoirs et le commerce de
boucherie, 23 novembre 1893 (2) ; réglement sur la batel-
lerie dans les différents ports égyptiens, 18 janvier 1896 ;
ordonnance interdisant le déversement des égoûts particuliers, le lavage du linge, le jet d'immondices, bêtes mortes,
dans les eaux de certains canaux d'alimentation (3) ; réglement sur les vélocipèdes (12 mars 1894), etc. (4).

(1) *Législ. de police*, p. 463.
(2) *Législ. de police*, p. 572.
(3) *Législ. de police*, p. 622.
(4) De leurs anciens pouvoirs de police, il ne reste donc plus
aujourd'hui aux consuls que leur expression la plus énergique : le
droit d'expulsion. L'immatriculation elle-même n'est pas obligatoire
dans tous les consulats. On entend par là l'inscription d'un ressortissant faite à sa requête sur un registre matricule tenu à la chancellerie
du consulat. C'est une mesure de surveillance que la plupart des consulats ont adoptée afin de mieux connaître leurs nationaux et de pouvoir plus efficacement les protéger, car l'étranger non immatriculé
n'étant pas connu de son consulat, s'il lui arrive quelque démêlé avec
l'autorité locale et qu'il se réclamât de son consul, celui-ci ne pourrait lui accorder sa protection qu'après une vérification de sa nationalité, vérification plus ou moins longue et partant susceptible de désa-
gréments. En ce qui concerne les Français, aucun texte ne leur
impose l'immatriculation ; le seul intérêt pratique qu'elle présente pour
eux est de ne permettre qu'à ceux qui sont immatriculés de figurer
comme témoins dans les actes reçus en chancellerie (Ordonnance du
3 nov. 1833) et en matière pénale de ne pas permettre, en cas de
délit, l'arrestation préventive d'un inculpé, immatriculé comme chef
actuel ou ancien d'un établissement de commerce. (Loi de 1836.)
Seuls aussi les Français immatriculés forment « la nation » et eux
seuls peuvent assister aux audiences consulaires. La tenue du registre
matricule au consulat est donc obligatoire et gratuite et, en règle

Chaque fois que les règlements à prendre ne mettent en cause ni l'inviolabilité du domicile, ni l'immunité d'impôts, le gouvernement a toute latitude ; par contre, aucune considération d'hygiène, de moralité ou de salubrité publiques ne l'autorise, en l'état actuel du droit international, à toucher à l'un de ces deux privilèges. C'est ainsi que par un arrêt du 2 juin 1892, la Cour d'appel a déclaré illégale une amende portée par le décret du 28 mai 1891 (1), contre les étrangers, pour l'introduction ou la vente du hachich en Égypte, cette pénalité n'ayant pas été sanctionnée par les divers gouvernements (2). C'est ainsi encore qu'ont été reconnues illégales, à l'égard des européens, les mesures préventives contre le choléra, prises par le ministre de

générale, les consuls ne peuvent en rayer aucun de leurs ressortissants. MM. de Clercq et Vallat pensent qu'ils ne pourraient le faire qu'en rendant une ordonnance motivée et portée à la connaissance du ministre des Affaires étrangères. (*Guide pratique des Consulats.* t. I, p. 253.

(1) *Bull.*, t. III, p. 193.

(2) « Attendu qu'on ne saurait reconnaître comme légale l'amende de L. E. 10 par kilo sur les 126 kilos et 333 grammes de hachich confisqués, que la décision sus-citée a infligée à G. Lévy et qu'elle a basée sur un règlement, promulgué le 28 mai 1801 par le gouvernement égyptien :

Qu'en admettant même que le droit d'administration intérieure, que le traité de 1861 reconnaît au gouvernement ottoman, confère au gouvernement égyptien le droit de frapper de prohibition l'entrée dans le pays de substances nuisibles à la santé de ses habitants et de confisquer, le cas échéant, ces substances, on ne saurait toutefois aller jusqu'à admettre que ce droit puisse lui permettre de frapper, par simple voie de règlementation intérieure, ainsi que le gouvernement égyptien entend le faire au moyen du règlement du 28 mai 1891, les étrangers en Égypte de pénalités non sanctionnées par leurs gouvernements. » *Bull.*, t. IV, p. 287.

l'Intérieur et comportant l'entrée dans les habitations des particuliers (1). Pour leur mise à exécution, il faut le concours de l'autorité consulaire qui, dans ces cas, il est superflu de le dire, ne fait jamais défaut ; mais elle est rigoureusement nécessaire.

Par contre, depuis 1867, le Gouvernement égyptien n'eut jamais à se soucier de l'autorité consulaire des étrangers dans l'application à leur faire des règlements de police qui n'étaient que la conséquence du droit à la propriété immobilière. On a vu plus haut que la loi qui leur en avait reconnu l'accès, ne l'avait fait qu'à la condition pour les européens « de se conformer à toutes les lois et à tous les règlements de police ou municipaux qui régissent ou régiront la jouissance, la transmission, l'aliénation et l'hypothèque des propriétés foncières ».

L'assimilation des européens aux indigènes en cette matière permet au Gouvernement égyptien de rendre, sans l'assentiment des Puissances, des décrets comportant certaines obligations de police, notamment pour installer et vider les fosses d'aisance (règlements des 8 novembre 1886, 31 juillet 1887), règlements que dans un arrêt récent la Cour mixte a déclaré applicables aux étrangers (7 avril 1892) (2). De même, les règlements sur les gaffirs (3) (10 novembre 1884 ; 14 décembre 1885 ; 22 décembre 1887) sont applicables aux étrangers, propriétaires ruraux, qui doivent participer à la nomination des gaffirs et supporter une part dans leurs salaires. A la suite d'une réclamation élevée en 1885, une circulaire du ministère de l'Intérieur

---

(1) V. arrêté du ministre de l'intérieur du 11 mai 1895, art. 2, 5, 8 (*Journal officiel* du 11 mai 1895. n° 53, p. 727.

(2) *Bull.*, t. IV. p. 222.

(3) Gardiens des propriétés rurales.

relatant une décision du ministre des Affaires étrangères, trancha la question en répondant que l'art. 2 de la loi du 7 saffer 1284 obligeait les propriétaires étrangers à se conformer aux règlements sur les propriétés immobilières et que non seulement le règlement sur les gaffirs, mais la loi sur la corvée rentraient dans la catégorie des mesures prescrites par le firman (1). Il fut donc passé outre aux réclamations chaque fois qu'elles se sont produites. Nul doute que si la Cour mixte avait à se prononcer, elle ne confirmât cette décision.

Municipalité d'Alexandrie. — Nous avons vu que le décret du 5 janvier 1890 avait doté la ville d'Alexandrie d'une personnalité civile, distincte de l'Etat, par la création d'une municipalité chargée de pourvoir aux différents services de la ville. La commission municipale est donc substituée au gouvernement pour les règlements publics à prendre dans son ressort, mais, pas plus que lui, elle ne peut édicter, à l'encontre des étrangers, des ordonnances qui comporteraient des mesures contraires aux traités. Par dérogation aux capitulations, les puissances ont permis à cette municipalité, pour se créer des ressources budgétaires, d'imposer les européens des mêmes taxes que les indigènes, à la condition que ces taxes aient un caractère purement municipal et soient exclusivement affectées à la municipalité. Il fallait bien qu'il en fût ainsi, si l'on voulait permettre à la nouvelle organisation de fonctionner. L'art. 31 du décret n'oblige à recourir à l'assentiment des Puissances que lorsque les taxes projetées sont contraires aux traités. Malgré l'évidence du décret, ce point ayant été contesté, la Cour mixte, dans le seul arrêt qu'elle ait

(1) *Législation de police*, p. 103.

eu à rendre sur cette question, s'est prononcée de la façon la plus formelle sur le droit absolu de la municipalité de fixer, non seulement l'assiette, mais encore la perception des droits municipaux.

« Attendu que l'article 31 du décret du 5 janvier 1890 qui institue la commission municipale d'Alexandrie, ayant reçu une sanction formelle de la part des Puissances, reconnaît à ladite commission le droit de proposer la création de nouvelles taxes au conseil des ministres, investi lui-même du pouvoir de les rendre exécutoires à l'égard des étrangers ;

« Que ledit article ne statue une exception à cette règle qu'à l'égard de taxes qui seraient contraires au texte formel des traités ;

« Qu'il fait dépendre l'exigibilité des taxes de cette nature d'un assentiment préalable des Puissances ;

« Attendu qu'on ne saurait prétendre à bon droit que l'imposition des bufflesses et des vaches laitières dans la circonscription de la municipalité d'Alexandrie rentre dans l'ordre de ces dernières taxes ;

« Qu'elle rentre au contraire dans celui des taxes indépendantes, quant à leur imposition aux étrangers, d'un assentiment préalable des Puissances ;

« Que cela résulte de sa nature et de celle des taxes énumérées à l'article 31 comme pouvant être imposées aux étrangers sans recourir audit assentiment ;

. . . .

« Attendu, sur la demande de dommages-intérêts, que, pour la justifier en tant que basée sur l'irrégularité de la saisie du 18 juillet 1892, L. Libois soutient que le décret du 5 janvier 1890, n'ayant point édicté de formes spéciales pour le recouvrement forcé des taxes municipales, celui-ci ne pouvait se faire que par la voie judiciaire dont il n'avait pas été usé à son égard;

« Attendu, sur ce moyen, que l'article 15, § 2, du décret sus-cité, qui constitue le commentaire obligé des dispositions de ces articles 31 et 40 auxquels les Puissances ont donné leur assentiment, et sans lequel ces articles ne pourraient même pas se concevoir, attribue formellement à la commission, municipale la faculté de fixer non seulement l'assiette mais encore la perception des droits municipaux ;

« Par suite, dit la Cour, la commission municipale a pu valablement décider que les taxes établies seraient perçues d'après le mode de recouvrement adopté à l'égard des indigènes (15 novembre 1893) (1) ».

D'autre part, responsable du bon ordre, de la voirie, de l'hygiène, etc., la municipalité peut, sur toutes les questions qui intéressent l'édilité, rendre des ordonnances applicables aux étrangers comme aux indigènes. Toute infraction aux arrêtés du Président de la commission municipale, rendus en conformité des délibérations de la commission et sous l'approbation du ministre de l'Intérieur, entraîne les peines de simple police prévues par le Code pénal indigène et le Code pénal mixte (art. 23). Pour ne pas s'étendre au-delà des questions règlementaires rentrant dans les attributions de la commission (art. 20), la force exécutoire de ces règlements n'en est pas moins pleine et entière dans cette sphère. C'est ainsi qu'elle a pris des arrêtés interdisant de se baigner près des habitations (2) ; de tirer des coups de fusil dans les environs

____

(1) *Bull.*, t. VI, p. 11.
(2) 17 octobre 1888.

habités de la ville (1) ; de déposer des ordures dans les rues (2) ; des règlements sur la dénomination et le numérotage des rues et maisons (3) ; sur les conditions d'installation des étables (4) ; sur le commerce des cornes, os et chiffons (5), etc. ; la municipalité n'a nullement besoin, pour la légalité de ses ordonnances, de l'avis du corps de la magistrature ou de l'adhésion des Puissances. Ce point a été résolu par un arrêt du 30 novembre 1892 (6) annulant un jugement du tribunal des contraventions qui avait décidé le contraire, dans une espèce où un étranger était poursuivi pour avoir contrevenu à un règlement sur la propreté des rues. Si les Puissances, dit l'arrêt, ont donné un assentiment plus formel à l'article 31 du décret constitutif de la municipalité, parce qu'il approuvait des taxes nouvelles auxquelles les étrangers devenaient soumis, cette adhésion explicite n'était pas aussi nécessaire pour les dispositions du décret qui rentrait dans la sphère de l'administration intérieure du pays.

Par conséquent, tout règlement municipal est applicable aux étrangers, alors même qu'il n'a pas été rendu sur l'avis conforme de la Cour d'appel, aux termes du décret du 31 décembre 1889, ou avec l'approbation des puissances (7). En pratique, cependant, la municipalité demande l'homologation préalable de la Cour mixte, quand son règlement doit entraîner, à la charge des européens, une obligation positive de faire : obligation pour les pro-

(1) 14 septembre 1889.
(2) 4 décembre 1891.
(3) 5 décembre 1891.
(4) 8 septembre 1887.
(5) 16 juillet 1888.
(6) *Bull.*, t. V. p. 29.
(7) *Bull.*, t. V. p. 29.

priétaires de détourner les rigoles se déversant dans un canal d'alimentation (20 avril 1889) ; obligation pour les propriétaires de charrettes et tombereaux de se faire ins- crire au gouvernorat (20 avril 1891) ; obligation de ne cir- culer en vélocipède que moyennant l'observation de cer- taines formalités (12 mars 1894) ; etc.

Règlements douaniers. — On a vu précédemment que la protection des capitulations, s'étendait aux bâtiments et navires européens stationnant sur le littoral égyptien. Le gouvernement, désireux d'avoir un contrôle plus étroit, que ne lui permettait pas l'inviolabilité du domicile appliqué aux navires, proposa à l'acceptation successive des puis- sances; certaines mesures de police que celles-ci accep- tèrent. C'est ainsi que divers règlements douaniers, le pre- mier du 2 avril 1884 et le dernier en date du 22 juillet 1890, ont pour but de donner au gouvernement égyptien, sur la mer territoriale, des droits assez étendus. L'article 32 de ce dernier réglement lui donne un droit de contrôle, et au besoin d'action, sur les bâtiments d'une portée infé- rieure à 200 tonneaux, dans un rayon de 10 kilomètres du littoral, et un droit d'observation sur les autres. Une com- mission douanière, véritable tribunal administratif, com- posée d'agents de l'administration, peuvent procéder à l'ins- truction des affaires de contrebande, décider s'il y a lieu à confiscation et à l'application des amendes prévues par le réglement. Ces mesures sont portées à la connaissance du consulat du contrevenant et deviennent définitives si, dans les quinze jours, elles ne sont pas frappées d'opposition. L'opposition et l'appel sont portés devant les tribunaux mixtes, chargés également d'assurer l'exécution des sen- tences de la commission douanière.

En cas de soupçon de fraude, l'article 43 stipule que

les employés de la Douane peuvent faire des visites ou perquisitions dans l'intérieur des habitations et des magasins des simples particuliers, mais seulement dans le but de rechercher une marchandise prohibée ou soustraite au paiement du droit, et de la saisir s'il y a lieu. En outre, certaines formalités sont exigées : ordre écrit du directeur de la Douane ; assistance d'un employé supérieur du grade d'inspecteur ; présence d'un délégué du Gouvernorat ou de l'autorité municipale. Les visites ne peuvent avoir lieu après le coucher du soleil. Le double de l'ordre de visite qui indique le jour et l'heure de la perquisition doit être envoyé en temps utile à l'autorité consulaire de l'intéressé qui peut se faire représenter si elle le juge à propos. Toutefois, la perquisition ne peut, en aucun cas, être ni retardée ni entravée par l'abstention de l'autorité consulaire, quand elle a été dûment avisée. Un certain nombre de Puissances ont accepté l'application de ces mesures à leurs nationaux, ainsi que des réglements d'hygiène et de sécurité publique que l'autorité locale appliquerait aux indigènes ; de ce nombre sont la Grande-Bretagne (traité du 29 octobre 1889) ; l'Autriche-Hongrie (protocole d'adhésion du 15 août 1890); le Portugal (protocole d'adhésion du 24 mai 1885 et traité du 24 juin 1891); l'Italie (protocole du 23 novembre 1884 et traité du 1er février 1892) ; l'Espagne (protocole du 25 août 1892); la Suède et la Norwège (protocole du 12 février 1890); la Grèce (traité du 3 mars 1884); les États-Unis (protocole du 16 novembre 1884); les Pays-Bas (protocole du 16 novembre 1885). — La France et la Russie n'ont, avec l'Égypte, aucun traité de commerce et n'ont adhéré à aucun règlement douanier. Les traités de commerce et les réglements douaniers ottomans sont par conséquent restés applicables.

CHAPITRE IV

PROJETS D'EXTENSION DE LA RÉFORME.

COMMISSION INTERNATIONALE DE 1890.

SECTION. I

COMPÉTENCES DIVERSES.

A l'expiration de la première période quinquennale fixée comme période d'épreuve de la Réforme, le gouvernement égyptien réunit au Caire une commission internationale. Son rôle devait consister à examiner les améliorations dont le fonctionnement de la Réforme pouvait être susceptible sur la base d'un projet d'organisation judiciaire qui lui était présenté plus étendu que le réglement primitif; mais la situation générale, troublée à cette époque, interrompit les travaux de la commission, et l'examen des modifications à introduire resta inachevé. Il y avait donc lieu de reprendre l'œuvre demeurée en suspens, et le gouvernement s'en préoccupa en 1884. En prorogeant, d'accord avec les puissances, les tribunaux de la Réforme pour une nouvelle période de cinq années, le gouvernement égyptien provoquait la réunion d'une nouvelle commission internationale chargée de mener à fin les travaux de celle qui l'avait précédée. S. E. Nubar Pacha, qui la présidait, annonçait en outre aux délégués que leur champ d'étude serait plus vaste, car la nécessité se faisait sentir d'attribuer aux tribunaux mixtes une extension de compétence en matière pénale. Cette compétence, dont les gouvernements étrangers admettaient le principe, ainsi que les différentes améliorations projetées, obligeaient à remanier encore le réglement organique : Il fallait augmenter le nombre des chambres de la Cour et des tribunaux, accroitre le personnel des magistrats, assurer le service d'une chambre des requêtes et les pourvois en cassation. Les tribunaux du Caire et d'Alexandrie, déjà surchargés d'affaires, devaient être mis à même de rendre une justice plus prompte. On projetait aussi d'étendre la compétence des tribunaux de justice sommaire et de leur attribuer la connaissance des affaires commerciales peu importantes ; de créer enfin de nouvelles délégations judiciaires dans certains centres importants. De là, tout un ensemble de questions se rattachant au fonctionnement des tribunaux, des greffes, du barreau, etc., qui devaient trouver place dans une loi organique plus complète. Une sous-commission nommée par les délégués consacra deux mois à l'examen des différentes réformes qui lui étaient soumises.

Il n'entre pas dans le cadre de cette étude d'analyser les travaux de cette commission ; ils ne nous intéressent qu'en tant qu'ils étendaient la compétence de la Réforme, mais à la suite des travaux de la commission qui a suivi, ils n'ont plus qu'une valeur documentaire. Il nous suffira donc d'en faire mention au fur et à mesure qu'ils présenteront une certaine analogie avec ces derniers, réservant pour la section suivante l'examen des délibérations de cette commission en matière pénale.

Par une circulaire aux Puissances en date du 9 octobre 1888, le gouvernement égyptien, tout en faisant ressortir la nécessité du maintien de la Réforme et en en proposant le renouvellement, demandait que certaines améliorations y fussent introduites pour compléter, disait-il, son fonctionnement et la mettre à même de rendre plus de services au pays. Ces améliorations portaient sur deux points : 1° extension de compétence ; 2° adoption d'un système législatif pour introduire dans les codes et dans certaines matières à réglementer, les dispositions dont la pratique avait indiqué la nécessité; ces dispositions étaient présentées sous la forme de quatre annexes A, B; C, D. Les puissances répondirent en acceptant la prorogation de la Réforme pour une nouvelle période quinquennale et en accordant au gouvernement, les pouvoirs de police qu'il réclamait par l'annexe D, que nous connaissons. Quant à l'annexe C (1) (concession du pouvoir législatif au gouvernement égyptien, sauf approbation de la Cour), on se réserva de la traiter par voie diplomatique, par le motif fort juste que les magistrats qui feraient partie de la commission seraient mal désignés pour se prononcer dans une question qui touche à l'extension de leur propre compétence (2).

----

(1) Annexe C. « Les additions et modifications aux codes en vigueur seront arrêtées par le gouvernement égyptien. — Elles seront promulguées à la suite d'une délibération de l'assemblée générale de la cour, déclarant qu'elles ne sont contraires, ni aux principes essentiels de la législation, ni aux obligations résultant des traités. »

(2) Documents diplomatiques. *Affaires d'Egypte*, 1884-1893, p. 169.

Restaient les annexes A et B. Il fut convenu qu'elles seraient soumises à une commission technique internationale, où chaque puissance et l'Egypte compteraient un représentant légiste. Cette commission se réunit au Caire le 24 août 1890, sous la présidence de S. E. Fakry Pacha, ministre de la Justice. Conformément à l'ordre des travaux spécifiés par la circulaire du gouvernement égyptien du 25 février 1889, elle aborda l'examen des annexes A et B.

L'annexe A présentait plusieurs cas d'extension de la compétence de la Réforme ; on proposait de lui soumettre : les faillites, quand même le failli et ses créanciers seraient de la même nationalité ; les affaires dans lesquelles une société anonyme serait en cause, quelle que soit la nationalité de la partie adverse ; les demandes pour faits relatifs à leurs fonctions contre les avocats, huissiers et fonctionnaires des tribunaux mixtes, alors que les parties appartiendraient à la même nationalité ; les contestations entre parties contractantes relativement aux actes et contrats passés au greffe des tribunaux mixtes (actes entre indigènes exclus) ; les contestations que des étrangers de . même nationalité consentiraient à leur déférer ; enfin d'ouvrir l'accès de la juridiction mixte, dans certaines conditions, aux fonctionnaires de la carrière diplomatique et consulaire.

Disons de suite que ces différents cas de compétence étaient conçus dans un esprit tout différent de celui qui avait inspiré les travaux de la dernière commission internationale. En 1884, les tribunaux indigènes n'étaient pour ainsi dire que dans une période d'essai ; ils ne représentaient pas encore la justice, symbolisée tout entière dans la Réforme. Développer celle-ci en attirant à elle les indigènes, paraissait conforme à son rôle de régénération en Égypte, et les délégués du gouvernement égyptien lui-même inclinaient dans ce sens. Mais en 1890, les nouveaux tribunaux indigènes avaient déjà pu donner d'assez heureux résultats pour que le gouvernement, voyant en eux la justice territoriale dont il importait de sauvegarder la juridiction, revînt sur plusieurs manières de voir qu'il avait adoptées en 1884. Un certain nombre de votes contradictoires à ces deux époques expliquent cette attitude ; chaque fois que la motion discutée en 1890 était de nature à contrarier le développement de la juridiction indigène au profit de la juridiction mixte, le gouvernement vota négativement ; toute son adhésion était, au contraire, acquise à l'extension de la juridiction mixte, quand elle ne devait s'affirmer qu'au préjudice de la juridiction consulaire. La première manière de voir fut généralement combattue par les délégués européens (et c'était la majorité) restés attachés à l'idée de la prépondérance de la juridiction mixte ; c'est sous l'empire de cette divergence de vues que furent discutés les différents cas de compétence que nous allons passer en revue.

Faillites. — La disposition du projet du gouvernement concernant les faillites avait pour conséquence de retirer aux juridictions consulaires la connaissance des faillites de leurs nationaux, dans le but d'éviter des conflits et de voir absorber en frais de justice l'actif de la faillite. Mais les délégués firent remarquer qu'il devait en être de même des faillites entre indigènes qui, le plus souvent, mixtes de leur nature, devraient toutes êtres portées devant les tribunaux de la Réforme. Il fut donc proposé que ces tribunaux fussent seuls compétents pour connaître des faillites entre toutes personnes, alors même qu'elles seraient de même nationalité.

Il est en effet certain que si la faillite n'est pas mixte à son origine, elle le devient généralement dans le cours de la procédure, et que l'intérêt du commerce étant d'ordre international, il y a un intérêt collectif à ce qu'une seule juridiction soit compétente. Néanmoins le gouvernement combattit cette proposition à laquelle il s'était rallié à la commission de 1884 ; il y voyait une atteinte portée à la juridiction indigène, et, se retranchant derrière cette objection de principe, il retira l'adhésion qu'il avait précédemment donnée. Mais la commission vota à l'unanimité (sauf la voix du gouvernement) la compétence des tribunaux mixtes sur *toutes les faillites*. Nous avons déjà vu que par sa jurisprudence, la Cour mixte s'était rapprochée de ce vote en se déclarant seule compétente dans toutes les faillites d'indigènes ou d'étrangers, où, à un moment quelconque, un intérêt mixte venait à surgir, nonobstant toutes décisions prises par les juridictions indigène ou consulaire où cet intérêt n'avait pas été représenté. Cette jurisprudence obvie ainsi aux résultats bizarres qui pourraient se produire en pratique par la coexistence d'une double organisation de faillite, double administration, doubles scellés, deux syndics et toutes les difficultés inextricables qui en résulteraient.

Sociétés anonymes. — Par suite des intérêts mixtes également inévitables dans les sociétés anonymes la commission internationale adopta la motion présentée par le gouvernement donnant compétence à la Réforme pour connaître « à des affaires dans lesquelles est partie en cause une société par actions ou obligations ayant en Egypte soit un siège, soit l'objet total ou partiel de son entreprise. »

Nous avons rapporté la jurisprudence de la Cour sur cette matière et les arguments développés à cette occasion nous dispensent d'y revenir ici. Les votes de la Commission de 1890, en ce qui concerne les faillites et les sociétés, ne sont que la reproduction des votes analogues de la Commission de 1884 et, sur ces deux questions, consacrent la théorie de l'intérêt mixte.

Les trois cas qui suivent sont restrictifs de la juridiction consulaire et comme tels nécessitent la sanction des Puissances.

Juridiction consulaire. — À l'unaninité, la commission adopta la proposition du Gouvernement rendant les tribunaux de la Réforme compétents sur « toutes les contestations que les étrangers de même nationalité consentiraient à leur soumettre. » Cette clause compromissoire, en vertu de laquelle les Puissances devaient permettre à leurs nationaux de renoncer à la justice consulaire pour porter leurs différends devant la juridiction mixte, est une amélioration sur l'état actuel. Elle nous paraît cependant imparfaite, car il suffit, pour l'annihiler, du mauvais vouloir de l'une des parties ou de ce fait que le procès ne naît pas à l'occasion d'une convention. N'est-il pas étrange que les tribunaux mixtes, obligatoires pour chaque européen en particulier, dans ses rapports avec les indigènes et avec les étrangers des autres colonies, soient interdits à tous les européens pris dans leur ensemble, États par États ? Les tribunaux mixtes ne jugent que des questions d'affaires ; or, les étrangers se réfèrent bien plus aux usages du pays et aux Codes mixtes auxquels ils sont habitués, qu'à leurs lois nationales et, même entre eux, ils préféreraient voir leurs différends soumis aux tribunaux mixtes. La principale raison en est que la juridiction consulaire les oblige à porter leur appel devant les Cours de la métropole ; or, dans bien des cas, cette obligation équivaut à un déni de justice, car les affaires qui comportent les frais, et les lenteurs qu'inflige un recours si éloigné constituent l'exception. La commission se serait donc fait l'interprète des colonies européennes en transportant, de plein droit, aux tribunaux mixtes les procès des plaideurs de même nationalité.

Immunités diplomatiques, consulaires, etc. — Un des cas les plus heureux du projet d'extension des tribunaux mixtes se réfère au personnel diplomatique et consulaire. Nous avons dit (p. 94 et 119) que la nouvelle juridiction ne lui avait pas été déclarée applicable. Comme l'avait déjà admis la Commission de 1884, le Gouvernement proposait d'ouvrir l'accès de la Réforme aux consuls, vice-consuls, etc., quand ils seraient demandeurs. A l'unanimité, la commission vota cette disposition. Quant aux consuls qui ne sont pas de carrière et qui s'occupent de commerce, d'industrie ou qui exploitent des immeubles, le projet proposait de les rendre, pour ces opérations, justiciables des tribunaux mixtes, ainsi que les employés des consulats en général, pour les affaires ne concernant pas leurs fonctions officielles. Sauf le délégué de Belgique, tous les membres de la commission ont accepté cette innovation dont la rédaction définitive fut ainsi arrêtée :

« Tous les fonctionnaires diplomatiques ou consulaires envoyés de l'étranger en Égypte (missi), et leurs familles, auront la faculté d'actionner les tiers devant les tribunaux mixtes égyptiens, sans cependant être justiciables de ces tribunaux comme défendeurs, sauf dans le cas de demandes reconventionnelles jusqu'à due concurrence de la demande principale (1).

(1) Pour le commentaire de cet article voir l'ouvrage de M. Verca-mer, *Des Franchises diplomatiques*. etc., p. 296.

« S'ils s'occupent de commerce ou d'industrie, s'ils possèdent ou exploitent des immeubles en Egypte, ils seront soumis à la juridiction des tribunaux mixtes égyptiens, pour toutes les affaires commerciales ou industrielles et pour toutes les actions réelles immobilières, où leur qualité officielle ne sera pas en cause.

« Tous les autres fonctionnaires non compris dans le premier paragraphe du présent article, ainsi que les cawas, seront assujettis à la juridiction mixte pour toutes les affaires ne concernant pas leurs fonctions officielles (1). »

Avocats, fonctionnaires judiciaires, etc. — La commission adopta sans discussion l'alinéa du projet rendant la Réforme compétente pour statuer sur « toutes les demandes formées contre les avocats, syndics, experts, séquestres, huissiers et tous fonctionnaires ou employés, même à titre provisoire, des tribunaux mixtes égyptiens, pour des faits relatifs à l'exercice de leur profession ou de leurs fonctions près les dits tribunaux. » La Commission de 1884 l'avait déjà décidé.

« Il n'est pas admissible, disait le rapporteur, que les tribunaux de la Réforme ne soient pas compétents pour statuer au fond sur des faits qui se sont, pour ainsi dire,

---

(1) Le 28 juin 1890, le gouvernement égyptien demandait aux puissances leur adhésion au texte d'un décret conforme à cette proposition. Sauf la France, toutes les grandes puissances y adhérèrent, mais cette abstention arrêta la promulgation du décret. Par contre, le Portugal dans un protocole séparé du 26 avril 1890, consentit à ce que ses agents fussent justiciables des tribunaux mixtes conformément à la disposition ci-dessus. La Belgique a donné la même autorisation à son consul d'Alexandrie. Mais par un jugement de première instance du 21 mai 1894, le tribunal d'Alexandrie s'est déclaré incompétent en l'absence d'un traité en due forme, modifiant la situation actuelle établie par convention diplomatique.

passés devant eux, qui sont la conséquence des procès
dont ils ont été saisis et qu'ils peuvent avoir à apprécier
au point de vue disciplinaire. » Nous avons déjà rapporté
diverses espèces de ce genre où la Cour mixte s'était déclarée compétente par la raison que, lorsque l'intérêt en
jeu n'est que l'accessoire d'un intérêt principal dont elle
a eu à connaître, il en forme comme le prolongement et
relève de sa juridiction, alors même qu'il s'agite entre personnes de nationalité identique. Comme corollaire de
cette compétence civile, la commission admit, sans discussion et à l'unanimité, la compétence pénale sur ces
mêmes personnes.

SECTION II

COMPÉTENCE IMMOBILIÈRE.

Compétence immobilière. — Le point le plus important
de l'annexe A, présenté par le Gouvernement à la Commission internationale de 1890, tendait à préciser la compétence immobilière des tribunaux de la Réforme. A la
rédaction équivoque du règlement d'organisation judiciaire
actuel, le Gouvernement voulait substituer un texte qui
indiquât nettement, que les contestations concernant les
actions réelles immobilières des indigènes entre eux ne
pouvaient être portées devant les tribunaux mixtes. Deux
systèmes avaient cours, l'un niant, l'autre affirmant la
compétence immobilière des tribunaux mixtes entre indigènes seuls, et tous deux se réclamaient du texte de la
loi.

L'art. 9 du règlement d'organisation judiciaire s'exprime ainsi : « *Ces tribunaux (mixtes) connaîtront seuls de toutes les contestations en matière civile et commerciale, entre indigènes et entre étrangers de nationalité différente, en dehors du statut personnel. Ils connaîtront aussi de toutes les actions réelles immobilières entre toutes personnes, même appartenant à la même nationalité* ».

D'après ce texte, trois cas de compétence immobilière sont indiscutés : les tribunaux mixtes connaissent de l'action réelle immobilière : 1° lorsqu'elle s'engage entre un étranger et un indigène ; 2° lorsqu'elle s'engage entre étrangers de nationalité différente ; 3° lorsqu'elle s'engage entre étrangers de nationalité identique. Mais si l'action s'engage entre deux indigènes et qu'il n'y ait en cause aucun intérêt mixte, les tribunaux de la Réforme sont-ils encore compétents ? L'intérêt de la discussion est considérable : c'est une question de vie ou de mort pour les tribunaux indigènes. Depuis la fondation de la Réforme jusqu'en 1890, c'est-à-dire pendant environ quinze ans, le droit des tribunaux mixtes à connaître des actions réelles entre indigènes ne s'était pas affirmé ; au contraire, chaque fois que le cas s'était présenté, la Cour mixte avait régulièrement décliné sa compétence. C'est ainsi qu'elle en a décidé en trois arrêts des 17 mai 1876, 6 février 1879, 12 mai 1881. La discussion est née de la rédaction ambiguë de la fin de l'article 9 : « Ils connaîtront aussi de toutes les actions réelles immobilières entre toutes personnes, même appartenant à la même nationalité.

Opinion qui refuse aux tribunaux mixtes la compétence immobilière entre indigènes.

1° *Argument historique.* — Cette opinion s'appuie d'abord sur un argument tiré des travaux préparatoires. Le premier rapport de Nubar Pacha réservait aux tribunaux locaux la compétence en matière immobilière. Ce système était conforme aux principes du droit international, d'après lequel les lois relatives aux immeubles sont essentiellement territoriales (art. 3 du Code civil français). De plus, le système projeté par Nubar Pacha concordait avec la législation ottomane dont la loi sur la propriété venait d'être promulguée (19 janvier 1867). Cette loi autorise les étrangers à acquérir des propriétés immobilières dans l'empire ottoman, sauf dans le Yemen et Iledjaz, et, comme conséquence de cette aptitude, elle les soumet aux lois et tribunaux ottomans (art. 3). On opposait à cet argument une déclaration de Nubar Pacha à la commission de 1869 (séance du 28 décembre), où il dit que, dans l'intérêt de l'Égypte, il fallait une juridiction immobilière unique dans tout le pays ; mais il s'agissait simplement, dans l'esprit du ministre, de faire cesser la compétence immobilière des nombreux tribunaux consulaires. Ni lui, ni la commission de 1869 ne se sont, en effet, préoccupés des contestations entre indigènes restées en dehors des débats. En réalité, cette commission se composait d'européens qui ne s'inquiétaient que de l'intérêt de leurs nationaux. L'origine de l'art. 9 qui a soulevé la discussion se trouve, en effet, dans le projet de la commission française de 1870 ainsi conçu : « *Ils (les nouveaux*

*tribunaux) connaîtront de toutes les questions immobi-
lières ou servitudes, soit qu'elles aient lieu entre étrangers et indigènes, soit entre deux ou plusieurs étrangers de nationalités différentes ou bien de la même nationalité* ». Le texte français était excessivement clair ; il
en résultait nettement que les procès entre indigènes ne
seraient jamais soumis aux tribunaux mixtes. Cela prouve
que l'année précédente, en 1869, personne n'avait songé
aux procès des indigènes entre eux, qu'on ne s'était in-
quiété que des procès des européens. Les rédacteurs de
1870 se sont inspirés des discussions de 1869 et ont donné
satisfaction à Nubar Pacha pour tous les procès dans
lesquels se présentait un intérêt étranger. Si leur texte,
qui indiquait bien le but de la réforme, avait été définitivement adopté, il n'y aurait jamais eu de discussion.
Mais à la reprise des négociations, en 1873, le texte de
1870 subit une modification : On adopta la rédaction actuelle où le mot « *étranger* » est remplacé par le mot
« *personne* ». Or, ce mot, qui fait naître la difficulté, a été
introduit sans observation et sans explication. Que faut-il
en conclure ? Que le mot « *personne* », dans le texte actuel, désigne encore le mot « *étranger* » du texte de 1870.
Car si le mot « *personne* » avait compris les indigènes
comme les étrangers, la modification de l'article aurait
entraîné des observations auxquelles elle n'a pas donné
lieu. C'est donc que, dans la pensée du rédacteur, le nouveau texte avait le même sens que l'ancien.

On invoque aussi au point de vue historique, l'autorité de
la Porte. Le gouvernement ottoman, en sa qualité de
suzerain du gouvernement égyptien, avait eu à se prononcer sur la Réforme judiciaire. Par l'organe du grand vizir
Aali Pacha, il avait fait remarquer que les affaires immobi-

lières ne devaient pas être soumises aux nouveaux tribunaux, mais devaient continuer à dépendre de la compétence des tribunaux locaux. Plus tard, en 1872, Nubar Pacha, se trouvant à Constantinople, aurait déclaré, en présence de l'ambassadeur de Russie, qu'il n'avait pas le droit de s'écarter des vues de la Turquie. Ces incidents diplomatiques démontreraient donc que les affaires immobilières entre indigènes ne devaient pas être soumises aux tribunaux mixtes.

2° *Interprétation de l'esprit de la loi.* — *a)* Quel but poursuivait le législateur quand il a donné aux tribunaux mixtes la compétence réelle immobilière ? Il voulait faire cesser la compétence abusive des 17 tribunaux consulaires, qui jugeaient les questions immobilières d'après 17 lois différentes, alors que les européens n'avaient même pas le droit de posséder des immeubles. Mais pour obtenir de l'Europe l'abandon de la juridiction consulaire en matière immobilière et faire cesser cette confusion il fallait lui présenter des tribunaux qui inspirassent confiance aux européens. Ceux-ci ne voulant point de la juridiction du Cadi, il n'y avait qu'une solution possible, c'était de donner la compétence des affaires réelles immobilières aux tribunaux mixtes. Une transaction est donc intervenue aux termes de laquelle le gouvernement égyptien consentait à ce que les affaires réelles intéressant les indigènes dans leurs rapports avec les étrangers, fussent soumises aux tribunaux mixtes, à la condition que tous les consulats abandonnassent leur juridiction immobilière.

Voilà dans quel sens il faut entendre l'unité visée par Nubar Pacha à la séance du 28 décembre 1869. Mais la pensée du législateur n'a pas pu être de dépouiller les tribunaux locaux, et cela soit à raison des principes du droit

international auquel il voulait précisément revenir, soit
en raison des principes du droit ottoman qu'il ne pouvait
ni ne voulait violer.

b) On ne pouvait pas logiquement enlever la compétence immobilière aux tribunaux locaux sans leur rendre
impossible l'exécution de leurs sentences. Dans beaucoup de cas, en effet, une condamnation ne peut être
exécutée entre indigènes que par la saisie des immeubles
du débiteur. Il fallait donc donner aux tribunaux indigènes
compétence en matière réelle immobilière, car l'expropriation forcée et la saisie font partie du contentieux réel.

c) Si on avait voulu dépouiller les tribunaux indigènes
de la compétence immobilière, on aurait créé des tribunaux mixtes dans toutes les parties de l'Égypte, non
seulement là où il y a des européens, mais aussi là où
n'y en avait pas. Pouvait-on, quand la règle est de rapprocher autant que possible la justice du justiciable, songer à
obliger un fellah de la Haute-Égypte à venir plaider en
première instance au Caire, et en appel à Alexandrie ?

d) Les articles 31 et 32 (1) du règlement d'organisation

---

(1) Art. 31. — Il y aura dans chaque greffe des tribunaux de première instance, un employé du Mehkémé qui assistera le greffier
dans les actes translatifs de propriété immobilière et de constitution
du droit de privilège immobilier, et en dressera acte qu'il transmet-
tra au Mehkémé.

Art. 32. — Il y aura également auprès du Mehkémé des commis
délégués par le greffier du tribunal de première instance qui devront
lui transmettre, pour être trancrits d'office au registre des hypothèques, les actes translatifs de propriété immobilière et de constitution de gage immobilier.

Ces transmissions seront faites sous peine de dommages-intérêts
et de poursuites disciplinaires et sans que l'omission entraîne nullité,

judiciaire admettent l'existence de greffes de transcription,
soit auprès du tribunal du Cadi, soit auprès des tribunaux
mixtes. De plus, il y a, auprès de chaque Mehkémé, un
employé des tribunaux mixtes qui transmet à ceux-ci les
transcriptions indigènes, et il y a auprès des tribunaux
mixtes, un délégué du Mehkémé, qui transmet à celui-ci
les transcriptions mixtes. Des greffes pour les actes immobiliers existent donc dans les deux juridictions, et
chaque greffe a dans l'autre un représentant. C'est un argument considérable en faveur de la compétence des tribunaux indigènes. Si les tribunaux locaux avaient été dépouillés de toute compétence immobilière entre indigènes,
on n'aurait pas eu besoin de créer un bureau de transcription près le Mehkémé ; l'existence du greffe mixte aurait suffi. La compétence du greffe étant calquée sur la
compétence du juge dont il relève, le greffier ne peut
avoir une compétence plus étendue que le tribunal près
lequel il fonctionne. Dès l'instant qu'on admet l'existence
de deux greffes, en matière de transcription, on admet par
conséquent la compétence simultanée de deux juridictions.

3° *Jurisprudence.* — Enfin, une jurisprudence consa-
crait cette première opinion. Elle invoquait, en premier lieu
l'art. 12 (¹) du règlement d'organisation judiciaire qui
excepte de la compétence des tribunaux mixtes, les revendications immobilières des étrangers contre un établissement pieux, pour les réserver à la juridiction locale. Si les

(1) Art. 12. — Ne sont pas soumises à ces tribunaux les demandes
des étrangers contre un établissement pieux en revendication de la
propriété d'immeubles possédés par cet établissement, mais ils seront
compétents pour statuer sur la demande intentée sur la question de
possession légale, quel que soit le demandeur ou le défendeur.

demandes des indigènes avaient dû être, disait-elle, de la compétence des tribunaux mixtes, on aurait enlevé dans cet article la revendication des indigènes, aussi bien que celle des étrangers. Si on n'a enlevé aux tribunaux mixtes que la revendication des étrangers, c'est qu'elle seule était de la compétence mixte. Les demandes des indigènes étaient laissées de côté, car elles étaient déjà de la compétence des tribunaux locaux; or, on ne pouvait donner à la juridiction locale ce qui lui appartenait déjà. La solution contraire amènerait à ce résultat inadmissible que les tribunaux mixtes connaîtraient des revendications des indigènes contre les wakhs, et que les tribunaux des Mehkem connaîtraient des revendications des étrangers !

En second lieu, la jurisprudence s'appuyait sur l'art. 13 du Règl. d'org. jud. (1) qui rend les tribunaux mixtes compétents en matière immobilière toutes les fois qu'il existe une hypothèque en faveur d'un étranger, quels que soient le possesseur et le propriétaire. *A contrario*, dit la Cour, il résulte que les tribunaux mixtes ne sont pas, en principe, compétents sur toutes les questions réelles immobilières, puisqu'il faut que l'intérêt mixte d'un créancier hypothécaire étranger apparaisse expressément pour que la loi les investisse d'un droit de juridiction.

(1) Art. 13. — Le seul fait de la constitution d'une hypothèque en faveur d'un étranger sur les biens immeubles, quels que soient le possesseur et le propriétaire, rendra ces tribunaux compétents pour statuer sur la validité de l'hypothèque et sur toutes ses conséquences, jusques et y compris la vente forcée de l'immeuble ainsi que de la distribution du prix.

*Opinion qui attribue aux tribunaux mixtes une compé-
tence immobilière générale, même entre indigènes.*

Cette opinion se fonde sur une série d'arguments puisés
dans les travaux préparatoires, dans le texte de la loi et
dans l'intérêt du pays.

1° *Travaux préparatoires.* — Les travaux préparatoires, dit-on, indiquent qu'au début Nubar-Pacha ne son-
geait à attribuer aux tribunaux mixtes que la connaissance
des actions personnelles et mobilières (1). Plus tard, il comprit que son œuvre, circonscrite à des limites aussi restreintes, n'atteindrait pas le but qu'il se proposait, l'unification de
la justice, s'il ne déférait aux nouveaux tribunaux la connaissance des actions réelles immobilières. Poursuivant avec
persévérance l'idée d'une unité de juridiction immobilière,
Nubar-Pacha estimait que le crédit foncier ne pouvait s'établir en Egypte qu'à la condition qu'il n'y aurait qu'une seule
loi applicable aux immeubles et une seule juridiction chargée d'appliquer cette loi (Déclaration de Nubar-Pacha à la
commission de 1869, séance du 28 décembre). S'il est vrai,
dit-elle, que le texte français ne donnait compétence aux
tribunaux mixtes en matière réelle immobilière que lorsqu'un étranger était en cause, ce texte n'a pas prévalu.
La disparition du mot *étranger* et la substitution du mot
personne, qui est un terme beaucoup plus général, le prouve.
Quant à l'opposition de la Turquie, cette seconde opinion
n'en fait aucun cas, en présence du texte des firmans. Celui
du 8 juin 1873 notamment autorise le vice-roi Ismaïl-Pacha

____

(1) V. *supra*, chap. II. Rapport de Nubar Pacha.

à régler librement la police et la condition des étrangers en Egypte, afin d'assurer la prospérité agricole et commerciale du pays. Il n'est pas possible de s'exprimer en termes plus généraux, et, par conséquent, le gouvernement égyptien était maître de régler comme il l'entendait la compétence de ses tribunaux. En fait, d'ailleurs, l'Egypte a joui en cette matière d'une indépendance assez complète à l'égard de la Turquie ; c'est ainsi que les prorogations des tribunaux mixtes ont toujours été négociées en dehors de l'Empire ottoman. De même, les tribunaux indigènes, où des européens jugent des sujets locaux, ont été établis par décret du 14 juin 1883, sans qu'on se fût préoccupé de l'assentiment de la Sublime-Porte. Il n'y a donc pas à tenir compte de l'opposition que la Turquie parait avoir faite par l'organe de son grand Vizir Aali-Pacha et de sa réserve au cadi des affaires réelles immobilières. Si on admettait en effet la validité de son opposition, on serait forcé de dépouiller les tribunaux mixtes de toute compétence foncière même entre étrangers, la Sublime-Porte n'ayant jamais fait de distinction entre les immeubles possédés par les étrangers et ceux possédés par les indigènes. L'article 9 deviendrait donc nul et avec lui toutes les dispositions des Codes mixtes relatives aux immeubles.

2° *Argument de texte.* — Le texte de la loi, dit-elle, est formel : « Ces tribunaux connaîtront seuls de toutes les contestations en matière civile et commerciale entre indigènes et étrangers, et entre étrangers de nationalités différentes, en dehors du statut personnel. Ils connaîtront aussi de toutes les actions réelles immobilières entre toutes personnes, même appartenant à la même nationalité. » (Art. 9 du régl. d'org. jud.) Le mot « personne » s'applique aussi bien aux indigènes qu'aux européens ; les indigènes ont une nationalité aussi bien que les européens ; par conséquent, ils sont compris dans la formule de l'article 9. Les partisans des tribunaux indigènes objectent à cet argument que le mot « nationalité » du texte égyptien doit être interprété d'après le sens qu'on lui donne habituellement en Égypte, où il ne s'emploie qu'à propos des étrangers. Mais on réplique qu'il n'était pas possible que les indigènes n'eussent pas de nationalité et que tel était d'autant plus le cas des indigènes, qu'à l'époque où la Réforme a été faite, le Gouvernement ottoman venait de promulguer la loi du 19 janvier 1869 sur la nationalité, loi applicable en Egypte comme en Turquie. L'application de cette loi a pour conséquence d'attribuer aux indigènes une nationalité, le mot *nationalité* inséré dans le texte vise donc aussi bien les indigènes que les étrangers.

Quant à l'argumentation de la jurisprudence sur le texte des art. 12 et 13 du régl. d'org. jud., les partisans de la thèse que nous développons disent que c'est par erreur que le juge a rapporté les dispositions de ces articles à la règle générale de compétence ; ils formeraient, au contraire, les deux exceptions à la réserve d'*incompétence* relative aux wakfs (1).

3° *Argument économique.* — Enfin l'argument économique est tiré de l'intérêt bien entendu de l'Égypte. Il consiste à dire que l'intérêt des Egyptiens, aussi bien que l'intérêt des étrangers, est de n'avoir qu'une seule juridiction immobilière. La dualité dans le régime des immeubles offre des inconvénients graves ; est-il convenable qu'il y ait deux juridictions qui statuent sur les questions immobi-

____

(1) BORELLI. *Choses d'Égypte.* p, 581. Note.

lières et interprètent différemment le statut réel de l'Égypte ?
Le désaccord de ces juridictions n'est-il pas de nature à
provoquer, dans l'état des propriétés, des incertitudes qui
en diminuent la valeur, gênent le crédit et s'opposent à
la libre circulation des biens ?

C'est dans ce dernier ordre d'idées que se sont développées à la commission internationale de 1890, les observations de ceux des délégués des puissances qui désiraient la
compétence des tribunaux mixtes entre indigènes. Le plus
autorisé d'entre eux, parce qu'il a participé à l'organisation de la Réforme et recueilli l'esprit de ses fondateurs,
M. Giaccone, Président de la Cour d'appel, s'en faisait
l'interprète à la séance du 24 mars (1) : « il voudrait,
disait-il, que, dans l'intérêt des justiciables, la dualité de
juridiction en matière réelle immobilière disparût et que
l'on reconnût aux tribunaux de la réforme seuls, le droit
de connaître de toutes les actions de cette nature ». Et,
comme le ministre de la Justice, S. E. Fakry Pacha faisait
observer que les nouveaux tribunaux indigènes fonctionnaient depuis 1884 à l'entière satisfaction du gouvernement et des justiciables et que « cette innovation aurait
pour conséquence immédiate d'annihiler en quelque sorte
la justice locale, en portant une grave atteinte à sa compétence », M. le délégué d'Italie répondait : « connaître
des affaires réelles immobilières entre indigènes est une
prérogative que le gouvernement de Son Altesse accorda
en 1869 aux tribunaux de la réforme et que ces derniers
revendiquent aujourd'hui dans l'intérêt des justiciables...
L'unique préoccupation doit être l'intérêt général. Si la

(1) V. Procès-verbal de la Commission internationale du Caire.
1890.

jurisprudence a amené une confusion, il est de l'intérêt de tous que cette confusion disparaisse ». S'associant à cette déclaration, M. Prunières, Président du tribunal mixte du Caire et délégué de la France, déclarait que laisser à deux juridictions le même pouvoir, c'était soumettre la propriété immobilière à une sorte d'anarchie judiciaire préjudiciable à l'intérêt de l'Égypte. « Il serait très facile, disait-il, de démontrer que les conséquences de cette dualité sont nuisibles aux intérêts généraux du pays et amènent dans les ventes par autorité de justice une dépréciation des immeubles ; en revenant à l'application exacte de ce qu'a voulu le législateur de 1869, la fortune publique de l'Égypte ne pourra qu'augmenter ».

En vain S. E. Fakhry-Pacha objectait-il qu'on ne saurait équitablement, après avoir octroyé aux indigènes une institution judiciaire conforme à leurs mœurs, à leurs usages, à leur langue, venir la leur retirer aujourd'hui ; que cette innovation loin de leur offrir un avantage appréciable serait au contraire pleine d'inconvénients pour eux ; « Il est aisé, disait-il, de se rendre compte des difficultés qu'elle créerait au point de vue des déplacements pour les justiciables indigènes. Ceux de la Haute-Égypte, par exemple, auraient des frais énormes à supporter pour venir soutenir leurs procès devant les tribunaux mixtes dont ils sont si éloignés. Quant à créer de nouveaux sièges de la juridiction mixte, on ne saurait y songer. Au surplus, la propriété foncière est essentiellement morcelée en Égypte, et il n'est pas douteux que l'indigène, propriétaire d'une petite parcelle de terrain, renoncerait souvent à son action, plutôt que de la porter devant sa juridiction mixte, au prix de déplacements si onéreux, sans parler des frais plus coûteux de procédure. Ce que l'on demande, conclut-il, ne peut se justifier, et n'aurait d'autre conséquence qu'un amoindrissement considérable de la justice indigène. »

Malgré l'opposition énergique du ministre, la majorité de la commission se prononça, par 9 voix contre 6, pour l'extension de la compétence des tribunaux mixtes entre indigènes en matière réelle immobilière (1).

A ce vote, le gouvernement égyptien répondit par une protestation des plus vives. En portant à la connaissance des cabinets de l'Europe le résultat des travaux de la commission internationale, il déclara qu'il ne pouvait accepter ses conclusions et souscrire à une pareille extension de la compétence des tribunaux mixtes. « Si l'intervention de ces tribunaux, écrivit le ministre des Affaires étrangères (2), fut acceptée par le gouvernement égyptien, dans les procès où un étranger est partie en cause, alors que les étrangers devaient relever uniquement des tribunaux indigènes pour toutes actions réelles immobilières, cette dérogation ne saurait s'étendre aux rapports entre indigènes, sans dénaturer le caractère même de la juridiction mixte qui n'est qu'une juridiction d'exception. »

Le gouvernement se préoccupa dès lors de faire trancher la question par voie diplomatique.

En demandant aux Puissances le renouvellement de la Réforme pour l'année 1894, le ministre des Affaires étrangères insista, dans une note spéciale du 21 avril 1893, pour que le sens de l'article 9 du règlement d'organisation judiciaire fût tranché conformément à la portée restrictive que lui attribuait le Gouvernement égyptien, et la plupart des Puissances, contrairement au vote de leurs délégués à

____

(1) Procès-verbal de la Commission internationale du Caire, séance du 25 mars 1890. .

(2) Circulaire du ministre des affaires étrangères du 18 juin 1890.

la commission internationale, émirent un avis favorable. Sur les quatorze gouvernements représentés à la commission internationale de 1890, onze, depuis lors, ont déclaré reconnaître l'incompétencce de la juridiction mixte dans les contestations immobilières entre indigènes. Ce sont les gouvernements d'Allemagne, de Belgique, de Danemark, d'Espagne, des Etats-Unis d'Amérique, de Grande-Bretagne, de Grèce, d'Italie, des Pays-Bas, de Suède et Norwège et de Russie (1). L'opinion contraire n'est donc plus représentée que par les gouvernements d'Autriche, de France et de Portugal (2).

On ne saurait méconnaître l'intérêt considérable d'un Etat à maintenir intact son droit de juridiction sur ses sujets.

Il est d'autre part incontestable que les nouveaux tribunaux indigènes sont un bienfait pour la population et qu'en toute équité on ne peut les dépouiller de la portion la plus importante de leurs attributions. Comme le faisait récemment remarquer M. le baron de Ring (3), l'Égypte eût-elle consenti à acheter à si haut prix l'abolition partielle des Capitulations ? A-t-elle pu avoir la pensée de soustraire à leur for national, en matière immobilière, les indigènes entre eux ? N'aurait-ce pas été abdiquer un des attributs essentiels de la souveraineté ? Un État qui n'aurait plus de justice à lui pour les litiges de ses sujets, quand ils portent

(1) Rapport de S. E. le ministre de la Justice à S. A. le Khédive, du 20 janvier 1891. *Recueil des Lois et Décrets*. 1894. p. 9.

(2) Avaient voté dans le même sens à la commission : les gouvernements d'Allemagne, d'Espagne, de Grèce, d'Italie, des Pays-Bas et de Russie.

(3) *La Réforme judiciaire en Égypte*, par le baron N. DE RING. (*La Nouvelle Revue*, 1er août 1893.)

sur la question vitale de la propriété, ne serait plus qu'un
fantôme d'Etat (1).

Si les tribunaux mixtes prétendaient juger seuls les
questions foncières, ce n'est pas après quinze ans de fonctionnement qu'il fallait les revendiquer ; ce n'était surtout
pas après y avoir deux fois formellement renoncé par une
jurisprudence contraire et par l'adhésion à la création
d'une juridiction indigène qui en était chargée. En tout
cas, vouloir revenir en 1890 sur un fait accompli depuis
1876 présentait bien, malgré tous les arguments historiques rétrospectivement mis en avant, le caractère d'une
innovation que le gouvernement était juridiquement fondé
à ne pas admettre.

Si la commission de 1890 et les pourparlers diplomatiques, qui ont suivi n'ont pas tranché la question, en
jurisprudence toutefois la thèse du gouvernement a triom-
phé. Par un arrêt tout récent (11 mars 1896), la Cour
d'appel d'Alexandrie a déclaré son incompétence, « parce
qu'il est certain, dit-elle, qu'en disposant que les tribunaux
mixtes, seront seuls compétents pour connaître de toutes les
actions réelles immobilières entre toutes personnes, même
appartenant à la même nationalité, l'article 9 du titre I du
règlement d'organisation judiciaire n'a entendu parler que
de nationalités étrangères. » (2).

(1) On trouvera aux annexes le développement des considérations
invoquées par le gouvernement dans la note explicative jointe à la
circulaire du ministre des Affaires étrangères du 24 avril 1893, ainsi
que dans un jugement remarquable de la 2e chambre du tribunal
mixte du Caire du 31 janvier 1893. Pour la réfutation, voir la note
publiée par M. BORELLI BEY, *Choses politiques d'Egypte*, p. 377.

(2) Déjà, en 1893, la Cour avait laissé pressentir cette solution, dans
un arrêt où elle se déclarait incompétente à connaître d'une action
en préemption entre deux indigènes. Or, sa jurisprudence fait de

Par conséquent, bien qu'en voie législative la question n'ait pas été résolue, on peut considérer, étant donnée la force qui s'attache aux arrêts de la Cour d'appel mixte, qu'elle a reçu une solution définitive.

Mais entre les deux théories extrêmes que nous avons exposées, un système intermédiaire proposait à la Commission internationale de 1890 l'unité judiciaire dans certaines matières immobilières, spécialement les matières hypothécaires. M. Vercamer, délégué de Belgique, tout en déclarant respecter le principe de la compétence immobilière des tribunaux indigènes, « voulait apporter, disait-il, un tempérament pratique aux inconvénients graves et multiples que présente la co-existence de deux juridictions foncières absolument indépendantes l'une de l'autre, inconvénients qui ne froissent pas seulement des intérêts individuels, mais compromettent des intérêts d'ordre général : ceux de l'agriculture et du crédit foncier, qui forment les principales sources de la richesse de ce pays ».

Le délégué de Belgique démontrait d'ailleurs qu'à l'origine de la Réforme, l'intention du législateur avait été d'établir une juridiction unique dans les matières hypothécaires et il concluait pour l'adoption d'un système qui, en matière foncière, permettrait aux indigènes, suivant leur intérêt, de saisir la juridiction mixte en vertu d'une clause compromissoire formelle ou tacite (1).

M. de Korizmics, délégué d'Autriche-Hongrie, faisait de son côté ressortir « la nécessité de la création d'un bureau unique d'hypothèque et de transcription, pour parer

la préemption un droit réel immobilier. C'était reconnaître d'une façon implicite l'incompétence des tribunaux mixtes en matière réelle immobilière entre indigènes. (27 avril 1893. *Bull.*, t. V, p. 208.

(1) Séance du 21 mars 1890.

à l'inconvénient qui résulte de la dualité de juridiction et de·législation (1). »

Pour bien comprendre l'importance de cette double proposition, il est nécessaire de dire qu'il existe, dans l'organisation de la propriété en Égypte, un vice radical : la co-existence de divers moyens d'acquérir et de conserver la propriété immobilière et ses démembrements ; le fonctionnement simultané de diverses autorités appelées à reconnaître et à sanctionner les droits réels.

Les Mehkémès (tribunaux du Cadi) enregistrent les actes translatifs de ·la propriété, les actes constitutifs de gage immobilier, les actes de partage ; ·les Tribunaux mixtes enregistrent ces mêmes actes et en outre les contrats d'hypothèque, les affectations, les ·transcriptions d'actes ; les Tribunaux indigènes ont également une compétence immobilière, enregistrent les actes de la procédure d'expropriation, inscrivent les affectations hypothécaires, et, parallèlement aux tribunaux mixtes, les tribunaux indigènes procèdent aux adjudications d'immeubles. Pour connaître la situation hypothécaire d'une propriété, il est donc nécessaire de s'adresser aux bureaux de trois tribunaux différents ! On peut juger des inconvénients auxquels peut donner lieu une pareille variété d'autorités chargées d'attributions identiques. Ils peuvent se formuler sous cette proposition : le sort d'un même immeuble peut être en même temps réglé d'une façon différente et opposée par deux autorités également compétentes, parfaitement étrangères et statuant d'une façon absolue (2) ! Sous ce régime, les transactions immobilières conclues dans l'incertitude sont gra-

(1) Séance du 25 mars 1890.

(2) V. une étude très complète sur ce sujet dans le *Bulletin de Législation*, t. I, p. 17.

vement exposées. On en jugera par les arrêts suivants qui montrent à quelle situation inextricable les propositions des délégués d'Autriche et de Belgique tendaient à remédier. Un indigène revendique un immeuble contre un autre indigène devant les tribunaux locaux; au cours de cette procédure, un créancier européen poursuit l'expropriation du même immeuble devant les tribunaux mixtes ; la sentence du tribunal local intervenue sur ces entrefaites entre les deux indigènes ne devient pas opposable au créancier européen et n'établit pas à son égard les droits de propriété qu'elle fixe cependant sur la tête de l'indigène adjudicataire (arrêt du 8 avril 1891) (1). C'est l'application de ce principe, maintes fois affirmé par la juridiction mixte, que les jugements des tribunaux locaux ne peuvent pas être opposables aux étrangers, justiciables seulement des tribunaux mixtes (10 décembre 1890) (2). Aussi pour éviter des adjudications frustratoires, la juridiction indigène a-t-elle dû recourir, ces dernières années, à la pratique suivante : lorsqu'une expropriation est poursuivie devant les tribunaux indigènes, on demande la production d'un certificat hypothécaire des tribunaux mixtes, et si le tribunal indigène constate que sur l'immeuble exproprié il existe des inscriptions au profit d'étrangers, il renvoie devant le tribunal mixte. Ce palliatif était devenu indispensable en présence de la jurisprudence de la Cour mixte qui décidait : « que les formalités des transcriptions et ins-

_____

(1) *Bull.*, t. III, p. 298. — V. aussi arrêt 1er mars 1893 : « l'adjudication faite par le tribunal indigène, d'immeubles grevés d'une affectation en faveur d'un étranger, ne peut en rien préjudicier aux droits de ce dernier, notamment à son droit de poursuivre l'expropriation des immeubles devant les tribunaux mixtes ». (*Bull.*, t. V, p. 152.)

(2) *Bull.*, t. III, p. 60.

« criptions que la loi mixte a prescrites dans un but de
« publicité générale, ne peuvent sortir à aucun effet au
« regard des étrangers, qu'autant qu'elles s'accomplis-
« sent dans les greffes des tribunaux mixtes et non pas
« devant les tribunaux indigènes, qui constituent pour
« eux une juridiction étrangère et incompétente. Par con-
« séquent est valable la vente d'un immeuble faite à un
« étranger par acte sous seing privé, transcrit au greffe
« du tribunal mixte, *bien qu'elle soit postérieure à un*
« *commandement immobilier sur le dit immeuble entre*
« *indigènes, transcrit au tribunal indigène* » (arrêt du
« 20 décembre 1893) (1) ;

Que l'affectation hypothécaire prise par un indigène contre un autre indigène et inscrite seulement au
greffe du tribunal indigène de la situation des biens, dans
les formes prescrites par le Code de procédure indigène,
ne peut créer au profit de l'indigène un droit de préférence
opposable aux créanciers étrangers : seule, l'inscription de
l'affectation au greffe du tribunal mixte, exclusivement
compétent en matière d'hypothèque, ou la transcription
audit greffe de l'affectation prise au tribunal indigène
pourrait lui confier ce droit (arrêt du 16 décembre
1891) (2) ;

Que le gage immobilier entre indigènes doit, pour être
opposable aux tiers de nationalité étrangère, être transcrit
au greffe des hypothèques du tribunal mixte de la situation
des biens gagés (23 décembre 1891 et 13 juin 1894) (3).

La Cour mixte veut que tout ce qui intéresse ses justi-

<hr>

(1) *Bull.*, t. VI, p. 72.
(2) *Bull.*, t. IV, p. 53.
(3) *Bull.*, t. IV, p. 58 ; t. VI, p. 332. On trouve cependant en 1892
un arrêt statuant en sens contraire. V. *Bull.*, t. IV, p. 193.

ciables soit concentré dans ses greffes. et sur ces greffes,
elle seule entend avoir juridiction. Lorsqu'en 1890, la Cour
indigène ordonna la radiation d'une inscription prise au
greffe des hypothèques, la Cour mixte n'en tint pas compte,
et répondit que de la part de la juridiction indigène, c'était
là un excès de pouvoir (1). Mais, en décidant que dans le
concours de créanciers étrangers avec des créanciers indigènes, la juridiction mixte ne pouvait admettre d'autres
causes de préférence que celles admises par les codes
mixtes, la Cour n'a-t-elle pas décidé l'annihilation rapide
et prochaine du greffe du Mehkémé?

Avec la dualité de juridiction, nous nous acheminons
vers le désordre, avait dit le comte Marogna à la commission de 1890, et tous ces arrêts sont évidemment inspirés
par la préoccupation d'éviter des surprises de nature à
jeter la perturbation dans le crédit foncier. Aussi la jurisprudence de la Cour permet-elle aux indigènes de passer
entre eux, aux greffes mixtes, des actes constitutifs ou
translatifs de droits réels, ce qui, soit dit en passant, est
une contradiction entre l'incompétence de la juridiction et
la compétence du greffe.

Cette jurisprudence tend néanmoins à amener, en fait,
la disparition partielle de complications sur lesquelles tout
le monde est d'accord. et il faudrait s'en féliciter si ce
n'était là qu'un expédient : mais que le gouvernement
donne la vie aux greffes hypothécaires indigènes. jusqu'ici
restés à peu près lettre morte. que restera-t-il de cette
fragile unification? Déjà, en 1880, la commission internationale s'était élevée contre cette situation que l'on dépei-
gnait comme créant la plus déplorable confusion et condui-

____

1) Arrêt du 11 juin 1890. *Bull.*, t. II, p. 185.

sant à un véritable chaos (1). Et cependant les greffes des tribunaux indigènes n'existaient pas encore ! Le gouvernement avait déposé un article (71 du projet) qui comportait la seule véritable solution en prévoyant l'institution de « bureaux spéciaux, seuls chargés de l'inscription et de la transcription des actes fonciers, que ces actes aient été reçus par les Mehkémés ou les tribunaux mixtes. » Commentant cet article, S. E. Fakhry Pacha expliquait que le gouvernement était pénétré, comme les membres de la sous-commission, des inconvénients que présentait le dualisme du régime de la propriété foncière, et que tous ses efforts tendaient à l'unification sans laquelle, il n'hésitait pas à le reconnaître, rien ne sera certain ni stable (2). Il ajoutait que la mise en vigueur prochaine, entre indigènes, de la législation hypothécaire rendrait obligatoire l'unification des bureaux de réception des actes notariés d'inscription et de transcription. Malheureusement, l'article 71 fut retiré de la discussion, et cette question, qui aurait pu être plus facilement tranchée par l'une des deux commissions qui ont suivi, est restée non résolue. Le problème, il est vrai, n'est pas aisé à résoudre. Si l'on crée un bureau unique pour la centralisation de toutes les transcriptions et inscriptions, la juridiction mixte veut en avoir la direction et le contrôle absolu ; de son côté, le gouvernement égyptien entend le placer sous son autorité (3). La question aboutit ainsi à une impasse dont on ne pourrait sortir que par un compromis.

(1) Commission internationale de 1889. M. DE BROUWER à la séance du 28 janvier 1881.

(2) Commission internationale de 1880. S. E. FAKHRY PACHA à la séance du 28 janvier 1881.

(3) Rapp. de Lord CROMER, 29 mars 1891. BLUE-BOOK. Égypt. 1891, nº 3.

SECTION III

COMPÉTENCE PÉNALE.

L'annexe B, soumise aux délibérations de la commission internationale de 1890, avait pour but de donner à la Réforme une certaine compétence pénale. Il nous est difficile de l'aborder sans rappeler les propositions antérieures dont cette matière a fait l'objet, surtout en 1884, et comme ces propositions elles-mêmes ne s'expliquent que rattachées à la situation générale des européens en matière pénale, nous croyons devoir faire de cette situation une exposition complète. Aussi bien, l'histoire des efforts faits par l'Égypte depuis un demi-siècle pour échapper au réseau serré des capitulations et obtenir la juridiction pénale sur les étrangers, est particulièrement intéressante. Bien qu'au XIXe siècle, les Européens se fussent trouvés dans ce pays, placés sous des conditions toutes différentes de celles qui leur avaient valu les immunités du moyen âge, néanmoins, l'antique moule des fondiques brisé, ils ont tenu, au fur et à mesure qu'ils se répandaient sur le territoire, se mêlant à la population et entrant en contact avec l'autorité, ils ont tenu, disons-nous, plus fermement que jamais, à leurs anciens privilèges. Alors apparut surtout le caractère exceptionnel de leur position au milieu d'indigènes dont les lois et les tribunaux leur étaient épargnés dans leurs rapports avec eux.

Cette prérogative, il faut bien le dire, la moralité générale de la population étrangère avait cessé de la justifier. Ce n'étaient plus ces groupes de marchands français ou italiens, vivant de leur négoce dans une existence sévère, cautions les uns des autres aux yeux des indigènes, et dont les fondiques où les abus étaient rares, formaient autant de ruches laborieuses dont les consuls expulsaient, comme des frêlons, ceux qui s'y aventuraient sans offrir les garanties requises ; c'était une nuée de gens d'affaires de tous pays, venus en Égypte à la suite des événements militaires et politiques de la fin du siècle dernier et des premières années de celui-ci ; aventuriers cherchant la fortune et ne dédaignant pas de recourir à des moyens douteux pour se la procurer. Les immunités accordées aux européens facilitaient les abus à ces nouveaux venus en les mettant à l'abri d'un état de choses qui, pour sembler naturel dans les siècles passés, ne correspondait plus ni à leur nombre, ni à leur mode d'installation dans le pays. Si l'on ajoute que l'impunité de certains actes menaçant la sécurité publique, mais inévitables avec de pareilles agglomérations, était accrue par le manque de fermeté de quelques consulats dont l'autorité paralysait le pouvoir local, on aura une idée de ce que la situation présentait d'anormal. C'est à ces lacunes que faisait allusion le rapport français de 1867, lorsqu'il disait : « Il est impossible de ne pas reconnaître que la situation exceptionnelle où se trouve l'Égypte permet d'y constater des faits regrettables. Des circonstances exceptionnelles et transitoires ont amené en Égypte une population étrangère dont le séjour accidentel ne peut servir de base aux relations durables d'État à État. »

Le corps consulaire s'était joint en différentes circonstances au gouvernement égyptien pour lui donner le moyen d'expulser les vagabonds et les gens sans aveu, dont le nombre croissant inspirait des craintes à l'autorité (1).

Les actes de police de 1849, 1857 et 1866, que nous avons analysés, permettaient bien au gouvernement de pénétrer dans les lieux publics et d'y faire les perquisitions et arrestations nécessaires au maintien de l'ordre ; ils lui permettaient même de vaincre, le cas échéant, les

(1) Nous donnons ici le préambule du règlement de police de Saïd Pacha qui reflète assez la situation de cette époque.

« Nous, Mohamed Saïd, vice-roi d'Égypte ;

Considérant que le nombre des étrangers s'accroît et tend constamment à s'accroître en Égypte ;

Considérant qu'il résulte de cette affluence que notamment les villes du Caire et d'Alexandrie contiennent aujourd'hui une agglomération d'étrangers qui, formée des éléments les plus divers, s'est développée dans les conditions inhérentes à toute population nombreuse et par cela même fort mélangée ;

Considérant qu'une réunion de faits récents démontre surabondamment que si cette population étrangère se compose en très grande majorité de personnes recommandables, elle renferme aussi des individus dont la conduite ne peut, sans danger pour la sécurité publique, échapper à la surveillance de la police et qu'il importe dès lors de fournir à l'autorité locale le moyen d'exercer avec fruit cette surveillance ;

Considérant, d'un autre côté, que les traités qui règlent les rapports de l'administration avec les étrangers n'ont pas cessé d'être en vigueur, bien que ces traités aient été faits et conclus à une époque et dans des circonstances bien différentes ; que par conséquent le gouvernement local est tenu de se renfermer, en ce qui concerne la police des étrangers, dans les limites de juridiction et d'autorité déterminées par les conventions internationales ;

Considérant que, sans s'écarter des principes et des règles consacrées en la matière, il est cependant possible, par un ensemble de dispositions purement réglementaires, de donner à l'action de l'autorité publique une forme proportionnée à l'étendue des devoirs que lui impose l'état actuel de la population étrangère ;

Considérant enfin que le flot de cette population se dirigeant

résistances des agents consulaires, mais, en pratique, leur
application soulevait de grosses difficultés. Pour des raisons que nous étudierons plus loin en détail, car en droit
la situation est à peu près la même aujourd'hui, une impunité facile était acquise aux malfaiteurs, en raison d'une
justice consulaire présentant le défaut le plus complet de
garanties.

Ému de cette situation, Nubar Pacha signalait, dans son
rapport de 1867, l'impuissance du gouvernement comme
un obstacle profond à toute réorganisation et en rendait
responsables les consulats qui, par leur accaparement de
la justice en cas de crime, délit ou contravention, avaient
enlevé toute force à l'autorité locale. « La justice se
« trouve complètement abandonnée, dit-il, non aux insti-
« tutions, mais à l'arbitraire des individus. La position du
« gouvernement n'est plus tenable lorsqu'on pense que sa
« police est impuissante à réprimer les plus légères in-
« fractions, jusqu'à ne pouvoir faire exécuter les règle-
« ments de voirie ou ceux qui concernent le stationnement
« des voitures publiques ; car si tel consul est disposé, sur
« la demande de la police, à rappeler à l'ordre un cocher
« qui se refuse à stationner, tel autre traite l'affaire d'in-

presque en entier sur Alexandrie et le Caire, il est urgent de pourvoir
d'abord à la bonne police de ces deux villes par des mesures dont
l'application pourra plus tard s'étendre, en tant que de besoin, aux
autres localités fréquentées par les étrangers :

Vu le procès-verbal de la conférence tenue le 24 zilhèdjè (14 août
dernier) entre Messieurs les Consuls généraux et les fonctionnaires
égyptiens désignés par nous ;

Vu, etc. »

(*Règlement général concernant la police des étrangers en
Égypte*, rapporté par GATTESCHI dans son *Manuale*. 30 rabiul-ervel
1274 — 18 novembre 1857).

« différente, quelquefois par cela seul que son collègue la
« trouve raisonnable. »

Nubar-Pacha eut donc surtout en vue, dans la réforme
judiciaire qu'il méditait, une autorité répressive qui pût
mettre fin à ces abus, il en exposait ainsi le fonctionnement au khédive : « Quel est l'esprit des Capitulations ?
« La protection de l'étranger, mais non son impunité.
« Quelle est leur lettre ? Son jugement par les tribunaux
« du pays avec la garantie du tribunal suprême et l'assis-
« tance de son drogman. On fait à V. A. la même objection
« que pour les tribunaux civils, objection fondée sur
« l'absence de lois et de magistrats présentant des garan-
« ties suffisantes. Mais V. A., dans son désir de régula-
« riser ses relations avec les Puissances, mettant de
« côté ce qu'elle pourrait réclamer comme un droit natu-
« rel et résultant des Capitulations mêmes, le droit impres-
« criptible de tout gouvernement d'appliquer les lois de
« police et de sûreté à tous ceux qui habitent son terri-
« toire, a bien voulu appliquer au criminel l'idée qu'elle
« a eu au civil, c'est-à-dire instituer des tribunaux mixtes
« correctionnels.

« Les Capitulations protègent, d'une manière inviolable,
« le domicile et la personne de l'étranger. Il n'est pas
« question de porter atteinte à ce principe, V. A. veut
« même le fortifier. Elle veut entourer l'Européen accusé
« de crimes de plus de garanties que ne lui en accordent
« les Capitulations : au lieu d'un drogman muet, elle lui
« donne des juges pris en Europe et un jury mi-partie
« d'indigènes et d'européens : si on demande plus de ga-
« ranties, V. A. les accordera ; le but de V. A. est la
« protection du citoyen honnête que l'impunité dont jouis-
« sent les coupables met de plus en plus en danger.

« Les cas d'infractions moins graves, ceux que la loi
« française nomme délits ou contraventions, seront sou-
« mis aux mêmes tribunaux mixtes. Dans tous les cas,
« l'appel se fera au tribunal supérieur établi à Alexandrie.
« Cette faculté d'appel présente toutes les garanties dési-
« rables. Les peines seraient appliquées en Égypte ; seule-
« ment, en cas de prison, l'emprisonnement se ferait dans
« les consulats respectifs, si le consul l'exigeait. »

En demandant qu'une action plus large et plus directe
fût donnée au gouvernement égyptien par la reconnaissance du caractère territorial des lois de police et de
sûreté, de la loi, le rapport de Nubar Pacha tendait à obtenir, en faveur de l'Égypte, la manifestation d'un retour
aux principes de droit public qui régissent les pays de
chrétienté.

La première commission, réunie à Paris en 1867, ne
voulut pourtant pas laisser la liberté des personnes au
jeu d'une réorganisation dont on se défiait et priver les
étrangers de garanties qu'elle jugeait indispensables ; elle
consentit seulement, dans un but de bon ordre général, à
renforcer l'action de la police égyptienne. Sa conclusion
fut d'abandonner à un tribunal composé d'un juge et d'un
ministère public la connaissance des contraventions aux
règlements de police locale qui, pour être applicables aux
européens, devaient au préalable être portés à la connaissance de leurs consuls. Ces derniers n'en devaient pas
moins conserver le droit de poursuivre devant eux les infractions qui seraient commises aux arrêtés qu'ils avaient
le droit de prendre pour la police de leurs nationaux ; quant
à la poursuite des crimes et délits, la commission concluait
au maintien du *statu quo*, c'est-à-dire à la compétence
exclusive de l'autorité consulaire. Mais cette concession,

qui n'ouvrait qu'une brèche très étroite dans l'immunité
de la juridiction pénale, ne satisfaisait pas le gouvernement égyptien. Il attendit deux années et, en 1869, à la
première commission internationale du Caire il soumit à
nouveau la situation en exposant : « que son action était
« nulle en matière de police quand il s'agissait d'infractions
« graves ou légères commises par des étrangers, et que,
« responsable de la tranquillité publique, il n'avait aucun
« moyen de se décharger de sa responsabilité ; que sa
« police était désarmée, qu'elle était plutôt la police des
« différents consulats que la sienne, et que, malgré cela,
« la responsabilité lui incombait toujours ; que lorsqu'un
« crime est commis la police doit demander l'autorisation
« d'arrêter le coupable étranger, à moins qu'il n'y ait
« flagrant délit ; — que le coupable arrêté, l'instruction
« était faite par le consul, et l'accusé envoyé loin du pays
« que son crime avait troublé ; qu'il arrivait souvent de
« voir des criminels avérés aller et venir en liberté, au
« vu et au su de tout le monde ; que cette situation
« était décourageante pour l'administration, qu'elle était
« dangereuse pour tous : que les indigènes avaient la
« conviction que, lorsqu'un étranger est renvoyé dans
« son pays pour y être jugé, c'est qu'on l'expulse pour le
« soustraire au châtiment : que la colonie européenne
« elle-même est alarmée de cet état de choses » (1).

Les membres de la commission furent unanimes à reconnaître qu'en présence de la multiplicité des juridictions,
il n'y avait ni sûreté ni égalité dans la répression et que
l'impunité était assurée à des criminels avérés. Le remède

____

(1) Rapport de la Commission internationale réunie au Caire en
1869.

à cet état de choses était une justice unique appliquant une loi égale pour tous ; le sentiment général fut qu'une réforme s'imposait.

Le gouvernement proposait que les contraventions fussent réprimées par les nouveaux tribunaux ; quant aux crimes et délits, il demandait que l'instruction leur en fût confiée, mais que la répression appartînt à un jury : les inculpés jugés par leurs pairs ; telle était la principale garantie offerte. Néanmoins la commission estima que les véritables garanties ne se trouvaient pas seulement dans l'énonciation de quelques principes généraux, mais surtout dans l'ensemble et les détails d'un code d'instruction criminelle et dans la législation pénale qui n'existait pas et qu'il fallait avant tout faire rédiger. Ses conclusions sur la réforme en matière pénale se résumèrent ainsi :

« 1° Que les simples contraventions fussent jugées par les nouveaux tribunaux ou par un juge délégué par eux ;

2° Que ce juge fût étranger, si l'inculpé était étranger ;

3° Qu'il y aurait lieu à appel contre les jugements prononçant la peine de l'emprisonnement pour une contravention.

Quant au surplus des propositions, la majorité de la commission fut d'avis :

1° Que l'unité de juridiction en matière criminelle, et correctionnelle était nécessaire à la sécurité de tous les intérêts ;

2° Qu'elle devait être subordonnée à l'examen des garanties résultant d'une législation complète comprenant le Code pénal et le Code d'instruction criminelle ;

3° Que la réforme de la justice civile et la réforme de la justice pénale devaient être introduites en même temps, et

que, tout au plus, il y aurait lieu de dire que la juridiction pénale entrerait en fonctions après un an d'exercice
du tribunal en matière civile et commerciale. »

Bien que l'unanimité des avis de cette commission eût
une portée considérable, le gouvernement français estima
qu'il y avait là des innovations hasardeuses et, au commencement de 1870, il réunit une seconde commission de di-
plomates et de légistes. Cette commission examina chacune des propositions étudiées au Caire, mais, tout en
témoignant de son désir de seconder les intentions éclai-
rées du vice-roi, elle pensa qu'il était imprudent de confier
à une juridiction non encore éprouvée les affaires intéressant la liberté et l'honneur de ses nationaux ; son avis fut
donc de repousser absolument l'extension de la Réforme
aux matières pénales (1). Survint la guerre de 1870.

Quand Nubar-Pacha reprit les négociations, en 1872, devant la commission internationale réunie à Constantinople, il avait obtenu du grand-vizir, Aali-Pacha, l'adhésion
de la Porte à un système plus étendu que le système français de 1870. Ce nouveau projet ottoman admettait, en
effet, la compétence criminelle, mais cette question souleva des difficultés telles que toute l'œuvre de la Réforme
fut un instant en jeu. En présence d'une hostilité si catégorique, Nubar-Pacha fut amené à proposer la transaction suivante qui devint définitive : Il consentait à ce
que l'établissement de la juridiction pénale fût ajournée
pendant un an ; mais pour les crimes et délits commis par
ou contre les magistrats et officiers de justice, à l'occasion
ou dans l'exercice de leurs fonctions, il en réclamait immé-

____

(1) Rapport de la Commission, 30 août 1870. *Documents diplomatiques*, 1875, p. 186 et 192.

diatement la compétence. Nubar-Pacha exposait que les magistrats ne pouvaient aller demander justice d'un outrage devant une juridiction rivale et étrangère, et que, chargés seuls, comme on le verra, de faire exécuter leurs sentences, ils devaient être armés de la compétence nécessaire pour assurer cette exécution (1). Il insistait vivement sur ce point, non seulement parce qu'il garantissait le fonctionnement de la 'Réforme, mais parce qu'il faisait, dès le début, de la reconnaissance de la juridiction criminelle un droit pour l'Égypte et en établissait le principe, « l'opinion du Khédive serait si formelle à cet égard, écrivait M. le comte de Vogué, ambassadeur de France à Constantinople, qu'il serait disposé à renoncer à tout le système malgré 'les avantages reconnus, plutôt que de céder sur ce point (2) ».

Ce projet restreint rencontra l'adhésion des différents cabinets ; on nomma une commission composée des délégués de onze Puissances avec mission :

1° « D'examiner les garanties dont le gouvernement égyptien offre d'entourer l'exercice du droit qui serait accordé à la nouvelle juridiction égyptienne, de connaître des crimes et des délits commis contre les magistrats et officiers de justice dans l'exercice ou à l'occasion de l'exercice de leurs fonctions, et contre l'exécution des sentences et des crimes et délits imputés à ces magistrats et officiers de justice dans l'exercice de leurs fonctions ;

2° « De définir la nature et les différentes catégories de ces crimes et délits ainsi que des peines qu'ils entraînent ».

---

(1) CLUNET. 1874. *Des relations judiciaires des étrangers dans le Levant.*

(2) Dépêche du 7 août 1872. *Documents diplomatiques*, 1875, p. 16.

Les travaux de cette commission spéciale durèrent sept séances et sont consignés dans un long rapport du 15 février 1873. Comme ils n'ont pas pour but une organisation d'ensemble, mais la répression de quelques délits spéciaux assurant le fonctionnement de la Réforme, nous n'entrerons pas dans l'examen des détails. Les garanties les plus grandes furent accordées par le gouvernement égyptien, notamment l'institution d'une chambre de conseil devant laquelle toute poursuite pour crimes ou délits devait faire l'objet d'une instruction ; le fonctionnement d'un jury et d'une Cour d'assises en matière criminelle ; l'instruction contre un étranger faite par un magistrat étranger et dans la langue de l'inculpé ; l'avis donné au Consul de toute poursuite contre son administré ; la moitié des assesseurs en matière correctionnelle et du jury en matière criminelle choisis dans la même nationalité que l'inculpé ; la remise à son consul de l'étranger condamné à l'emprisonnement pour faire sa peine dans la prison consulaire, si le consul le réclamait ; la remise également de l'étranger en cas de condamnation à la peine capitale.

Quant aux contraventions dont la compétence générale avait depuis longtemps été admise au profit des nouveaux tribunaux, il fut décidé que les appels, dans les cas où ils étaient permis par la loi, seraient déférés au tribunal correctionnel. Tel est le résumé, dans ses idées générales, du rapport de Constantinople. Ses dispositions ont formé le titre II du règlement actuel d'organisation judiciaire.

Quant à la juridiction pénale de droit commun dont l'exercice était subordonné à l'essai de la juridiction civile, elle resta à l'état de projet. Un Code pénal et un Code d'instruction criminelle avaient pourtant été rédigés dans la prévision de son fonctionnement mais la première

période quinquennale s'écoula sans en amener la mise en
œuvre.

A l'expiration de cette période, c'est-à-dire en 1880, le
gouvernement égyptien s'empressa de rappeler aux 'Puissances la promesse qui lui avait été faite et réclama
l'attribution de la compétence pénale aux nouveaux tribunaux. A sa demande, une commission internationale
fut réunie au Caire le 6 décembre 1880.

Commission internationale de 1880.

Sous la présidence de S. E. Riaz Pacha, Président du
conseil des ministres, cette Commission devait étudier un
règlement organique élaboré par le gouvernement, et dont
le titre II confiait aux tribunaux de la Réforme la juridiction pénale sur les étrangers dans les termes suivants :
« Seront déférés à la juridiction des tribunaux mixtes, les
auteurs et complices de tous crimes et délits prévus par
le Code pénal, qui auront été commis soit par un étranger
contre la chose publique, soit par un étranger contre un
étranger de nationalité différente, soit par un étranger
contre un indigène, soit par un indigène contre un étran
ger (art. 79 du projet) ». La présence d'un auteur ou d'un
complice de nationalité différente rendait les tribunaux
mixtes compétents (art. 80), et ils l'étaient sans aucune
distinction de nationalité, lorsque le crime ou délit était
commis contre un magistrat ou officier de justice (art.
83), et lorsque la nationalité était inconnue ou incertaine
(art. 82).

La Commission n'avait pas encore abordé cette partie de
son programme, lorsqu'elle suspendit ses travaux le

23 avril 1881, pour les continuer après les vacances; mais au mois de novembre suivant, les événements troublés que traversa l'Égypte ne lui permirent pas de les reprendre. Il était réservé à une commission ultérieure d'y donner suite. L'absence de tout moyen de répression prolongeait cependant pour le gouvernement, un état de faiblesse dont il voulait sortir, et il songea à user de la seule arme qu'il possédait : le règlement de police de Saïd Pacha de 1857. Ce règlement avait été accepté par les consuls généraux de toutes les puissances, et il prévoyait qu'en cas de contravention, de délit ou de crime, l'autorité locale pourrait arrêter l'inculpé, instruire sommairement l'affaire et la poursuivre devant le consulat compétent (1). A l'occasion d'un crime commis par un Maltais sur un indigène en 1881, Chérif Pacha voulut en faire application en réclamant le coupable à son autorité consulaire. Pour des raisons de droit et de fait, celle-ci refusa de le livrer. Et pourtant, écrivait Chérif Pacha dans une note à sir

(1) Art. 44. — Les contraventions en matière de simple police seront, à la diligence du directeur de la police, dénoncées et poursuivies par les voies de droit, auprès du consulat dont relève le délinquant

Art. 47. — Toutes les fois qu'un étranger aura été arrêté en flagrant délit de l'un des actes sus-mentionnés, avis de son arrestation sera sur-le-champ adressé au consulat dont il relève ou, si l'arrestation a eu lieu de nuit, dans la matinée qui suivra.

Art. 48. — L'inculpé sera, pendant l'instruction préparatoire, détenu dans la prison de la police, ou bien, à la demande et sous la garantie de son consulat, à la prison consulaire.

Art. 52. — Le jugement et la punition des crimes et des délits imputés à un étranger, et dont la prévention aura été justifiée par l'instruction préparatoire seront, à la requête du directeur de la police, poursuivis devant la justice consulaire.

(V. ce règlement dans : FÉRAUD-GIRAUD, *De la Juridiction française dans les Echelles*, t. I, p. 472).

E. Mallet : « ce règlement a été conçu et rédigé dans un
« esprit de sagesse et de modération évidentes ; alors que
« les capitulations stipulent que toute rixe entre sujets
« ottomans et étrangers sera du ressort des tribunaux
« ottomans, les termes mêmes des articles qu'il renferme
« indiquent avec quel soin le gouvernement local tenait à
« se renfermer dans les limites de juridiction et d'autorité
« déterminées par les traités internationaux.

« En vertu de ces conventions, et en demeurant même
« en deçà de son droit (il suffit, pour s'en convaincre, de
« se reporter à quelques articles des capitulations de 1675
« et de 1783 avec l'Angleterre et la Russie entre autres),
« le gouvernement local se borne à prescrire une instruc-
« tion sommaire devant l'autorité du pays, en présence et
« avec le concours de l'autorité consulaire dont relève le
« prévenu. Cette formalité remplie, le règlement recon-
« naît à l'autorité consulaire le droit de poursuivre le
« délinquant qui lui est remis, et de statuer sur le crime
« ou le délit qui lui est imputé.

« Du refus opposé par l'autorité consulaire de se con-
« former aux prescriptions de ce règlement, il résulte
« que, pour la répression d'un crime ou d'un délit com-
« mis sur territoire égyptien par un étranger, l'autorité
« locale est complètement ignorée, qu'elle n'a aucune
« communication au sujet de la gravité de l'acte, qu'il
« s'agit de poursuivre pas plus que de la punition infli-
« gée au coupable, et que, conséquemment, pour le pays
« où le crime ou le délit ont été commis, aucune satis-
« faction n'est donnée à l'opinion et à la vindicte pu-
« bliques. La procédure indiquée par ce règlement ne
« porterait cependant (je crois devoir insister sur ce point)
« aucune atteinte à la juridiction consulaire, dont les

« prérogatives sont entièrement respectées et reconnues
« par l'article 52, et elle serait une légitime satisfaction
« accordée au gouvernement local, qui a le devoir de
« prendre en main les intérêts de ses nationaux (1) ».

Les raisons du ministre sont péremptoires en théorie,
mais, en fait, les garanties étaient jugées insuffisantes, et
il était facile de prévoir que ce n'était pas pour permettre
l'application d'un réglement de police de 1857 que les
Puissances avaient refusé, dans diverses conférences internationales, de se dessaisir de leur juridiction sur leurs nationaux.

Commission internationale de 1884.

Le Gouvernement égyptien profita donc de l'expiration
de la seconde période quinquennale pour réclamer, comme
complément de la Réforme, l'extension de sa juridiction aux
crimes et délits où des intérêts mixtes sont en cause. Les
puissances, dont le fonctionnement de nouveaux tribunaux
avait dissipé les défiances des premières années, donnèrent
leur assentiment au principe de la compétence pénale. et le
gouvernement. en prorogeant, d'accord avec elles, le
1er février 1884, les tribunaux mixtes, réunit au Caire une
conférence internationale à laquelle prirent part les délégués de quatorze puissances. S. E. Nubar Pacha la présidait. En prenant la parole à la séance d'ouverture (10
mars). il rappela les travaux suspendus de la précédente
commission : « Ces travaux sont repris, dit-il, mais dans
« l'intervalle écoulé depuis lors, une nouvelle nécessité
« s'est fait sentir, celle d'attribuer aux tribunaux mixtes

(1) BLUE-BOOK. *Egypt.* n° 22, 1883. p. 13 à 23.

« une extension de compétence en matière pénale ». Comme en 1880, le gouvernement déposa un projet de règlement d'organisation judiciaire comprenant l'extension projetée (titre III), et une sous-commission prépara le travail technique. « Le moment est venu, dit son rapport, de réaliser ce vœu : une justice unique, appliquant une loi égale pour tous ; les puissances sont, en effet, d'accord sur le principe avec le gouvernement égyptien, la seule question est de savoir si les tribunaux de la réforme auront une compétence illimitée en matière criminelle, ou, au contraire, si leur compétence sera limitée à certaines catégories de crimes et délits (1) ». Comme c'est la seule des nombreuses commissions internationales saisies de l'extension pénale qui ait posé, discuté et résolu la question, nous allons la suivre pas à pas.

A la commission plénière, ce fut M. Barrère, délégué de France, qui ouvrit la discussion en déposant une proposition d'ensemble, dont la rédaction est devenue l'art. 36 du projet adopté par la commission. Voici cet article qui contient en résumé tout le Code pénal projeté et l'esprit de l'extension nouvelle.

Art. 36. — Seront déférés aux Tribunaux de la Réforme :

1° Les indigènes, à raison des crimes et délits commis par eux, soit comme auteurs, soit comme complices, sur la personne ou au préjudice des étrangers ;

2° Les étrangers, à l'exception toutefois des personnes visées par le § 1 de l'art. 29, des Consuls et Vice-Consuls qui n'appartiennent pas à la carrière, ainsi que leurs femmes et leurs enfants mineurs, à raison des faits suivants :

a) Fabrication, émission et circulation de fausse-monnaie ;

b) Faux et usage de pièces fausses ;

(1) *Rapport de la sous-commission*, p. 12.

c) Incendie volontaire ;

d) Coups et blessures ayant occasionné la mort sans intention de la donner ;

e) Coups et blessures avec circonstances aggravantes ;

f) Faux témoignage et subornation de témoins ;

g) Vols avec circonstances aggravantes ;

h) Banqueroute frauduleuse ;

m) Tous délits prévus et punis par le Code pénal, sous les réserves ci-après :

n) Toutes infractions que les puissances, soit collectivement, soit séparément, voudraient remettre à la connaissance de ces tribunaux.

Même dans le cas où les tribunaux de la Réforme ne pourraient pas connaître de l'affaire, l'instruction sera faite par les juges d'instruction près ces tribunaux et, lorsque l'information sera terminée, ils renverront les inculpés devant la juridiction compétente.

Les étrangers ne seront pas soumis à la juridiction des tribunaux de la Réforme à raison des crimes et délits politiques et à raison des crimes et délits commis par eux sur la personne ou au préjudice d'étrangers de même nationalité. L'instruction de ces crimes et délits n'appartiendra pas aux magistrats des tribunaux de la Réforme.

Toutefois, ces tribunaux seront compétents pour connaître des crimes et délits non politiques commis entre étrangers de même nationalité, dans le cas où des indigènes ou des étrangers appartenant à d'autres nationalités seraient inculpés comme co-auteurs ou comme complices.

Les crimes et délits politiques commis par un étranger pourront être soumis à la juridiction des tribunaux de la Réforme, avec l'approbation de son gouvernement, qui aura le droit ou de réclamer l'inculpé ou de l'abandonner à cette juridiction. »

M. Barrère expliquait ainsi la limitation que présente la rédaction de son article :

« L'objet des dispositions précédentes est de limiter la
« compétence en excluant, outre les crimes et délits poli-
« tiques, certains crimes entraînant des peines perpétuelles

« et les crimes et délits commis entre étrangers de même
« nationalité.

« Il a paru nécessaire, au moment où l'on propose
« l'extension à la matière pénale, de limiter cette exten-
« sion suivant les restrictions ci-dessus indiquées, afin de
« donner satisfaction à certaines appréhensions mani-
« festées par l'opinion en Europe. Ces appréhensions
« tendront, d'ailleurs, à disparaître, en présence du bon
« fonctionnement de la juridiction ainsi constituée, et le
« projet doit être considéré comme un acheminement à
« la compétence illimitée.

« Dans tous les cas, et dans le but d'assurer la répres-
« sion en dehors des espèces prévues à l'article, l'instruc-
« tion se trouve déférée au parquet des tribunaux de la
« réforme (1) ».

De son côté, M. Hitrovo, délégué de Russie, s'exprimait
ainsi : « En recherchant le mieux absolu, on risquerait de
« compromettre les résultats heureux que l'on est en
« droit d'attendre de l'extension limitée qui va être
« accordée.

« Les Puissances ne paraissent pas disposées à adhérer,
« pour le moment, à la compétence complète ; elles tien-
« nent à se réserver les connaissances de certaines causes ;
« mais il y a lieu d'espérer que sous l'influence du bon
« fonctionnement de la Réforme, investie de la compétence
« limitée, les attributions de la juridiction mixte tendront
« à se généraliser et à se compléter, et que, peu à peu,
« les restrictions, aujourd'hui maintenues, viendront à
« disparaître (2) ».

____

(1) Protocole n° 3. Séance du 16 mai 1884.
(2) Protocole n° 3. Séance du 16 mai 1884.

Plus absolu encore que ses collègues de France et de Russie, M. Batcheller, délégué des États-Unis, regrettait que la plénitude de compétence ne fût pas immédiatement déférée aux tribunaux de la Réforme.

« Il serait entré dans les intentions du gouvernement des États-Unis, disait-il, de se dessaisir absolument, en faveur de ces tribunaux, de tout droit de juridiction sur ses nationaux (1) ».

Les délégués des Puissances étant d'accord, la discussion fut courte, et S. E. Nubar-Pacha mit aux voix le texte de l'art. 36 présenté par M. Barrère.

Le procès-verbal rapporte ainsi le vote :

« Les Délégués égyptiens et ceux d'Allemagne, d'Autri-
« che-Hongrie, de Danemark, des États-Unis, de France,
« de la Grande-Bretagne, de Grèce, d'Italie, de Portugal,
« de Suède et Norwège et de Russie votent pour.

« Les Délégués d'Espagne et des Pays-Bas s'abstiennent
« en raison des réserves formulées par eux à la précédente
« séance.

« Les Délégués de Danemark et de Suède et Norwège
« déclarent que leur vote comporte également des ré-
« serves (2).

« Le texte de l'article 36, tel que l'a proposé M. le pre-
« mier Délégué de France, est adopté (3) ».

Les réserves des Puissances secondaires ne portant pas

____

(1) Protocole nº 3. Séance du 16 mai 1884.

(2) Les Délégués de ces cinq Puissances avaient déclaré que leurs gouvernements désiraient que la Cour d'appel fût composée de façon conseiller au cas d'augmentation du personnel de la cour. Ils avaient ménager un siège de fait de cette disposition une condition de leur adhésion aux nouvelles Réformes (Séance du 15 mai 1884).

(3) Protocole nº 3. Séance du 16 mai 1884.

sur le principe de la question, on peut dire que l'extension
de la compétence pénale a été votée à l'unanimité. Le len-
demain 17 mai 1884, la commission adoptait, dans son
ensemble, le projet de Règlement d'organisation judiciaire,
le projet de Code pénal et le projet de Code d'instruction
criminelle préparé par la sous-commission.

Le Code pénal contient 345 articles répartis en 4 titres.
Le titre I⁰ comprend les dispositions préliminaires sur les
peines, la tentative, la complicité, etc. ; le titre II comprend les crimes et délits contre la chose publique ; le titre
III, les crimes et délits contre les particuliers ; le titre IV,
les contraventions. Il ne punit que les crimes qui se commettent le plus ordinairement et qu'il est le plus facile d'apprécier : faux témoignages, vols, banqueroutes, etc. ; quant
à ceux dont la criminalité est plus relative suivant les
mœurs, le climat, le degré de civilisation, ou ceux dont
la gravité est plus grande, comme l'assassinat, l'empoi-
sonnement, il le réserve à la juridiction personnelle des
inculpés. Par contre, il punit tous les délits, sauf les délits
politiques et ceux commis entre étrangers de même nationalité. Le Code d'instruction criminelle contient 194 articles répartis en trois titres : le titre I se réfère à l'instruction préliminaire, aux mesures préventives, aux preuves,
etc. ; le titre II, aux tribunaux de jugements : tribunal de
contraventions, tribunal de répression ; le titre III trace les
règles de l'appel, l'organisation des chambres des requêtes
de la Cour, pour statuer sur leur recevabilité ; le rôle de la
Chambre criminelle de la Cour qui devait statuer en appel ;
les règles de la prescription, etc.

Comme on le voit c'était toute une organisation qui était
instituée. On avait pris pour base de ces deux codes, les
codes indigènes qui, eux-mêmes, dérivent des codes fran-

çais correspondants. Dans le système égyptien la principale différence a trait à l'absence de la Cour d'assises et du jury. Sa suppression fut motivée par les difficultés auxquelles son fonctionnement pouvait donner lieu, en présence d'éléments aussi hétérogènes de nationalité et de religion. A l'institution du jury, on a cru plus sage de substituer la présence de magistrats expérimentés assistés d'assesseurs, avec réserve du droit d'appel devant la Chambre criminelle de la Cour. Il n'y avait plus raison, dès lors, de créer des juridictions distinctes pour les crimes et pour les délits. *Un tribunal de répression* composé de cinq juges assistés de trois assesseurs (dont deux juges et un assesseur indigènes) statuait indistinctement.

En trois séances, la commission internationale de 1884 avait fait faire à l'unité judiciaire un pas considérable ; si l'unification n'était pas complète, du moins les restrictions devenaient l'exception. Déjà l'unité était réalisée par l'instruction, puisque, même dans le cas où la juridiction mixte ne devait pas connaître du fond de l'affaire, elle s'emparait de la poursuite et, l'instruction terminée, renvoyait le dossier de l'inculpé devant sa juridiction. Il était donc facile de prévoir à bref délai l'unité de juridiction de jugement. Les Puissances la laissaient suffisamment pressentir en se réservant le droit formel de se dessaisir collectivement ou séparément, au profit de la Réforme, des infractions qu'elles retenaient encore. Aussi Nubar Pacha, en prononçant la clôture des travaux de la commission, adressait-il, au nom de l'Égypte, aux Délégués des Puissances, ses félicitations et ses remerciements pour l'entente intervenue : « S. E. Nubar Pacha déclare, dit le procès-verbal, qu'il ne saurait trouver d'expressions lui paraissant suffisantes pour témoigner sa reconnaissance à tous·les membres de la Commission internationale, dont le concours si précieux a été accordé à l'Égypte, pour l'élaboration de travaux qui viennent donner un complément à l'institution de la Réforme judiciaire » (1).

Ces travaux ne devaient pourtant recevoir aucune suite ; nous en verrons plus loin la raison.

Quand se posa la question de prorogation de la Réforme en 1888, parmi les desiderata que le gouvernement égyptien exposait aux Puissances, figurait l'extension de la compétence pénale. Faisant allusion à la commission de 1884, « le gouvernement pense, disait la note du minis- « tère des Affaires étrangères (2), que le but à atteindre « étant de lui rendre possible sa tâche d'administrer le « pays, il lui suffit de limiter pour le moment la compé- « tence pénale aux cas qui se présentent le plus fréquem- « ment, cas énumérés dans l'annexe B. Cette limitation, « du reste, présenterait l'avantage de faciliter sur cette « question·d'accord des Puissances. » L'annexe B, jointe à la note diplomatique, ne vise en effet que quelques infractions limitativement déterminées, commises par des étrangers seulement. Tout autre était le caractère de l'article 36 adopté par la commission de 1884 : c'était un Code pénal entier qu'on ajoutait aux codes de la Réforme et qu'on rendait applicable non seulement aux étrangers, mais aux indigènes auteurs ou complices de crimes et délits contre les étrangers. Pour en permettre le rapprochement, voici l'annexe B :

(1) Protocole nº 4. Séance du 17 mai 1884.
(2) Circulaire du 9 octobre 1888.

ANNEXE B

Seront déférés aux tribunaux égyptiens mixtes les étrangers à raison des faits suivants :

a) Excitation à la haine et au mépris du gouvernement, trouble de la paix publique, crimes et délits contre les fonctionnaires et employés de l'État et contre tout dépositaire de la force publique dans l'exercice de leurs fonctions ;

b) Incendie volontaire, découvert au cours d'une instance civile relative à cette incendie et pendante devant les tribunaux ;

c) Faux et usage de pièces fausses devant les tribunaux égyptiens mixtes;

d) Faux témoignages déposés et faux serments prêtés, ainsi que subornation de témoins cités devant les tribunaux égyptiens mixtes ;

e) Banqueroute simple et banqueroute frauduleuse;

f) Fabrication, émission et circulation de fausse monnaie ;

g) Contrebande :

h) Jeux de hasard, loteries ;

i) Incendie volontaire, destruction, mutilation ou dégradation d'antiquités, édifices, monuments, plantations ou autres objets destinés à l'utilité ou à la décoration publique, de monuments et édifices religieux, de lignes ferrées ou télégraphiques, d'ouvrages de travaux publics, et, en général, de tous biens faisant partie du domaine public de l'État ;

j) Vol d'antiquités ou de tous objets appartenant soit aux musées, soit aux mosquées.

Les Puissances qui avaient, nous l'avons dit, accepté sans discussion l'annexe D, relative aux pouvoirs de police, tombèrent au contraire, d'accord avec le gouvernement égyptien pour soumettre à une Commission technique internationale, l'appréciation de l'annexe B. La circulaire du ministère des Affaires étrangères qui en provoquait la réunion ajoutait que « cette Commission aurait, en outre, à déterminer les Codes à appliquer en matière pénale et prendrait pour base de son examen tant les Codes pénal et d'instruction criminelle actuellement en vigueur que les projets déjà préparés sur ces matières par la Commission internationale de 1884 (1). Mais quand la Commission, après avoir réglé les questions d'ordre civil et commercial de l'annexe A, aborda l'examen de la compétence pénale, une divergence de vues se produisit qui arrêta net l'élaboration de cette partie du programme. M. Prunières, délégué de France, déclara tout d'abord que le gouvernement de la République française n'avait adhéré à la réunion de la Commission internationale que sous la réserve que la discussion sur la compétence pénale ne serait entamée que concurremment à la question de la réorganisation du Parquet; il demandait donc au Gouvernement égyptien s'il était disposé à soumettre cette réorganisation à la commission. M. d'Abaza, délégué de Russie, fit observer, de son côté, que son gouvernement n'avait adhéré à la conférence que sous les mêmes réserves, et il se joignit à la demande du Délégué du gouvernement français. Le Délégué du gouvernement égyptien répondit que la question de la réorganisation du Parquet était en dehors des attributions de la commission technique ; que c'était là une question diplomatique susceptible seulement d'être traitée de Puissance à Puissance. Les délégués de France, de Russie, de Belgique, de Danemark et d'Espagne furent, au contraire, d'avis que loin d'être une question politique dont une commission technique ne pût connaître, la réorganisation du Parquet leur devait être soumise en raison

____

(1) Circulaire du ministère des Affaires étrangères, 25 février 1889.

de sa connexité étroite avec la juridiction pénale, et leur insistance se faisait d'autant plus pressante que, dans sa circulaire, le gouvernement avait déclaré que les membres du Parquet étant, avant tout, des fonctionnaires éminemment amovibles, par suite du caractère de leurs fonctions, il croyait devoir, au nom de sa responsabilité, se réserver le droit de les choisir et de les nommer. Aux différents délégués, S. E. Fakhry-Pacha répondit qu'il ne pouvait mettre en discussion une question qui n'était pas à l'ordre du jour, mais qu'il ne saurait donner une réponse définitive sans connaître les bases sur lesquelles MM. les délégués de France et de Russie voudraient voir porter la discussion de la réorganisation du Parquet. Comme le délégué de Russie proposait de prendre pour base le projet de la Commission internationale de 1884, le ministre répondit qu'il devait en référer au conseil des ministres (séance du 21 avril 1890). La commission continua l'examen des questions portées à son ordre du jour et, le 29 avril, arriva à l'achèvement de son programme sans que la discussion de la compétence pénale ait été reprise. « S. E. Fakhry-Pacha expose, dit le procès-verbal de clôture, que l'ordre du jour comporterait la discussion de l'annexe B, relative à la matière pénale. Quelques-uns des délégués n'étant autorisés à prendre part à cette discussion que sous certaines conditions, le gouvernement égyptien va s'occuper d'aplanir toutes difficultés. M. le Président prie, en conséquence, MM. les membres de la Commission d'attendre une nouvelle convocation. »

D'autre part, une dépêche du ministère des Affaires étrangères du 28 juin 1890 accompagnant l'envoi aux différents gouvernements des délibérations de la Commission internationale, portait officiellement à la connaissance des

cabinets d'Europe le résultat de ses travaux. Cette note
expliquait ainsi l'ajournement qu'avait subi l'examen de
la compétence pénale :

« Quand il s'est agi de l'annexe B (extension partielle
« de la compétence des tribunaux mixtes en matière pé-
« nale), quelques-uns des Délégués ont déclaré qu'aux
« termes de leurs instructions, ils n'étaient autorisés à
« aborder la discussion de la compétence pénale que si la
« Commission était saisie, en même temps, d'un projet de
« réorganisation du parquet sur les bases indiquées par
« la commission de 1884. Le gouvernement égyptien a
« jugé que la question ainsi soulevée échappait par sa
« nature à la connaissance de la Commission technique et
« ne pouvait être réglée que par la voie diplomatique, à
« la suite d'un échange de vues avec les puissances inté-
« ressées : aussi a-t-il cru devoir suspendre les séances de
« la Commission jusqu'à ce qu'une entente soit intervenue
« avec ces puissances.

« Je me réserve donc de soumettre ultérieurement au
« gouvernement de   les modifica-
« tions que le gouvernement de Son Altesse croirait pou-
« voir apporter à l'organisation actuelle du parquet. » (1).

Quelle était donc la difficulté qui mettait en 1890 un
obstacle infranchissable à la réalisation d'une extension
de compétence désirée par tous et dont tous les points
avaient été adoptés à l'unanimité en 1884 ? C'est qu'en
1890, le gouvernement jugeait excessives les concessions
faites en 1884. La commission de 1884, en même temps
qu'elle admettait la juridiction pénale sur les étrangers,
organisait un Parquet où se retrouvait, comme dans la

____

(1) Circulaire du ministère des Affaires étrangères, 28 juin 1890.

magistrature assise de la Réforme, un partage de magistrats étrangers et indigènes, avec attribution de prépondérance aux premiers. Si leur nomination et leurs attributions représentaient, pour les gouvernements étrangers, toutes les garanties que ces gouvernements pouvaient désirer avant de se dessaisir de leur juridiction consulaire, ils impliquaient aussi un dessaisissement très important de la part de l'autorité locale. Aux termes des conclusions adoptées par la Commission de 1884, le Procureur général devait être un étranger, nommé par le Khédive, mais présenté par la Cour d'appel (article 16) ; les Chefs de Parquet, devaient être des magistrats étrangers nommés par le Khédive, mais sur la proposition du Procureur général et après avis préalable de la Cour (article 19); il n'y avait des indigènes que parmi les substituts et la proportion des substituts indigènes et étrangers devait être fixée par le Procureur général et la Cour (article 18). Les magistrats du ministère public étaient bien déclarés amovibles (article 21), mais le Procureur général, au cas où il serait relevé de ses fonctions, devait être nommé conseiller à la Cour.

Ces dispositions accentuaient gravement, aux yeux du gouvernement égyptien, le caractère international et autonome de la Réforme. Pour les justifier, la sous-commission exposait dans son rapport que « si le Procureur général pouvait être révoqué purement et simplement, aucun magistrat de la Cour ou des tribunaux de la Réforme n'accepterait ces fonctions. D'autre part, c'est le Procureur général qui dirige l'action publique, c'est de lui que relèvent les procureurs et les substituts, c'est à lui qu'il appartient de les blâmer ou de les défendre ; en un mot, c'est lui qui est responsable de l'administration de la justice criminelle ; il importe donc de placer ce magistrat dans une situation indépendante, et de lui donner une garantie contre une révocation qui ne serait pas fondée sur des considérations exclusivement professionnelles » (1).

La commission de 1884 avait donc constitué, au Ministère Public, une organisation si forte et lui avait garanti une indépendance si complète, qu'elle en faisait en quelque sorte un nouveau Pouvoir dans l'État. Entre les mains du Procureur général se centralisait toute une administration criminelle divisée en deux services : l'un de police judiciaire, pour assurer la recherche des malfaiteurs et l'exécution des jugements, à l'aide d'un personnel d'agents nommés par les tribunaux mixtes (art. 56) ; l'autre, service pénitentiaire, placé sous le contrôle de ces tribunaux et administré par des agents nommés et révoqués par eux (art. 46 et 57). A côté de la juridiction pénale proprement dite, ces nouvelles attributions administratives donnaient à la Réforme une assise des plus larges.

Le gouvernement, effrayé par ce surcroît d'autonomie qui ne lui laissait même plus un agent de police à nommer, crut prudent de borner les délibérations de la Commission de 1884 à leur valeur consultative et revendiqua énergiquement, en 1888, le droit, pour lui seul, de choisir comme ses fonctionnaires, et de nommer sous sa responsabilité les membres du parquet. C'est à cet obstacle que vint échouer la conférence de 1890 ; dans cette impasse formée par les revendications du gouvernement égyptien d'une part, et l'intransigeance des Puissances de l'autre, la question de la juridiction pénale sur les étrangers se trouve, sauf les

(1) *Rapport de la sous-commission*, 29 avril 1884, p. 10.

contraventions, ramenée aujourd'hui au point où elle en
était en 1869. Les contraventions de simple police commises
par les étrangers restent seules du ressort de la juridiction
mixte. Quant aux crimes et délits, les tribunaux de la
Réforme ne jugent que ceux qui sont commis soit contre
les magistrats ou officiers de justice, ou contre l'exécution
des jugements, soit par les magistrats et officiers de justice
dans l'exercice de leurs fonctions (titre II du règlement
actuel de l'organisation judiciaire). Mais qu'au cours d'un
procès civil le tribunal vienne à constater un crime ou
un délit, il est désarmé. Il en résulte que l'on voit des
actes scandaleux : faux en écriture, faux témoignage, abus
de confiance, banqueroute frauduleuse, etc..., se dévoiler
impunément sous les yeux d'une justice impuissante !
C'est aux Consulats qu'il appartiendrait de les réprimer,
mais ou ils les ignorent, ou ils les connaissent trop tard
pour intervenir efficacement ; et les connaîtraient-ils, que
la transmission d'un dossier du tribunal mixte à une ou
plusieurs autorités consulaires donnerait lieu, en pratique, à des difficultés ou à des conflits qui rendraient
presque impossible la répression. Aussi, tous les jurisconsultes et hommes d'État européens ou indigènes qui ont
examiné cette situation, se sont-ils prononcés pour l'attribution aux tribunaux mixtes, de la juridiction unique et
exclusive sur les étrangers. Car, pour rendre la justice
comme il le faudrait, dans ces colonies nombreuses diffé-
rant si essentiellement des groupes de marchands d'autrefois, les consulats ne sont pas organisés ; leur personnel
est insuffisant et leur principe d'action est défectueux.
Sans autre police judiciaire que la police locale à laquelle
ils peuvent s'adresser, mais sur laquelle leur action est
nulle, sans un ministère public et un personnel *ad hoc,* les

Consuls, si on les compare aux magistrats d'Europe armés
des moyens les plus énergiques, constituent pour la recherche et la découverte des crimes et délits, une juridiction manifestement impuissante. Beaucoup de consulats
n'exigent même pas l'immatriculation de leurs ressortissants ; quelle surveillance peuvent-ils donc avoir sur des
individus qu'ils ignorent ! Et, sans parler de délits, que de
crimes, voire même retentissants, se sont commis sans
qu'ils aient rien découvert ! Si quelques méfaits arrivent
jusqu'à eux, c'est qu'ils ont été saisis *flagrante delicto*,
mais pour un qu'ils jugent, combien leur échappent !

'La procédure que leur impose les capitulations vient
encore accentuer cette situation lamentable. Quand un
crime est commis contre un étranger, il n'y a que le
consul' de la victime qui puisse agir et qui agisse. Lui
seul peut se porter partie diligente à l'effet de réunir les
éléments matériels et intentionnels de l'infraction ; ni
l'autorité locale qui n'est pas intéressée, ni le consulat du
malfaiteur, que l'on ignore tant que le criminel n'est pas
découvert, ne se préoccupent de la poursuite.

C'est donc le consul de la victime qui, lorsqu'il porte
ses soupçons sur un individu, doit, pour obtenir la com-
parution de témoins ou les descentes et visites domiciliaires
chez des personnes ne relevant pas de sa juridiction,
recourir soit aux autorités locales, soit aux autres consulats. On peut juger des obstacles sans nombre que
présente une instruction arrêtée à chaque pas, sans parler
même de l'impéritie du personnel consulaire à qui ces
fonctions sont réservées : et quand après une laborieuse
instruction hérissée de difficultés, offrant autant de chan-
ces d'impunité ou de fuite au malfaiteur, celui-ci est
poursuivi devant le consulat dont il relève, alors, en

vertu de cette tendance d'esprit qu'ont les consuls à se considérer en toute occasion, même à l'audience, comme les protecteurs de leurs nationaux, le consul de l'accusé, au lieu de chercher à faire la preuve, attend qu'on la lui apporte, et quand le consul de la victime lui démontre que son ressortissant est le coupable, ce dernier ne peut le punir que s'il s'agit d'un délit. Toutes les puissances, sauf la Grèce et l'Angleterre, qui ont en Egypte une juridiction criminelle, réservent en effet aux tribunaux de la Métropole ceux de leurs sujets convaincus de crimes. Au prix d'un voyage coûteux, on expédie alors l'accusé en Europe : les Français à Aix, les Allemands à Leipzig, les Italiens à Ancône, les Autrichiens à Trieste ou au tribunal du district dont ils sont originaires, les Belges à Bruxelles, les Hollandais à Amsterdam, les Espagnols aux Iles Baléares.

En raison des frais et des lenteurs de cette procédure, la victime ne peut y suivre son agresseur et on n'y peut davantage transporter des témoins. Dès lors, les Cours d'assises ne sont plus réduites qu'au simulacre d'un procès criminel : ni les débats publics et contradictoires, ni la présence de témoins, ni la connaissance des lieux et des circonstances, ni les recherches utiles à la vérité ne permettent aux magistrats de se faire une conviction ; ils doivent juger sur la simple lecture de dispositions écrites. Et quand le crime est commis avec le concours de complices, si ceux-ci sont de nationalités différentes, aucune unité de direction n'est possible et les contradictions des coupables, qui sont d'un si précieux auxiliaire à tout magistrat instructeur, ne peuvent servir à démontrer l'innocence ni l'erreur. Autant de tribunaux, autant de peines différentes ; et si le crime est commis par un indigène avec complicité d'un étranger, l'indigène est condamné par le tribunal local; mais l'étranger est envoyé dans son pays et acquitté ou puni sans aucune concordance avec le jugement réservé à l'indigène. Que si, au contraire, c'est l'indigène qui porte plainte contre un étranger, comme il ne peut poursuivre aux quatre points cardinaux celui dont il est la victime, l'éloignement, les frais et les lenteurs constituent pour lui un véritable déni de justice.

D'autre part, le défaut d'une juridiction pénale unique s'oppose, dans un pays de Capitulations, à ce qu'on s'empare d'un criminel avéré sans le consentement de son consul; il en résulte que la protection des intérêts généraux que le gouvernement local a le devoir de faire prévaloir vient se heurter à un esprit particulariste et national qui entrave sa mission. Qu'un Espagnol, par exemple, commette un crime en France et se réfugie en Egypte, le consul de France ne peut le saisir et l'autorité locale ne peut s'en emparer ; il faudrait que le consul d'Espagne le livrât, et l'on sait que la plupart des pays refusent de livrer leurs nationaux.

Les garanties les plus indispensables font donc défaut et il est hors de doute qu'en Égypte une certaine impunité est assurée aux malfaiteurs. En 1883, Cherif Pacha appelait sur cette situation l'attention des gouvernements dans un memorandum, marqué à notre avis de quelque exagération, mais dont plusieurs passages sont fort justes et toujours d'actualité :

« La justice consulaire, dit-il, quelque soit tout son
« bon vouloir, ne peut atteindre que très difficilement les
« auteurs des crimes et délits qui se commettent dans le
« pays.

« Les poursuites d'office, en dehors de la participation

« d'une partie civile, sont nécessairement fort rares, les
« chancelleries consulaires ne pouvant avoir qu'une lati-
« tude fort limitée pour exposer des frais, la plupart du
« temps irrécouvrables. On peut même ajouter que, géné-
« ralement, les chancelleries n'ont point de fonds destinés
« aux poursuites criminelles, constituées qu'elles sont
« comme au temps où leurs nationaux, séjournant en
« Égypte, étaient en fort petit nombre.

« Aucune satisfaction n'est donnée à l'opinion publique,
« alors même qu'une condamnation intervient à l'étranger
« parce qu'elle reste ignorée en Égypte, d'où il suit que
« les indigènes, croyant à l'impunité, s'abstiennent de
« toute plainte devant les consulats ; les étrangers eux-
« mêmes, n'étant pas témoins de la punition qui a pu
« frapper les coupables, ne ressentent nullement les effets
« de condamnations qui devraient les éloigner de tout acte
« criminel.

« La contrebande s'étale au grand jour, parce que le
« droit de punir appartient à des juridictions qui ne peuvent
« le réprimer en pays étrangers.

« Le commerce est souvent livré aux excès de spécula-
« teurs éhontés, allant à la faillite sans avoir à redouter
« la peine qui devrait atteindre le banqueroutier simple
« ou le failli frauduleux.

« Dans une pareille situation, la vindicte publique,
« aussi bien que la partie lésée, ne reçoit aucune satis-
« faction, le principe d'autorité est méconnu et l'impunité
« empêche tout progrès réel dans l'ordre moral.

« On ne saurait donc s'étonner de l'insistance avec la-
« quelle le gouvernement n'a cessé de réclamer, autant
« dans l'intérêt de ses administrés que dans celui des
« nombreux résidents étrangers, l'institution d'une justice

« criminelle qui pût être administrée parallèlement à la
« justice civile et commerciale, dont on recueille aujour-
« d'hui les bienfaits.

« La Réforme judiciaire d'Égypte avait, avant tout, sa
« raison d'être dans la nécessité d'une réforme en matière
« pénale, le principe a été reconnu par les Puissances, tant
« au Caire, en 1870, qu'en 1873 à Constantinople, et l'on
« peut facilement s'assurer, par la lecture des procès-ver-
« baux de ces conférences, qu'ils contiennent la promesse
« de cette réforme. En effet, accordée en matière de con-
« travention de simple police, elle ne fut qu'ajournée en
« matière de crimes et délits. Dès le début, elle fut éten-
« due cependant aux crimes et délits contre les magistrats
« et officiers de police.

« Le rapport de la commission internationale du Caire
« conclut :

« 1. Que l'unité de juridiction en matière criminelle et
« correctionnelle était nécessaire à la sécurité de tous les
« intérêts ;

« 2. Qu'elle devait être subordonnée à l'examen des
« garanties résultant d'une législation complète, compre-
« nant le Code pénal et d'instruction criminelle ;

« 3. Que la Réforme de la justice civile et la Réforme
« de la justice pénale devaient être introduites en même
« temps, et que, tout au plus, il y aurait lieu de dire que
« la juridiction pénale entrerait en fonctions après un an
« d'exercice du tribunal en matière civile et commer-
« ciale.

« Aujourd'hui, nul ne saurait songer à contester les
« effets salutaires de la Réforme judiciaire ; la magistra-
« ture mixte a fait ses preuves et a montré sa complète
« indépendance en face d'un Pouvoir qui s'est toujours

« attaché à ne la gêner en rien, et à faciliter au contraire
« sa marche bienfaisante.

« Le moment parait donc venu pour les Puissances de
« réaliser leur promesse, et d'accorder aux tribunaux
« mixtes l'extension si nécessaire de leur compétence aux
« crimes et délits commis par des indigènes contre des
« étrangers et *vice versa*, comme aussi par des étran-
« gers contre d'autres étrangers de nationalité différente.

« Les garanties dont on a entouré le fonctionnement
« de ces tribunaux, l'approbation par les Puissances des
« Codes pénal et d'instruction criminelle, une organisa-
« tion toute prête sont autant de raisons pour lesquelles
« il semblerait injuste, d'hésiter davantage à appeler
« l'Égypte à profiter de ce qui est le complément, depuis
« longtemps prévu et désiré, de l'œuvre de la Réforme ju-
« diciaire (1). »

Les dangers tracés dans ce tableau sont théorique-
ment vrais, mais il faut bien reconnaître qu'en fait
la situation n'est plus aussi lamentable. Dans toutes
les colonies, les éléments honnêtes et laborieux sont rede-
venus la règle générale ; en second lieu, certaines d'entre
elles ont institué, en Égypte, une juridiction pénale complète sur leurs ressortissants. La colonie hellène qui, à
elle seule, fournit plus du tiers de la population étrangère
(37,300 sujets d'après le recensement de 1882), ressortit,
depuis 1893, d'une Cour d'assises qui siège deux fois par
an à Alexandrie et juge en dernier ressort tous les crimes,
pour lesquels les accusés étaient autrefois expédiés en
Grèce (2) : ils n'y sont plus envoyés aujourd'hui que pour

(1) Memorandum de S. E. CHÉRIF PACHA à sir E. MALET du 29 juin
1883. BLUE-BOOK, *Egypt*. 1884, nº 24, p. 20.

(2) Voir à ce sujet MILNER : *England in Egypt.*, chap. IV.

subir la peine (1). La colonie anglaise, qui est de 6000 habitants, a également en Égypte sa juridiction criminelle
avec appel à la Cour suprême de Constantinople. Restent
trois colonies importantes : l'Italie (18,000), la France
(15,000), et l'Autriche (8,000) (2) ; les autres colonies n'at-
teignent pas chacune 1,000 ressortissants ; en ce qui concerne le consulat de France, son contentieux criminel est
à peu près nul.

Si le besoin d'une réforme pénale ne se fait donc plus
sentir avec autant de force que dans la période qui s'est
écoulée de 1835 à 1875, il n'en est pas moins vrai que
dans des agglomérations chaque jour plus nombreuses, il
faut toujours compter avec des faits fâcheux inévitables.
Alors, de deux choses l'une : ou ces colonies suivront
l'exemple de l'Angleterre et de la Grèce, en instituant en
Égypte des tribunaux consulaires à compétence criminelle
étendue, et ce sera toujours le particularisme de juridictions spéciales avec leurs défauts inhérents et leur principe d'exterritorialité battant en brèche la souveraineté
territoriale ; ou on restera dans le *statu quo*, et alors il
suffit que tous les dangers que nous avons signalés soient,
en théorie, possibles pour qu'en-fait ils soient à redouter.
C'est ce qui a permis à M. Milner de dire (3) qu'il serait
difficile d'exagérer la somme d'injustice et l'affreuse confusion administrative qui résulte de l'impunité si fréquem-
ment assurée aux criminels. Incontestablement on ne
trouve.pas en Égypte la sécurité qu'on trouve dans tout

____

(1) Pour le fonctionnement de cette Cour d'assises, V. le *Journal
officiel* du gouvernement hellène, 1893, no 17, 26 janvier.

(2) Tous ces chiffres sont extraits du dernier recensement qui date
de 1882 ; ils ne sont donc plus aujourd'hui qu'approximatifs.

(3) MILNER : *England in Egypt.*, chap. IV.

pays. Au point de vue du droit public, la question ne comporte qu'une solution : l'administration de la justice pénale sur tous, indistinctement, au nom du Souverain (1). Tout le monde étant d'accord sur le principe que la justice pénale des consulats a fait son temps, il est d'autant plus regrettable qu'une entente ne puisse se produire sur les moyens de transport aux tribunaux mixtes de leurs pouvoirs insuffisants.

Sauf les questions d'État, la juridiction civile et pénale des consuls doit entrer dans le domaine du souvenir, comme une fonction qui ne peut survivre aux raisons qui l'ont fait naître. À sa place et tout naturellement se présente la juridiction mixte qui, depuis près d'un quart de siècle, a fait ses preuves et donne des garanties qui inspirent toute confiance. Il est donc dans l'ordre des choses qu'elle succède à la juridiction consulaire au criminel, comme elle lui a succédé au civil. La Réforme y gagnerait une mission civilisatrice, et le Gouvernement y reprendrait ce rôle élevé qui lui appartient et qui s'impose à lui, plus impérieusement encore au point de vue de l'ordre public qu'au point de vue des transactions.

(1) Dans son rapport de 1891, lord Cromer signale une réforme de moindre importance à tenter, mais qui lui paraît très désirable, en raison de l'intérêt pratique immédiat qui s'y attache. Il s'agirait d'obtenir des divers États qu'ils imposent à leurs nationaux l'obligation de déposer comme témoins, quand ils en sont requis, devant les tribunaux consulaires dont ils ne relèvent pas. L'absence ou le mauvais vouloir d'un témoin important peut en effet enrayer l'œuvre de la justice en lui soustrayant une preuve efficace. Cette réforme faciliterait la marche de la justice et il serait à souhaiter que toutes les Puissances s'y prêtent dans un intérêt commun (Rapport de Lord Cromer du 29 mars 1891. Blue-Book, *Egypt*. 1891, n° 3).

CONCLUSION

—

Au profit de qui s'est accomplie l'évolution judiciaire
dont nous venons de parcourir les étapes et quel doit en
être le terme? Cette évolution s'est accomplie au profit de
l'Égypte et de l'Europe; chaque période a correspondu à
un accroissement dans le mouvement des affaires. Les
données nous manquent sur le mouvement des importations et exportations du siècle dernier, mais on peut juger
de ce qu'ils devaient être par ce fait qu'en 1783, le prix de la
ferme de la douane d'Alexandrie était de mille bourses, ce
qui, à raison de 500 piastres la bourse, fait 5,000 L. E.,
soit 125,000 francs (1). En 1820 le mouvement des importations et exportations ne s'élevait pas à un million;
c'était l'époque du droit capitulaire et des fondiques. En
1860, le mouvement des importations et exportations attei-
gnait 60 millions: période du droit coutumier et des anciens tribunaux mixtes de commerce. En 1875, à l'époque
de la Réforme, ce mouvement s'était élevé à 300 millions.
En 1895 la valeur des importations est de L. E. 8,245,884
et la valeur des exportations de L. E. 12,673,767 (2) soit
un mouvement d'environ 550 millions de francs.

(1) Volney. *Loc. cit.*, p. 203. — V. aussi *Revue d'Égypte*, publiée
au Caire par M. Gaillardot Bey, n° du 1er novembre 1895. p. 361.

(2) Ces chiffres sont extraits du *Bulletin mensuel du commerce
extérieur de l'Égypte*, publié par l'Administration des Douanes.

On peut encore juger du développement de ces échanges par la répercussion qu'ils ont eu dans les affaires contentieuses. La statistique dressée pour les dix-huit premières années de la réforme donne les chiffres suivants :

Du 1er février 1876 au 31 octobre 1893, 129,727 affaires ont été déférées à la juridiction mixte.

Les bureaux des actes notariés ont reçu 69,268 actes.

Les greffes des hypothèques ont reçu 550,963 transcriptions et 48,031 inscriptions hypothécaires.

Ils ont eu en outre à légaliser 87,188 signatures.

La Caisse générale judiciaire, pendant les dix-huit premières années de la réforme judiciaire, a reçu L. E. 2,947,937 équivalant à francs 76,420,920.

Ces données permettent de mesurer l'œuvre accomplie par les tribunaux mixtes, et d'apprécier les services qu'ils ont rendus et qu'ils continuent de rendre au pays et aux colonies européennes. Rien n'est propre autant que les rapports de commerce, de travail et l'échange incessant des services à rapprocher les nations ; et les relations pacifiques et commerciales ont fait naître de ce rapprochement une prospérité dont le bien-être général des Égyptiens et des colonies européennes a également bénéficié.

S'il est vrai, comme le disait Nubar-Pacha à celui qui écrit ces lignes, « qu'un pays qui n'a pas de justice n'est pas un pays », l'institution des tribunaux mixtes et des tribunaux indigènes, qui en ont été la conséquence, a fait de l'Égypte un pays nouveau. Sous cette troisième phase, les capitaux étrangers ont afflué, donnant aux affaires un très grand essor : l'exportation des produits du sol; le mouvement des ports, le commerce du transit ont doublé; de nombreuses entreprises se sont fondées : sociétés anonymes, exploitations commerciales, industrielles et agri-

coles ; la richesse immobilière s'est considérablement aug-
mentée ; en un mot, ce grand développement des affaires
qui n'eût pas été possible sans la sécurité que donne la
justice, a changé la face du pays.

C'est l'accomplissement du vœu de Nubar-Pacha dans
son rapport de 1867, quand il appelait l'institution d'une
justice régulière au nom des intérêts économiques et la
réalisation de cette parole du Khédive Ismaïl à l'inauguration des tribunaux mixtes : « Ce jour, dit-il, est un jour
remarquable dans l'histoire de l'Égypte comme un point
initial d'une nouvelle vie de civilisation ».

Depuis lors, vingt ans se sont écoulés ! Pour un peuple,
vingt ans ce n'est même pas la première jeunesse, et cependant que de progrès dans ce court espace. C'est à la
justice qu'on les doit, et dans cette œuvre de transformation sociale, le rôle de la Réforme a été principal. Elle
seule était à même de donner les garanties nécessaires
aux capitaux que l'Égypte demandait à l'Europe pour la
mise en exploitation des forces vives du pays. Il en est
résulté, il est vrai, que par la consolidation de cette justice internationale, la population cosmopolite fixée sur les
bords du Nil s'est trouvée soustraite, plus que par la
simple immunité des capitulations, à la puissance territoriale. C'est là, nous l'avons déjà dit, le reproche qu'on
peut lui adresser, car « un peuple qui, pour retenir les
étrangers sur son territoire, est appelé à légiférer autant
pour eux que pour lui-même, peut facilement perdre le
sentiment de son indépendance et de son unité (1) ».
Mais à cela on peut répondre ce que disait avec beaucoup
de justesse, en 1867, lord Stanley sur les affaires

(1) Brocher. *Dr. int. privé*. 1882. T. I, p. 92.

d'Égypte : « Il faut tendre principalement à obtenir des résultats pratiques quand même ils ne seraient pas parfaitement d'accord avec la perfection théorique... il faut aller vers ce qui est vraiment praticable plutôt que ce qui est désirable en théorie (1) ».

Certes il eût été préférable que le vice-roi, au lieu d'implanter tout d'une pièce dans ses États une organisation calquée sur celle des magistratures européennes, se fût appliqué à améliorer graduellement l'administration de la justice parmi ses sujets. S'il fût parvenu avec le temps à former un corps de magistrats égyptiens éclairés et indépendants, il n'y a nul' doute que les étrangers fixés sur son territoire eussent été attirés peu à peu dans la sphère d'action de tribunaux, où ils eussent été assurés de trouver une distribution impartiale de la justice. Mais ce programme était-il réalisable alors que les premiers éléments faisaient défaut et que les consulats représentaient au contraire les principes d'action et de progrès (2).

Ce qu'on ne pouvait entreprendre en 1875, ne peut-on songer à le tenter aujourd'hui ? Des tribunaux indigènes absolument différents des anciens tribunaux locaux ont été créés en 1885. Par leur législation, leur procédure et leur personnel, ils présentent le tableau d'une réorganisation complète de la justice locale et donnent l'impression du réveil intellectuel de toute une génération studieuse et pleine de bonne volonté. Cette organisation judiciaire comprend une Cour d'appel au Caire, six tribunaux de première instance dans les centres principaux et quarante tribunaux de justice sommaire (justice de paix). Pour ne

(1) Dépêche de lord STANLEY au colonel STANTON. 18 octobre 1867.

(2) Exposé présenté à la Commission pour la Réforme judiciaire en Égypte. 7 mai 1874. Livre jaune, 1875, p. 189.

parler que de ces derniers, les affaires y marquent une progréssion constante : 18,000 en 1892, 24,000 en 1893, 31,000 en 1894 (1).

Le soin donné par les magistrats à l'examen des affaires ressort, dit M. Scott, conseiller judiciaire, de ce fait que sur 31,000 procès, 11,000 ont été portés en appel, et, sur ce nombre, 700 décisions ont été confirmées.

Pour guider la marche de la nouvelle institution, on a créé un comité de contrôle et de surveillance judiciaire dans le but d'éviter les interprétations erronées de la loi, contrôle dont l'action s'exerce par des avis d'un caractère général ; un recueil de jurisprudence publie régulièrement les décisions qui intéressent le corps de la magistrature et le barreau et contribue aussi à diminuer les conflits de jurisprudence (2).

Le trait saillant de cette organisation c'est le développement, sur un grand nombre de points du territoire du système du juge unique à compétence étendue. Il a pour heureux résultat de rapprocher la justice du justiciable et, dans un pays essentiellement agricole, de faire trancher immédiatement et à peu de frais une foule de petits litiges ; par là, il répond bien aux besoins de la population, car pour l'oriental « qui comprend mieux l'équité que la justice » a dit avec beaucoup de vérité Lord Dufferin, la procédure doit être ramenée à sa plus simple expression. A ce point de vue, l'organisation de la justice indigène réalise un progrès marqué sur la juridiction mixte. Il n'y a en effet, en Egypte, que quatre tribunaux de justice sommaire pour les européens, et leur com-

<hr>

(1) Rapport de M. Le Grélle, procureur général. Supplément au *Journal officiel* du 11 mars 1895.

(2) *Al Cada*, publié sous la direction de M. Schárabati.

pétence, bornée aux litiges ne dépassant pas 200 fr. en dernier ressort, et 500 fr. sous réserve d'appel, est absolument insuffisante; la Commission internationale de 1890 avait projeté d'étendre cette juridiction, qui, telle qu'elle fonctionne actuellement, ne répond pas à sa destination. Les tribunaux de justice sommaire indigènes ont au contraire une compétence qui s'élève à 2,500 fr., de sorte que souvent, surtout dans les provinces, les européens cèdent leurs procès à des indigènes pour les faire trancher par ces tribunaux dont la procédure est plus expéditive et moins coûteuse que celle des tribunaux mixtes de première instance. Tous ces perfectionnements reportent déjà loin le temps où Lord Dufferin écrivait, dans son rapport de 1883, en parlant des anciens tribunaux locaux, que la justice indigène n'était qu'une métaphore, « *A figure of speeech* » (1). Dix ans après, dans son rapport de 1893, Lord Cromer rendait aux nouveaux tribunaux le témoignage suivant : « Les tribunaux indigènes, dit-il, jouissent maintenant du respect et de la confiance publique. La limitation du choix des juges à des hommes qui ont reçu une instruction juridique, l'allocation d'un traitement convenable et un souci continuel de l'indépendance du magistrat ont effectué ce changement, d'autant plus remarquable qu'il s'est opéré principalement par la coopération indigène. Un tiers seulement des magistrats de la Cour d'appel sont européens, les autres égyptiens. La totalité des juges de première instance, au nombre de 103, à l'exception de trois, sont des Égyptiens. On peut dire maintenant que la justice en Égypte est rendue sur des bases fixes et, sauf exception, que les décisions

____

(1) BLUE-BOOK. *Egypt.* 1883. No 7.

sont justes. Il n'y a pas d'affaire en retard. Tous les tribunaux sont réellement à la hauteur de leur tâche (1). »

Deux facteurs importants ont contribué à ce résultat : la sécularisation de la loi et l'enseignement du droit.

Aujourd'hui, le dogme est en Égypte complètement séparé du droit. Des codes égyptiens, calqués sur les codes mixtes, sont applicables aux justiciables, quelle que soit leur confession religieuse. Malgré son origine divine, la loi musulmane, subissant l'évolution qu'ont subie les législations chrétiennes, se sécularise graduellement. Comme les tribunaux mixtes, les tribunaux indigènes ne jugent que des biens, des contrats et obligations, laissant le juge du statut personnel trancher les questions d'ordre confessionnel.

En second lieu, le droit est enseigné en Égypte avec autant de soin qu'en Europe. Au Caire, une École officielle où les études durent quatre années, comporte un programme à peu près identique à celui des facultés de France (sauf les cours de doctorat) ; chaque branche de l'enseignement y est spécialisée et le diplôme de licence qui en couronne les études est indispensable à ceux qui veulent entrer dans la magistrature ou le barreau (2). D'autre part une mission égyptienne entretient en France, aux frais du Gouvernement égyptien, un groupe d'étudiants qui suivent assidûment les cours de nos Facultés ; enfin une École française de droit, de création récente (1890), compte un certain nombre d'étudiants qui viennent chaque année prendre leurs grades à Paris. Les jeunes générations

(1) Rapport de lord CROMMER de 1893. BLUE-BOOK. *Egypt.* N° 3.

(2) Cette École a été fondée par un de nos savants compatriotes, VIDAL-PACHA ; à sa mort, la direction en a été confiée à un éminent professeur de la faculté de Grenoble. M. Ch. TESTOUD.

égyptiennes reçoivent donc une forte instruction théorique
qui les perfectionne progressivement; la recommandation
ou la faveur ne remplacent plus, comme autrefois, les ca-
pacités, et le personnel de magistrats qui faisait totalement défaut à l'Égypte il y a vingt ans, est aujourd'hui
très suffisant comme nombre et comme connaissances.
« En fait ils sont au courant, dit M. Scott, et il reste
peut-être à attendre d'eux cette forte indépendance de
caractère et ce désir de bien faire par satisfaction personnelle et respect de soi-même que l'on trouve chez les
magistrats de l'Occident. De telles qualités sont le résultat de siècles d'éducation, de liberté et de *self-government*.
Il y a cependant beaucoup de bonne volonté parmi les
jeunes Égyptiens et un certain esprit de corps s'est déjà
développé parmi les juges » (1).

Si l'on songe à la difficulté qu'il y avait à faire de toute
pièce un droit nouveau, au temps et à la patience nécessités pour développer des éléments bons certainement,
mais qu'il a fallu coordonner, on trouvera que le chemin
parcouru en quelques années par une institution faite
d'un seul jet, est considérable ; ces progrès iront s'affirmant chaque année, au fur et à mesure que se développera
l'expérience des magistrats, et que se consolidera l'institution. Ne peut-on donc pas y voir l'aube de la quatrième
et dernière phase de l'évolution de la justice en Égypte :
une justice nationale ? Il faut bien le reconnaître, la justice mixte n'en tient pas lieu : elle est indépendante de
l'État, elle se rattache par des liens officiels à des gouvernements étrangers, et sa législation tient d'eux les per-

___

(1) Rapport de M. Scott à lord Cromer. Blue-Book. *Egypt.* 1895,
N° 1.

fectionnements qu'elle réclame. Contraire à cette première raison de l'État, qui est d'être l'organe de la loi, cette justice peut-elle être définitive? Comme le célèbre chancelier français, les tribunaux mixtes peuvent dire : « Ce que le prince nous donne en puissance, nous le lui rendons en justice ». Mais n'est-il pas naturel et légitime que le prince poursuive l'avènement d'une juridiction qui lui permette de retirer à une magistrature étrangère le partage de sa puissance judiciaire et de sa puissance législative ?

Nous ne nous dissimulons pas les obstacles que la situation financière actuelle du pays apportera à cette réalisation. La dette publique et la dette hypothécaire de l'Égypte, qui représentent des milliards, sont presque exclusivement entre les mains des étrangers. En ce qui concerne la dette publique. nous avons déjà dit que la Caisse de la dette avait été créée en 1876 comme corollaire, en matière de finances, à l'institution de la Réforme en matière de justice.

La loi de liquidation qui a assis les finances de l'Égypte sur des bases définitives, est venue confirmer cette situation.

Or, cette loi, dit M. Simaika, a eu pour effet évident d'étendre la juridiction des tribunaux mixtes bien au-delà des limites du droit privé dans lesquelles avaient voulu la placer les négociateurs de la Réforme de 1875 (1), et, partant des données que fournissent les art. 4 du décret du 2 mai 1876 et 38 de la loi de liquidation, M. Kaufmann voit dans ce dernier acte un contrat bi-latéral qui assure aux parties contractantes. le recours devant la juridiction mixte pour les intérêts que ces textes réglementent (2).

____

(1) SIMAIKA. *Loc. cit.*, p. 132.

(2) Les Commissaires de la Caisse de la Dette publique égyptienne et le Droit international. *Berlin* chez PUTTKAMMER et MUHLBRECHT. — Du même : *Le Droit international de la Dette de l'État égyptien.*

L'argument peut se formuler ainsi : en constituant la juridiction mixte comme la juridiction normale du service de la dette, en assurant sa protection aux engagements assumés par lui envers les étrangers porteurs de titres de sa dette, l'État égyptien a étendu les dispositions du règlement organique de la Réforme. Aussi longtemps donc que la Caisse de la dette publique aura à exercer sa tutelle sur l'administration financière du pays (et son fonctionnement a été déclaré permanent jusqu'à l'entier amortissement de la dette), le maintien de l'organisation judiciaire de la Réforme sera de droit comme conséquence de l'organisation financière (1).

Prise dans toute sa rigueur cette proposition reporterait bien loin l'œuvre de la nationalisation de la justice. Sans vouloir entrer ici dans une discussion financière qui devient facilement politique, nous pensons que lorsque la période d'évolution de la juridiction indigène sera achevée, l'unité judiciaire sera bien près de recevoir sa solution.

La juridiction indigène n'a guère qu'une dizaine d'années d'existence, et dix ans ce n'est pas l'âge de la majorité. L'Europe ne renoncera donc pas aujourd'hui en sa faveur

(1) La question de la durée des tribunaux mixtes s'est posée lors de leur dernière prorogation, à propos de la reconnaissance officielle de leur incompétence entre indigènes en matière immobilière, demandée par le gouvernement égyptien aux Puissances comme condition du renouvellement. Une controverse en est résulté sur le point de savoir si l'Égypte pouvait d'elle-même dénoncer la juridiction de la Réforme ou si le maintien de cette juridiction était obligatoire pour elle, tant qu'il plairait aux Puissances de la conserver. L'article 40 du règlement d'organisation judiciaire qui a été invoqué est ainsi conçu : « Après cette période (quinquennale) si l'expérience n'a pas confirmé l'utilité pratique de la Réforme judiciaire, il sera loisible aux Puissances, soit de revenir à l'ancien ordre de choses, soit d'aviser d'accord avec le gouvernement égyptien, à d'autres combinaisons.

à la magistrature mixte, à qui des qualités de science, d'expérience et de caractère, donnent précisément la force des vieilles institutions d'Europe. Mais si la suppression des tribunaux mixtes n'est pas réalisable parce qu'il n'y a encore rien qui puisse prendre leur place et que le retour à la juridiction consulaire créerait la plus grande confusion au préjudice de tous les intérêts (1), si l'unité judiciaire n'est pas encore possible, au moins un acheminement à cette unité doit-il être le but de tous les efforts.

On ne peut pas envisager pour toujours la coexistence de deux juridictions. Cette dualité est très regrettable et le rôle des Puissances doit être de faciliter à l'Égypte de mettre son administration judiciaire sur le même pied qu'elles (2). Si l'on conçoit qu'un pays ne veuille pas

(1) Rapport de lord CROMER de 1891.

(2) A diverses reprises des propositions ont été faites dans le sens de l'unification. On sait déjà qu'en 1869, la première idée avait été d'adjoindre des Chambres indigènes aux Chambres mixtes. En 1883, il avait été question de demander aux puissances de renoncer à leur droit de présentation pour la nomination des magistrats ; les tribunaux auraient continué à comprendre des étrangers, mais ceux-ci eussent différé des magistrats européens actuels par ce fait, qu'ils auraient été choisis librement par le gouvernement égyptien. On pensait faire perdre ainsi aux tribunaux de la Réforme leur caractère international et en faire des tribunaux égyptiens. Une autre combinaison consistait dans le projet de création d'une Cour de révision. Cette cour devait connaître des affaires jugées par les Cours mixte et indigène. Composée de quatorze magistrats (sept indigènes et sept étrangers) elle aurait été divisée en deux Chambres, l'une à majorité étrangère pour juger les affaires mixtes et l'autre à majorité indigène pour juger les affaires indigènes. La Cour aurait été présidée par un indigène, mais un vice-président étranger devait présider la Chambre mixte. Par le roulement des magistrats d'une Chambre à l'autre, on pensait en faire un trait d'union et permettre à la magistrature indigène de se former au contact de la magistrature européenne. (Com-

laisser sans protection les droits de ses ressortissants à l'étranger, cette attitude ne s'expliquerait plus le jour où, sans lésion de l'intérêt national, il pourrait aider au développement des principes de justice, chez un peuple qui ne demande qu'à progresser.

Pour les États d'Europe, tout est une question de garanties. La principale, celle qui les suppléera toutes, se dégagera de ce courant très large d'instruction qu'un enseignement complet, primaire, secondaire et supérieur, distribue avec des résultats déjà intéressants à suivre, mais dont les conséquences dans vingt, trente ou quarante ans, seront fort importantes. Ignoré par la plupart qui continuent à vivre sur les préjugés du passé, comme on continue à dire qu'il y a des crocodiles en Égypte, ce développement intellectuel ne doit pas échapper à ceux qui sont appelés à juger le pays et doit mériter aux générations nouvelles une appréciation toute différente. De bonne foi, on ne peut pas le méconnaître et il' ne tardera pas à s'en dégager des principes vivifiants qui généraliseront l'évolution juridique à laquelle nous assistons. Nous ne sommes donc pas de ceux que retient le respect inflexible et superstitieux des capitulations ; elles répondent de moins en moins en Égypte aux raisons qui les ont fait naître, et le passé ne peut constamment peser sur l'avenir au point de l'étouffer. L'Europe le comprend d'ailleurs fort bien. La défiance vis-à-vis de la juridiction indigène ne peut plus s'appuyer sur les raisons mises en avant en 1867. Quand l'Égypte du XXe siècle, forte d'une juridiction codifiée et d'une magistrature instruite de la loi,

mission internationale de 1880. Procès-verbal de la séance du 6 décembre).

demandera le droit de rendre la justice chez elle. que pourra-t-on lui répondre ?

Bien qu'il soit difficile d'envisager en Égypte les questions juridiques, abstraction faite des questions politiques, nous nous sommes fait une règle de ne pas toucher à un ordre d'idées complètement étranger à l'esprit de ce travail. C'est dans cet ordre d'idées cependant qu'il faudra peut-être chercher l'explication de la résistance de l'Europe ou du moins de certaines Puissances pour lesquelles, suivant l'expression de M. Milner, les tribunaux mixtes se sont érigés en forteresse.

En formulant le vœu que l'évolution encore incomplète, parcourant un dernier cycle, réalise un jour le retour des personnes et des choses à la justice territoriale, conformément au droit commun des nations, nous ne nous sommes inspiré que de cette conviction : que pour un peuple, la vérité juridique, c'est l'unité de juridicion ; et dans ce pays, témoin de la plus vieille civilisation connue, où la Grèce envoyait ses hommes les plus illustres, Homère, Pythagore, Platon, et ses deux grands législateurs, Lycurgue et Solon, apprendre la sagesse, nous n'avons pas pensé qu'il nous fût permis de douter du développement graduel et continu de la justice vers la Renaissance judiciaire.

Vu

Par le Président de la thèse.

Vu   **RENAULT.**

Par le Doyen,

COLMET DE SANTERRE.

Vu et permis d'imprimer :

Le Vice-Recteur de l'Académie de Paris,

GRÉARD.

ANNEXES

—

—

Note.

S'autorisant de l'article 331 du Code pénal mixte, aux
termes duquel l'autorité municipale égyptienne a la faculté
de « rendre des règlements dans les limites de sa compétence », le gouvernement khédivial crut naguère pouvoir
user d'un droit absolu de réglementation en matière de
simple police à l'encontre des étrangers; mais les tribunaux mixtes refusèrent de reconnaître la validité des
règlements nouveaux ainsi promulgués par le gouvernement, en fondant leur refus sur l'article 12 du Code civil
mixte : « Les additions et modifications aux présentes lois
(les Codes mixtes) seront édictés sur l'avis conforme de
la magistrature et au besoin sur sa proposition ; mais, pendant la période quinquennale (de chaque renouvellement),
aucun changement ne devra avoir lieu dans le système
adopté ».

C'est pour sortir de la difficulté créée par cette divergence de vues que, lors de la dernière prorogation des
tribunaux de la Réforme, le gouvernement égyptien a

proposé à l'acception des Puissances l'annexe D. Il s'a-
gissait donc, en fait, de concilier par la mise en vigueur
de ce nouveau texte la disposition sus-mentionnée de l'article 331 du Code pénal avec la disposition paraissant
contradictoire contenue dans l'article 12 du Code civil ;
en d'autres termes, il s'agissait d'autoriser le gouvernement khédivial à compléter le titre IV (des contraventions)
du Code pénal mixte.

Le gouvernement égyptien l'entendait bien ainsi, il est
facile de s'en convaincre en lisant la circulaire adressée
aux représentants des Puissances par le ministre des
Affaires étrangères Zulfikar Pacha, le 9 octobre 1888.
« Le gouvernement khédivial, était-il dit en substance dans
ce document, demande seulement le droit de règlementer,
sous réserves de certaines vérifications confiées à la Cour
d'appel mixte, diverses matières qui composent la vie
journalière du public », et ces matières se trouvaient
limitativement énumérées dans l'annexe D jointe à ladite
circulaire.

Le gouvernement de Son Altesse prenait, en même
temps, l'engagement que les futurs règlements : 1° ne
contreviendraient en rien au texte des traités et conventions en vigueur (il va de soi que ces termes génériques
comprennent aussi les usages dérivés de ces traités et conventions et passés en force de loi); 2° qu'ils n'infligeraient
aucune peine supérieure à celles dites de simple police et
portées au titre IV du Code pénal mixte; et 3° qu'ils s'ap-
pliqueraient sans distinction à tous les habitants du territoire.

Or, ces diverses conditions, toutes essentielles, ont été
enfreintes dans plusieurs des règlements promulgués en
vertu de l'annexe D.

I. — *Règlement sur l'enregistrement des naissances et décès.*

Ce règlement, dans son ensemble, constitue une violation directe de l'engagement pris par le gouvernement égyptien de n'édicter, à l'égard des étrangers, que des règlements ayant trait aux matières énumérées dans l'annexe D. Le gouvernement prétend, il est vrai, que ce règlement intéresse « l'hygiène et la salubrité publiques » (mentionnées dans la dite annexe), car, pour assurer celles-ci, l'administration sanitaire a besoin d'être exactement fixée sur le mouvement des naissances et décès.

On ne conteste pas qu'il soit nécessaire à l'administration sanitaire de connaître le nombre et la nature des décès ; mais elle possède aujourd'hui tous les éléments d'information désirables, puisqu'elle seule peut délivrer les permis d'inhumation, aux termes du règlement du 10 janvier 1881 approuvé par les Puissances (art. 15).

En ce qui concerne les naissances, l'administration sanitaire, dit-on, a également besoin de les connaître afin de veiller à l'application des dispositions (qui pourront être promulguées un jour) pour la protection des enfants en bas-âge. Mais en admettant qu'on ne conteste pas ce nouveau champ d'action à l'administration sanitaire, il lui suffit d'être avisée qu'il est né un enfant de tel sexe dans telle maison déterminée ; or, d'après le règlement susmentionné du 10 janvier 1881 (art. 11 et 12), il incombe aux médecins de cette administration de recueillir eux-mêmes sur place tous les renseignements voulus touchant les naissances ; à cet effet, ils peuvent, en ce qui concerne les étrangers, s'adresser aux consulats et paroisses qui, certainement, ne leur refuseront aucune indication utile ; mais si ces médecins faillissent à leur tâche par nonchalance, ce n'est pas un motif pour imposer aux étrangers l'obligation de faire, à l'administration sanitaire, des déclarations d'état-civil.

D'ailleurs, pareille exigence est inconciliable avec l'article 4 du Code civil mixte, en vertu duquel « les questions relatives à l'état des personnes restent de la compétence du juge du statut personnel », c'est-à-dire de l'autorité consulaire dans le cas des Français. De par cet article 4, les tribunaux mixtes égyptiens n'ont pas le droit d'appliquer à des Français un règlement relatif à des déclarations d'état-civil ; et, par conséquent, le gouvernement n'avait pas le pouvoir de l'édicter d'après les termes de l'annexe D, qui stipule expressément l'application de tous les règlements par la justice mixte.

II. — *Règlement sur l'exercice de la médecine et règlement sur l'exercice de la pharmacie civile (en tant que profession libérale).*

La première objection à élever contre ces deux règlements est que le droit de réglementation n'a été concédé au gouvernement khédivial qu'en matière de simple police, et que l'exercice d'une profession libérale ne rentre pas dans ce cadre restreint.

Pour en venir au détail, les dispositions contenues dans les articles 1 de chacun de ces deux règlements contreviennent à plusieurs conventions en vigueur. Ainsi, elles enfreignent directement l'article 63 de la grande Capitulation de 1740, lequel stipule, en faveur des Français résidant sur le territoire ottoman, l'exemption de tous les impôts, sauf ceux de douane et de teskéré, à moins de renonciation spéciale donnée par leur gouvernement; les deux règlements en question assujettissent, en effet, les médecins à une taxe professionnelle de 200 P. T. et les pharmaciens à une de 150 P. T. De plus, ces derniers ne peuvent ouvrir une officine, ni vendre en gros des substances vénéneuses, s'ils n'ont obtenu des autorisations qu'on leur fait payer 5 livres; le prix de ces autorisations n'est pas indiqué expressément dans les derniers règlements; on l'a fixé d'après un autre règlement, en date du 6 décembre 1887, antérieur, par conséquent, à l'annexe D, que n'ont jamais approuvé les puissances et qui, même pour les indigènes, est devenu caduc depuis le promulgation de la loi des patentes, cette loi ayant aboli, par son article 29, toutes les taxes professionnelles établies avant sa promulgation.

III. — *Règlement sur l'exercice de la pharmacie civile (considérée au point de vue commercial) et règlement sur la vente des substances vénéneuses.*

Ces deux règlements, en donnant à l'administration sanitaire le droit d'inspecter les boutiques des pharmaciens et droguistes français sans l'autorisation et l'assistance de l'autorité consulaire, violent l'article 80 de la grande Capitulation.

Le gouvernement égyptien prétend, il est vrai, que cet article n'a jamais subordonné les visites domiciliaires à l'autorisation du consul et qu'il se borne à exiger que celui-ci soit prévenu. Cette interprétation n'est pas con-

forme à celle qui a été consignée diplomatiquement dans
le protocole Bourée du 9 juin 1868 ; aux termes de ce protocole, les visites domiciliaires ne peuvent avoir lieu
qu'en vertu d'ordres émanés de l'autorité compétente ;
or, quelle est cette autorité, sinon le consul ?

Le gouvernement égyptien, autrefois, l'entendait lui-
même ainsi, puisque, par règlement du 10 janvier 1881
(article 9), il décidait qu'à l'égard des pharmaciens et droguistes étrangers, aucune perquisition ou visite domiciliaire ne pourrait être faite que « avec l'autorisation et le
concours de l'autorité consulaire ». Aujourd'hui le gouvernement égyptien prétend même pouvoir se dispenser
de la présence de cette autorité aux visites domiciliaires ;
inutile d'insister pour montrer combien est flagrante cette
violation du texte de la grande Capitulation.

En second lieu, l'article 9 du règlement sur la pharmacie donne, dans certains cas, au juge de simple police, le
pouvoir d'ordonner la fermeture d'une pharmacie. Cette
disposition contrevient à une des conditions essentielles
posées dans l'annexe D ; la fermeture n'est pas, en effet,
une peine de simple police, et il y a lieu de s'étonner que
le gouvernement égyptien ait pu la présenter comme telle,
puisque lui-même l'a édictée contre d'autres établissements,
comme peine correctionnelle, dans les articles 169 et 173
du Code pénal mixte.

Le même article 9 prête encore à d'autres critiques.
Aux termes de l'article 244 du Code pénal égyptien et de
l'article 234 du Code pénal mixte, l'ouverture d'une pharmacie par un individu non muni de diplôme est un délit
puni de peine correctionnelle ; l'article 9 du règlement
sur la pharmacie, qui stipule, au contraire, des peines de
simple police, n'est pas, par conséquent, en l'état, appli-

cable aux indigènes, ce qui contrevient à la condition d'égalité de traitement posée dans l'annexe D. De plus, le gouvernement égyptien n'avait pas le droit de transformer un délit en contravention et de changer ainsi les juridictions sans l'assentiment des Puissances. Il n'a pas, en effet, le pouvoir de légiférer pour faire aux Codes mixtes (même à celles des dispositions du Code pénal qui n'ont qu'une valeur virtuelle) des additions ou modifications ; il a avoué son impuissance à cet égard, quand il a présenté à l'acceptation des Puissances l'annexe C ; mais les Puissances ayant refusé d'approuver cette annexe, la situation est restée la même.

IV. — *Règlement sur les établissements publics.*

Tout d'abord l'annexe D, en indiquant comme type des établissements publics « les hôtels, cafés, maisons meublées, cabarets, maisons de tolérance, etc. », avait, par cette indication même exclu de la catégorie les cercles et clubs ; c'est par une extension abusive que le règlement les fait figurer dans son énumération des établissements publics. Ils ne devraient pas être touchés par le règlement. La manière dont ils le sont soulève, d'ailleurs, une objection de principe. L'article 19 stipule que des visites domiciliaires pourront être faites dans les cercles et clubs, en vertu d'une délégation, non pas du consul, mais du Parquet mixte ; cette substitution est contraire aux textes que nous avons déjà cités au sujet des visites domiciliaires.

L'article 1er établit illégalement un nouvel impôt, celui

de licence. C'est une seconde violation de l'article 63 de la grande Capitulation.

L'article 70 de cette même Capitulation est également violé par le règlement ; il est dit, en effet, à l'article 19, que la police a le droit d'entrer, sans l'autorisation du consul, dans les établissements publics. Il est vrai que, par un protocole en date du 28 avril 1866, M. Outrey, consul général de France à Alexandrie, a, au nom du gouvernement de l'Empereur, abandonné au gouvernement khédivial le droit de faire entrer la police locale, « à toute heure et sans le concours des consulats, dans les cafés, restaurants, cabarets et maisons suspectes » ; mais c'était seulement pour le cas, expressément mentionné dans le protocole, où la police aurait à faire dans ces établissements « des perquisitions ou arrestations ». Il n'a jamais été question de laisser la police égyptienne faire à sa guise des descentes dans les établissements publics « pour y vérifier des registres ou y prendre des informations », pas plus que de laisser l'administration sanitaire y pénétrer afin qu'elle puisse examiner sans contrôle la nature des boissons.

Enfin, l'article 20 édicte la peine de la fermeture qui, ainsi que nous l'avons déjà dit, est supérieure à une peine de simple police.

(Ministère des affaires étrangères. *Documents diplomatiques*. Affaires d'Egypte, 1884-1893, p. 423).

ANNEXE A LA DÉPÊCHE POLITIQUE DU CAIRE, EN DATE DU
31 OCTOBRE 1891.

—

*Tigrane Pacha, Ministre des Affaires étrangères du
Khédive, au Marquis de Reverseaux, Agent et Consul
général de France au Caire.*

Le Caire, le 31 Octobre 1891.

Monsieur le Ministre,

J'ai l'honneur de vous accuser réception de votre dépêche, en date du 20 octobre dernier, à laquelle était annexée une note verbale résumant les objections soulevées
par le Gouvernement de la République à l'encontre des
règlements publiés au *Journal Officiel* du 15 juin dernier.

Sans vouloir revenir ici sur les circonstances qui ont
amené l'entente relative à l'annexe D, il me suffira d'indiquer que le droit incontestable du Gouvernement khédivial d'édicter des règlements de police étant entravé par
la jurisprudence des tribunaux mixtes, il a, conformément
à la circulaire de mon prédécesseur, en date du 9 octobre
1888, consenti à soumettre l'exercice de son droit de réglementation au contrôle de la Cour d'Appel mixte pour toutes
les matières énumérées à l'annexe D.

Mais le rôle de la Cour est limité à certaines vérifications : elle doit, notamment, s'assurer que les règlements

proposés « ne contiennent aucune disposition contraire au texte des Traités et Conventions ».

Vous ajoutez que les termes génériques « Traités et Conventions » comprennent aussi les usages dérivés de ces Traités et Conventions et passés en force de loi.

Je me trouve dans l'obligation de repousser absolument cette interprétation formellement contraire à l'accord intervenu. La rédaction de l'annexe D a été intentionnelle : c'est justement pour ne pas laisser invoquer et discuter des usages dont l'existence et la portée auraient toujours été contestées par le Gouvernement égyptien et sur lesquels, par conséquent, une entente était impossible, qu'il a été décidé de s'en tenir strictement au « texte des Traités et Conventions ».

Je m'empresse, d'ailleurs, de reconnaître que c'est sur le texte de ces traités que sont basées les objections soulevées dans votre note.

En présence du mandat donné à la Cour d'un commun accord par les Puissances et par le Gouvernement égyptien, j'aurais pu hésiter à entrer en discussion au sujet de règlements sur lesquels l'Assemblée générale de la Cour a déjà délibéré.

Mais, comme vous invoquez une violation formelle des traités, le Gouvernement de Son Altesse considère comme un devoir de loyauté d'examiner avec vous si, réellement, une clause quelconque des Conventions internationales a été méconnue, le respect de ces engagements primant, aux yeux du Gouvernement de Son Altesse, toute autre considération.

J'entre donc dans l'examen de vos objections, en suivant l'ordre dans lequel vous les avez présentés :

Enregistrement des naissances et décès

Le Gouvernement khédivial n'a jamais eu la pensée
d'intervenir dans des questions d'état-civil ; non seulement cette intervention ne serait pas justifiée, mais elle
n'aurait, en outre, aucun intérêt pour lui. Son seul but
est d'être renseigné sur le nombre des naissances survenues
sur son territoire, afin de faciliter l'application du règlement de la vaccination et de permettre à ses services sanitaires d'établir des données statistiques plus exactes sur
le mouvement des naissances et des décès. Réduit à ces
proportions, le règlement sur les naissances rentre manifestement sous la rubrique « hygiène et salubrité publiques » mentionnée à l'annexe D.

Ces renseignements, il est vrai, auraient pu être obtenus des Consulats ; mais, soit que certaines législations
n'astreignent pas leurs nationaux à déclarer la naissance
de leurs enfants, soit que certains Consulats n'aient pas
cru devoir fournir à l'Administration les états demandés,
il en est résulté que le Gouvernement de Son Altesse s'est
trouvé dans l'obligation de promulguer les dispositions
concernant les naissances contenues dans le décret du
9 juin dernier.

Quoiqu'il en soit, le Gouvernement khédivial, désireux
de donner entière satisfaction aux objections élevées par
le Gouvernement de la République, est tout disposé à soumettre à la sanction de Son Altesse un nouveau décret
qui serait le complément de celui sus-visé.

Ce décret exempterait les étrangers de l'obligation de
déclarer la naissance de leurs enfants à l'administration
égyptienne, si ces étrangers sont, aux termes de leur loi

nationale, tenus de déclarer les naissances à leurs consulats, et si l'agence diplomatique dont ils relèvent veut
bien notifier au ministre des Affaires étrangères, que les
autorités consulaires placées sous ses droits ont reçu pour
instructions de transmettre tous les huit jours, aux autorités sanitaires, un état des naissances inscrites à leur
chancellerie, avec indication du jour, du sexe et de la maison où a eu lieu la naissance.

Dans les mêmes conditions, la remise de l'extrait de
l'acte de décès cesserait d'être obligatoire pour les ressortissants français, du moment que les autorités consulaires
feraient parvenir directement le relevé des décès de leurs
administrés.

*Règlement sur l'exercice de la médecine et règlement
sur l'exercice de la pharmacie (en tant que profession
libérale).*

Le gouvernement de Son Altesse ne saurait admettre
qu'il a puisé dans l'annexe D son droit de réglementer
l'exercice de la médecine et de la pharmacie. Naturellement préoccupé des dangers que l'exercice de ces deux
professions par des personnes incompétentes pouvait faire
courir à ses nationaux, il a, dès 1851, adressé une circulaire à MM. les Consuls généraux, leur communiquant un
règlement sur les pharmacies qui prévoyait comme mesure à prendre la fermeture définitive ou temporaire de
ces établissements. D'ailleurs, l'article 11 du décret du
3 janvier 1881, réorganisant les services sanitaires, suffit
à lui seul pour enlever tout doute à ce sujet, et pour constater le droit du gouvernement khédivial, de subordonner

l'exercice de ces deux professions à la production des diplômes et à l'autorisation.

Quant à l'objection relative à la perception de certains droits de chancellerie, il convient de rappeler qu'ils ont été établis par un décret qui remonte à 1887, et acquittés par des médecins, pharmaciens et sages-femmes français. Il est permis d'ajouter également qu'aux termes de la loi ottomane sur l'exercice de la médecine, les droits pour l'obtention du permis d'exercer sont fixés à 500 piastres. Cette loi est appliquée à tous les médecins, sans distinction de nationalité.

Néanmoins, en ce qui concerne ces droits de chancellerie, et malgré les considérations qui précèdent en faveur de l'administration égyptienne, le gouvernement du Khédive, pour être agréable au Gouvernement de la République, consentirait à faire abandon de ces droits perçus lors de la remise de l'autorisation pour l'exercice de la profession de médecin, pharmacien, sage-femme, ainsi que du droit de 5 livres égyptiennes relatif à l'ouverture d'une pharmacie ou d'un établissement de vente de produits pharmaceutiques, à l'ouverture d'un établissement pour la vente des substances vénéneuses, à l'ouverture d'un établissement industriel employant des substances vénéneuses.

Règlement sur l'exercice de la pharmacie civile au point de vue commercial, et règlement sur la vente des substances vénéneuses.

L'accord intervenu entre les Puissances et l'Egypte, à propos de l'annexe D, ne visant que les dispositions contraires *au texte des traités et conventions*, c'est donc à ce point de vue exclusif qu'il y a lieu d'examiner les objections élevées au sujet des perquisitions à faire chez les pharmaciens et les droguistes.

Or, l'article 70 de la Capitulation de 1740 porte que l'autorité locale ne pourra, sans nécessité et par force, entrer dans une maison habitée par un Français.

Le protocole Bourée, du 9 juin 1869, tout en définissant le domicile, stipule : *En dehors de la demeure, l'action de la police s'exercera librement et sans réserve.*

La délibération des Consuls généraux, en date du 26 avril 1866, constate le droit de la police locale de pénétrer, *sans avoir besoin du concours des consulats*, dans des établissements publics, *étant seul excepté le domicile privé* de l'individu. Ce n'était donc pas, de la part du Gouvernement français, l'abandon d'un droit, mais bien la reconnaissance explicite du droit déjà existant pour le Gouvernement égyptien de pénétrer librement dans les établissements publics.

Quant à l'article 9 du règlement du 10 janvier 1881, le gouvernement de Son Altesse a conclu, des pourparlers qui ont précédé sa promulgation, que son droit de pénétrer dans les pharmacies et drogueries sans l'assistance consulaire demeurait intact. Il serait, d'ailleurs, difficile de considérer les établissements énumérés au dernier paragraphe de l'article 9 : marchés, abattoirs, pharmacies, drogueries, magasins de comestibles et autres lieux publics, comme constituant un domicile.

Convaincu de son droit, le gouvernement de Son Altesse soumettait à la Cour d'appel le règlement sur les pharmacies et celui sur les substances vénéneuses contenant des dispositions relatives à son droit d'inspection, mais la Cour a cru devoir imposer au gouvernement l'obligation d'avertir, au préalable, l'autorité consulaire avant de procéder à l'inspection, et prévu, en outre, le cas où cette autorité ne se ferait pas représenter.

En présence du mandat conféré à la Cour, le gouvernement de Son Altesse ne pouvait qu'accepter une disposition qui, en somme, n'entravait nullement son droit d'inspection et se bornait à laisser aux autorités consulaires la faculté de se faire représenter.

C'est dans le même ordre d'idées que, pour être agréable au gouvernement de la République, le gouvernement de Son Altesse propose d'insérer que l'avis préalable sera adressé au consulat cinq heures au moins avant l'inspection, que la lettre d'avis devra être envoyée ouverte, et que mention de l'heure de la réception sera faite sur les registres du porteur.

Il n'y aurait ainsi à redouter ni surprise, ni malentendu et, si l'autorité consulaire n'assistait pas à l'inspection, il serait passé outre.

L'objection élevée contre l'article 9 du règlement des pharmacies se base sur ce que la fermeture, que le juge est autorisé à ordonner dans des cas déterminés, ne serait pas une peine de simple police, mais une peine correctionnelle.

Or, aux termes des articles 3, 4 et 6 du Code pénal mixte, qui donne la nomenclature des peines, la fermeture ne figure ni parmi les peines de simple police, ni parmi les peines correctionnelles.

La fermeture ne constitue donc pas une peine ; c'est une mesure destinée uniquement à faire cesser, suivant les cas, un état de délit ou de contravention.

: Il va de soi qu'il ne s'agit pas ici d'une fermeture définitive. La réouverture pourra avoir lieu aussitôt que le contrevenant aura régularisé sa situation vis-à-vis des règlements et que, par suite, l'état de contravention aura cessé. Il ne tient donc qu'au contrevenant lui-même d'abréger la durée de la fermeture de son établissement. Il y a lieu de rappeler que le gouvernement a eu l'occasion d'user de son droit de procéder administrativement à la fermeture des pharmacies. Ce droit, non seulement n'a pas été contesté par les consulats intéressés, mais encore sur une action en dommages-intérêts intentée du chef de fermeture administrative, la Cour mixte a, par un arrêt en date du 6 décembre 1888, reconnu la parfaite légalité de la procédure suivie par le gouvernement.

Règlement sur les établissements publics.

Il n'est pas exact de dire que les cercles et les clubs sont exclus de l'annexe D. L'énumération des établissements n'est pas limitative, elle n'est qu'énonciative, puisqu'il y est dit: « maisons meublées, cafés, maisons de tolérance, etc. »

Quant à l'intervention du parquet mixte pour pénétrer dans les cercles et les clubs, elle est on ne peut plus justifiée par la nature même de ces établissements qui ne relèvent d'aucune autorité consulaire spéciale, puisqu'ils comprennent des membres de nationalité différente. Dans ces conditions, à moins d'aviser le corps consulaire dans son entier, il fallait en venir à la judicieuse solution indiquée par la Cour.

La licence prévue à l'article 1er est *gratuite*, il n'y a

donc ni création de nouvel impôt, ni violation de la Capitulation.

La critique de l'article 19 est combattue, ainsi qu'il a été expliqué plus haut, tant par le protocole Bourée que par la délibération des consuls généraux de 1866. Le premier dit que : « En dehors de la demeure, l'action de la police « s'exercera librement, sans réserve ». La seconde reconnaît explicitement que « la police locale a le droit de « pénétrer, sans le concours des consulats, dans les cafés, « restaurants, etc., étant seul excepté le domicile de l'in-« dividu, pour y faire des *perquisitions* et arresta-« tions ».

Ces déclarations de la délibération de 1866 en matière d'établissements publics n'étaient pas nouvelles ; déjà, en 1849, le corps consulaire, convoqué par le ministère des affaires étrangères d'alors, reconnaissait que l'action de la police devait s'exercer librement, sans la moindre des oppositions, dans les établissements publics, ainsi que cela résulte de la circulaire aux Consuls généraux en date du 2 mai 1849, n° 91.

D'ailleurs, on ne saurait contester au gouvernement égyptien son droit de réglementer les établissements publics et d'imposer aux logeurs la tenue d'un registre, obligation qui résulte de l'article 339 du Code pénal mixte. Or, cette obligation n'aurait pas de sanction si la police ne pouvait pas vérifier ces registres.

Les considérations développées ci-dessus répondent également à l'objection soulevée au sujet du droit donné aux autorités sanitaires de pénétrer dans les établissements publics pour constater la qualité des boissons : ce droit de l'autorité locale étant admis, il lui appartient, évidemment, de déléguer, à cet effet, des agents du service spé-

-cial sanitaire qui offrent plus de garanties, tant à l'administration qu'à l'intéressé lui-même.

Certes, il serait utile, en vue de la répression ultérieure, que la constatation de la nature des boissons fût contradictoire ; le gouvernement de Son Altesse serait donc disposé à accepter l'assistance d'un délégué consulaire. Mais il serait bien entendu qu'il n'y aurait pas d'avis préalable ; les commissaires se rendant à une constatation préviendraient verbalement l'autorité consulaire, qui serait tenue de prêter son assistance immédiate sans pouvoir retarder ni avancer l'inspection.

Enfin, il y a lieu d'examiner les prétendues violations de la liberté de conscience. L'article 1er du Règlement sur les établissements publics n'a nullement entendu subordonner à une autorisation préalable l'ouverture d'un établissement ; mais, puisque des doutes paraissent s'élever, le gouvernement de Son Altesse s'empresse d'en modifier la rédaction de manière à rendre toute équivoque impossible. Quant à l'interdiction du débit des boissons alcooliques et fermentées, le gouvernement ne croit pas devoir insister sur les raisons d'ordre supérieur qui justifient cette disposition. Il est néanmoins disposé à ne pas étendre cette interdiction aux quartiers européens des villes d'Alexandrie, du Caire, de Port-Saïd, d'Ismaïliah et de Suez.

Sur l'article 19, à propos du libre accès de la police dans les établissements publics, le gouvernement reconnaît qu'il ne saurait refuser d'insérer la réserve relative au domicile privé telle qu'elle est inscrite dans la délibération de 1866.

En ce qui concerne la fermeture prévue à l'article 20, il a été expliqué, à propos du règlement sur les pharmacies, que la fermeture n'excédait pas les pouvoirs du juge des contraventions. Il n'y aurait qu'à introduire des modifications de forme pour la mettre en harmonie avec la rédaction de l'article premier.

Telles sont, Monsieur le Marquis, les considérations que la lecture de votre note a suggérées au gouvernement de Son Altesse.

J'ai eu l'honneur de vous les exposer au cours de nos différents entretiens et de vous faire connaître, en même temps, comment le gouvernement khédivial croit pouvoir concilier certaines des dispositions de nos règlements avec l'interprétation donnée par le gouvernement de la République aux traités et actes invoqués.

Vous avez bien voulu m'informer, Monsieur le Marquis, que les dispositions indiquées plus haut et que l'Egypte offre de prendre au sujet des règlements concernant les naissances et décès, les médecins et les établissements publics, sont de nature à vous donner satisfaction.

Je m'empresse de vous transmettre, ci-joint, un exemplaire de ce dernier règlement, portant, à l'encre rouge, le texte des modifications projetées, en vous priant de me faire savoir si elles résument fidèlement nos accords verbaux.

J'aurais été très heureux, Monsieur le Marquis, si cette entente eût pu s'étendre également aux règlements sur les pharmacies et les substances vénéneuses, mais j'espère qu'avec l'esprit de conciliation dont est animé le gouvernement khédivial et votre haute intervention, nous ne tarderons pas à arriver à un accord, même sur les deux règlements laissés en suspens.

Veuillez, etc...

(Ministère des Affaires étrangères. *Documents diplomatiques*. Affaires d'Égypte, 1884-1893, p. 429).

DÉCRET SUPPRIMANT LA PERCEPTION DES DROITS DE CHANCELLERIE OU AUTRES POUR LA DÉLIVRANCE DE CERTAINES AUTORISATIONS.

Nous, Khédive d'Egypte,

Sur la proposition de nos ministres de l'Intérieur et des Finances et l'avis conforme de notre Conseil des ministres :

Décrétons :

Art. 1er. — Sont et demeurent supprimés tous droits quelconques de chancellerie ou autres, perçus jusqu'à ce jour pour la délivrance des autorisations :

D'exercer la médecine, la pharmacie, l'art vétérinaire, la profession de dentiste, l'art de l'accouchement, la petite chirurgie et la profession de simple accoucheuse ;

D'ouvrir une pharmacie et des établissements de vente de produits pharmaceutiques ;

D'ouvrir un établissement de vente de plantes vénéneuses.

Art. 2. — Le présent décret est exécutoire nonobstant toute disposition contraire résultant des décrets ou règlements en vigueur, et, à partir de sa publication, les autorisations indiquées à l'article précédent, seront délivrés sans autres frais que le prix du papier timbré, soit 30 millièmes.

Art. 3. — Nos ministres de l'Intérieur et des Finances sont chargés, chacun en ce qui le concerne, de l'exécution du présent décret.

Fait au palais d'Abdine, le 17 novembre 1891 (15 Rabi-Akher 1309).

MÉHÉMET TEWFIK.

MINISTÈRE DE L'INTÉRIEUR

—

ARRÊTÉ SUSPENDANT LES INSPECTIONS DES DÉLÉGUÉS SANITAIRES CHEZ LES PHARMACIENS OU INDUSTRIELS EUROPÉENS.

—

Le ministre de l'Intérieur :

Vu les arrêtés ministériels en date du 13 juin 1891 concernant l'exercice de la pharmacie civile et les substances vénéneuses,

Arrête :

Les délégués sanitaires ne procéderont pas, jusqu'à nouvel ordre, s'il s'agit de pharmaciens, commerçants ou industriels européens, aux inspections prévues et règlementées par l'article 9 du règlement relatif à l'exercice de la pharmacie civile, et par l'article 17 de celui ayant trait aux substances vénéneuses.

Fait au Caire, le 21 novembre 1891.

MOUSTAPHA FEHMY.

Minute en la cause :

Hoirs Cheikh Hassan El Ghergaoui, *demandeurs*,

contre :

1° Mahmoud Abdalla ; 2° Hanafi Aly Ibrahim, *défendeurs*.

—

Le Tribunal,

Après en avoir délibéré conformément à la loi, jugeant en matière civile ;

Attendu que les hoirs de Cheikh Hassan el Ghergaoui revendiquent contre Mahmoud Abdalla et Hanafi Aly Ibrahim, 100 feddans de terre, sis aux villages de Déchna et el Sayeda (moudirieh de Kench), désignés et limités dans l'exploit introductif d'instance ;

Attendu que les défendeurs soulèvent le déclinatoire pour incompétence des tribunaux mixtes, les demandeurs aussi bien que les défendeurs étant tous des sujets locaux et aucun intérêt étranger n'étant engagé dans les débats ;

Attendu que les demandeurs soutiennent que la règle générale, en vertu de laquelle les tribunaux mixtes ne sauraient connaître des procès entre indigènes, souffre une exception *quant aux actions réelles immobilières* ;

Qu'ils invoquent la dernière disposition de l'article 9 du règlement d'organisation judiciaire reproduite à l'article 5 du Code civil ainsi conçu :

« Ils (les tribunaux mixtes) connaîtront aussi de toutes les actions réelles immobilières entre toutes personnes, même appartenant à la même nationalité » ;

Qu'il s'agit donc de bien fixer la portée d'une telle disposition, en l'interprétant en conformité des principes qui règlent l'interprétation des lois ;

Attendu qu'il est tout d'abord à remarquer, que dans le langage vulgaire du pays, l'expression « *nationalités* » à l'époque de la rédaction de l'article, servait spécialement à désigner les *nationalités étrangères* : qu'en effet, cette terminologie pouvait alors difficilement s'appliquer à un pays encore soumis au régime de la personnalité des lois, suivant les différentes communautés qui composent la population indigène ;

Que par conséquent on ne saurait soutenir d'une manière absolue, que le texte littéral de la loi ne présente aucun doute et exclut péremptoirement la restriction *aux étrangers de la même nationalité ;*

Attendu, d'ailleurs, qu'il est de règle qu'en cas de désaccord entre la lettre et l'esprit de la loi, il faut s'en tenir de préférence à l'intention véritable du législateur, la parole n'ayant de valeur que comme expression de la pensée. C'est pourquoi les jurisconsultes romains ont transmis aux siècles l'aphorisme : « *Scire leges non est earum verba tenere sed vim ac potestatem* ».

Que sur cette base est fondée la doctrine universelle et constante qui distingue trois espèces d'interprétation : l'interprétation *déclarative ou grammaticale,* pour les cas où l'ambiguïté des termes de la loi soulève des doutes sur leur véritable signification et les interprétations *restrictive et extensive* lorsque le texte, quoique clair et précis, a dépassé la pensée du législateur ou ne l'a pas entièrement exprimée : *(plus dictum quam cogitatum, minus dictum quam cogitatum).*

Attendu qu'il importe donc de rechercher la pensée du législateur ; que dans l'espèce, tout concourt à démontrer que le gouvernement égyptien n'a jamais eu l'intention d'enlever aux Mehkémés toute juridiction en matière immobilière, même entre indigènes, pour l'attribuer aux nouveaux tribunaux, et que jamais les puissances étrangères n'ont suggéré une pareille abdication de la Souveraineté territoriale ;

Que cela ressort jusqu'à l'évidence :

1° D'autres dispositions du règlement d'organisation judiciaire ;

2° Du but principal de la Réforme judiciaire et de la nature même de la prétendue innovation ;

3° De l'origine historique de la disposition controversée ;

4° Des conditions mêmes dans lesquelles la Sublime Porte a donné son approbation au projet de la nouvelle organisation judiciaire.

I. — *Autres Dispositions.*

Attendu que les articles 12 du règlement d'organisation judiciaire et 6 du Code civil disposent :

« Ne sont pas soumises à ces tribunaux les demandes *des étrangers* contre un établissement pieux, en revendication de la propriété d'immeubles possédés par cet établissement ».

Attendu qu'il est évident que cette disposition aurait aussi soustrait à la connaissance de la juridiction mixte les demandes en revendication de bien *wakfs* intentées par des *indigènes*, si, selon la règle générale de compétence consacrée par l'article 9, ceux-ci devaient être considérés comme justiciables des tribunaux mixtes en toute matière foncière : car il serait absurde d'admettre qu'on ait voulu réserver aux Mehkémés les actions des étrangers contre les *wakfs* et laisser aux nouveaux tribunaux celles des indigènes contre les mêmes wakfs; mais, si l'article 12 ne parle que des étrangers, c'est pour la raison bien simple qu'on n'avait jamais songé à attribuer aux tribunaux mixtes la juridiction exclusive en matière immobilière entre indigènes ;

Attendu que cela ressort encore, au surplus, des articles 13 du règlement d'organisation judiciaire et 9 du Code civil aux termes desquels : le seul fait de la constitution d'une hypothèque *en faveur d'un étranger*, sur les biens immeubles, quels que soient le possesseur et le propriétaire, rendra ces tribunaux compétents ».

Que cette disposition, quelle qu'en soit la portée, indique bien que, même dans les matières foncières, la cause doit avoir un caractère mixte pour rentrer dans la compétence des nouveaux tribunaux.

II. — *Esprit de la loi.*

Le gouvernement égyptien, en soumettant aux Puissances le projet de la Réforme judiciaire, se proposait de mettre, sinon un terme, au moins une limite aux inconvénients dérivant de la multiplicité des juridictions consulaires ; il se plaignait notamment que les tribunaux consulaires eussent usurpé une juridiction en matière immobilière contrairement à des capitulations qui ne reconnaissaient pas même aux étrangers la capacité de posséder des immeubles. Pour remédier à de tels inconvénients, point n'était besoin de rompre avec des traditions remontant aux sources mêmes de l'Islamisme, en enlevant aux Mehkémés la compétence à connaître des questions immobilières, qui touchent directement l'assiette territoriale du pays et présentent conséquemment un caractère d'*ordre public et politique*.

On ne saurait perdre de vue qu'en renonçant à toute juridiction immobilière en faveur des tribunaux mixtes, le gouvernement égyptien aurait privé ses propres tribunaux du moyen *d'exécuter ses jugements par la voie immobilière.* Une pareille innovation, qu'on peut bien qualifier de véritable *révolution dans l'ordre juridique*, ne pouvait certainement s'accomplir par une simple expression incidente d'un article du règlement, d'une manière *implicite* et quasi subreptice, elle aurait dû être solennellement proclamée.

Le système des demandeurs attribue au législateur ou, à mieux dire, au gouvernement égyptien l'idée *d'unifier entièrement* la juridiction immobilière, surtout pour favoriser le crédit hypothécaire. Mais le gouvernement égyptien, lors de l'inauguration de la réforme, pouvait bien avoir en vue de centraliser les juridictions immobilières en faisant cesser des pouvoirs consulaires qu'il croyait abusifs, sans toutefois renoncer entièrement à la souveraineté en matière de juridiction territoriale en faveur des tribunaux mixtes.

En effet, le nombre des tribunaux mixtes prévu au règlement, ainsi que le personnel, aurait été manifestement insuffisant et même dérisoire pour une telle œuvre, et le gouvernement égyptien, de même que les Puissances, n'auraient pas manqué de le reconnaître.

Il est, d'autre part, inconcevable que le gouvernement égyptien ait voulu priver ses sujets de l'avantage de voir jugés leurs différends en matière immobilière sur les lieux mêmes, dans leur langue, par une autorité musulmane au

courant de leurs idées et de leurs mœurs, en application
de la loi sacrée du *Cheriat* et des *Canouns* édictés par le
Souverain du pays, — et de les contraindre à se rendre des
points les plus éloignés de son territoire, pour la plus petite contestation immobilière, au Caire, à Alexandrie, à
Ismaïlia ; plaider loin des lieux et des faits du procès,
devant un *Méglis* composé en majorité d'étrangers à leur
pays, à leur religion, à leur langue, appliquant des lois et
suivant une procédure tout à fait différente et souvent
contraire à leurs idées, à leurs habitudes, à leurs traditions
séculaires, et auxquels le moindre changement ne pouvait
être apporté sans l'assentiment des Puissances ou tout au
moins du corps de la magistrature.

Il est également certain que le gouvernement égyptien,
s'il avait réellement voulu unifier la justice immobilière,
aurait pris d'autres mesures et aurait cherché à porter
remède, dans la limite du possible, à la plupart des inconvénients sus-énoncés. Et il n'aurait pas manqué d'édicter
les dispositions complémentaires et accessoires qui étaient
nécessaires pour la réalisation d'une telle réforme, tandis
qu'il n'a rien fait dans ce sens.

Mais il y a plus. Si le gouvernement égyptien avait cru
pouvoir enlever aux Mehkémés la juridiction *contentieuse*
en matière immobilière, il n'aurait pas hésité à compléter
son œuvre d'unification en les privant ainsi de la *juridiction volontaire*, ou tout au moins à introduire une Réforme bien autrement simple et tout aussi importante, celle
*d'unifier les bureaux des inscriptions et des transcrip-
tions*, en imposant aux indigènes, de même qu'aux étrangers, l'obligation de transcrire leurs actes translatifs de
propriété ou de droits réels immobiliers aux greffes des
nouveaux tribunaux. Mais rien ne fut fait dans cet ordre

d'idées : au contraire les dispositions des articles 31 et 32 du réglement d'organisation judiciaire visent formellement deux bureaux indépendants l'un de l'autre, en organisant un service de communication entre le Mehkémé et les greffes des nouveaux tribunaux, et en prescrivant des transmissions réciproques, sans toutefois que leur omission entraîne nullité.

III. — *Origine historique.*

La disposition qui nous occupe n'existait pas dans le projet que S. E. Nubar Pacha avait proposé à la commission internationale réunie au Caire à la fin de l'année 1869. Au sein de la dite commission aucun des commissaires n'a fait une pareille proposition : au contraire, des procès-verbaux appert le soin scrupuleux, de la part des représentants des Puissances, de s'occuper seulement de ce qui intéressait les étrangers et de laisser entièrement au gouvernement égyptien les rapports entre indigènes, à tel point que, sur l'initiative de certains commissaires étrangers, on a écarté la première partie de l'article 13 du projet primitif et 18 du projet amendé, qui attribuait aux nouveaux tribunaux toutes les contestations commerciales entre indigènes et toutes les contestations civiles que les parties indigènes consentiraient à leur soumettre. Il est donc évident que, lors de la commission internationale de 1869, ni le gouvernement égyptien ni les délégués des puissances se sont proposé l'unification complète et absolue des juridictions en matière immobilière.

En cet état de choses, on se rend facilement compte des paroles prononcées par S. E. Nubar Pacha dans la séance du 28 décembre 1869, lorsqu'on discutait, non pas le point en litige, mais simplement la question de savoir si les tribunaux qu'on se proposait de constituer devaient aussi connaître des contestations *entre européens de nationalités différentes* (partie finale du 1ᵉʳ alinéa de l'article 17 du projet amendé). C'est à l'appui de cette proposition du gouvernement que S. E. Nubar Pacha faisait valoir l'argument que les puissances pouvaient bien attribuer aux nouveaux tribunaux les procès entre européens de nationalités différentes, du moment que le gouvernement égyptien, dans un esprit *d'unification*, consentait à leur déférer les actions réelles immobilières, qui appartenaient aux Mehkémés, même dans les rapports entre étrangers. *L'unité de juridiction*, à laquelle le ministre des Affaires étrangères faisait alors allusion, ne saurait être entendue dans un sens absolu, étant donnés les commentaires de toute la discussion qui en expliquent la partie relative. Pour la première fois, une disposition générale, relative aux actions réelles immobilières figure dans le projet de la seconde commission que le Gouvernement français avait nommée en 1870 pour examiner le projet élaboré au sein de la commission internationale du Caire, en 1869. Cette disposition était ainsi conçue :

« Ils (les nouveaux tribunaux) connaîtront aussi de toutes les questions immobilières et de servitude soit qu'elles aient lieu entre indigènes et étrangers ou deux ou plusieurs étrangers de nationalité différente ou bien de la même nationalité ».

Évidemment la commission française s'était préoccupée de la juridiction en matière immobilière que certains tribunaux consulaires avaient cru pouvoir exercer en Égypte. Et pour régler la matière d'une manière plus conforme aux principes du droit public et au respect dû à la souveraineté territoriale, elle n'avait pas hésité à soustraire entièrement les questions immobilières à la juridiction étrangère des consulats pour l'attribuer à une nouvelle juridiction appelée à rendre la justice au nom du souverain du pays.

La disposition du projet de la commission française ne se trouve pas insérée dans le projet amendé et approuvé par la Sublime-Porte et soumis aux ambassadeurs et chefs de légation à Constantinople (réunion du 7 août 1872). En effet, dans le projet susdit, l'article correspondant à l'article 9 du règlement actuel d'organisation judiciaire est formulé simplement comme suit : « Ces tribunaux con- « naîtront de toutes les contestations en matière civile et « commerciale, entre indigènes et étrangers et entre étran- « gers de nationalité différente ».

Mais dans le projet définitif que Nubar Pacha a communiqué aux représentants des puissances à Constantinople, vers la fin février 1873, à la suite des travaux de la commission technique des délégués des dits représentants figure la disposition proposée par la commission française au sujet des actions réelles immobilières. Seulement on a cru pouvoir remplacer l'énumération du projet français sus-énoncé par la locution plus concise et plus synthétique : *entre toutes personnes, même appartenant à la même nationalité.* Évidemment le gouvernement égyptien ne prévoyait pas que ce changement dans les termes de l'article (passé d'ailleurs inaperçu à cette époque) aurait fait naître une difficulté de nature à compromettre l'existence même des tribunaux locaux. La parole employée par le législateur, dans un esprit de synthèse et de concision, avait dépassé sa pensée. Une innovation aussi radicale sur tous les projets précédents n'aurait pu être adoptée sans qu'il restât la moindre trace dans les négociations qui ont préparé l'installation de la nouvelle magistrature.

IV. — *Objections de la Sublime-Porte.*

Il appert des documents diplomatiques relatifs à l'introduction de la réforme judiciaire en Egypte, publiés par les ministères des Affaires étrangères d'Italie et de France, que, lors des négociations entamées par Nubar Pacha, au nom du khédive Ismaïl, avec la Sublime-Porte, pour obtenir l'approbation du projet pour la nouvelle organisation judiciaire, cette dernière, par l'organe du grand Vizir Aali Pacha, soulevait différentes objections, et *notamment celle que les nouveaux Tribunaux eussent compétence en matière immobilière et territoriale.*

La Sublime-Porte avait même rejeté le projet par une première délibération sur laquelle elle est ensuite revenue. En effet, dans le projet amendé et approuvé par la Sublime-Porte, on ne rencontre pas la disposition relative aux actions réelles, immobilières, insérée dans le projet français ainsi qu'il a été dit. Cette disposition a été introduite plus tard ; mais on ne saurait admettre que Nubar Pacha ait cru pouvoir contredire les intentions du gouvernement ottoman, non seulement en déférant aux nouveaux tribunaux les actions immobilières dans lesquelles des étrangers étaient intéressés, mais en supprimant entièrement la juridiction immobilière des Cadis, même dans les rapports exclusifs entre indigènes.

Jurisprudence. — Commissions législatives.

La question qui nous occupe a été soulevée dès le commencement de cette nouvelle magistrature mixte, devant ce même tribunal, et, sur appel, devant la Cour, dans l'affaire Osman bey Galeb et le gouvernement égyptien, et la Cour, par son arrêt en date du 17 mai 1876 (publié au *Recueil officiel*, 1re année, page 67), n'a pas hésité à confirmer le jugement de ce tribunal en déclarant d'une manière nette et précise que « la compétence, basée sur la nature réelle immobilière de l'action, doit s'entendre restreinte aux questions entre étrangers et indigènes, et entre étrangers de n'importe quelle nationalité. »

Or, cette jurisprudence a paru tellement juste et conforme à la réalité des choses, que les avocats et les parties l'ont acceptée sans résistance aucune, et c'est seulement dans ces derniers temps qu'on a songé à faire renaître la question.

Deux commissions internationales se sont réunies au Caire, l'une en l'année 1880 et l'autre en 1884, pour étudier des modifications à introduire dans la nouvelle organisation judiciaire. Au sein des deux commissions, siégeaient les personnes les plus compétentes : le souvenir des idées qui avaient présidé à l'inauguration des nouveaux tribunaux était encore récent, les tendances étaient plutôt vers l'extension de la juridiction mixte ; enfin, ce qui est très significatif, la commission de 1884 était présidée par Nubar-Pacha lui-même, le principal *organisateur de la Réforme*. Et cependant, dans les projets élaborés par les deux commissions, l'article renfermant la disposition controversée a été rédigé, de manière à mettre fin à toute

équivoque, dans le sens restrictif, et ce, sans la moindre
opposition de la part d'aucun des représentants des puissances.

En effet, aussi bien dans le projet du gouvernement que
dans celui de la sous-commission de 1880 (la commission
plénière n'ayant pas eu l'occasion de se prononcer), on lit :
« Les tribunaux mixtes connaîtront seuls : 2° de toutes
les actions réelles immobilières entre étrangers et indigènes et entre étrangers même appartenant à la même nationalité » (art. 19 de la sous-commission) ; et le même texte
est reproduit dans le projet du gouvernement et de la commission internationale de 1884 (art. 28 de la dite commission).

C'est seulement au cours des discussions de la 3e commission technique internationale réunie au Caire en l'année
1890 (dans laquelle siégeaient plusieurs membres des
commissions précédentes), qu'on a proposé un amendement
au projet du gouvernement égyptien dans le sens d'attribuer aux tribunaux mixtes la compétence à connaître des
actions réelles immobilières, *même entre indigènes*.
Il est vrai qu'on a cru pouvoir présenter l'amendement
comme *un retour à l'esprit du texte de 1869*. Mais on
vient de voir que dans aucun des textes de 1869 (les deux
présentés par le gouvernement égyptien et celui élaboré
par la majorité de la commission), on ne rencontre aucune
disposition comme celle de la partie finale de l'article 9 du
règlement d'organisation judiciaire en question (voir les
procès-verbaux et le rapport de la dite commission) : que,
bien au contraire, la disposition controversée a été introduite pour la première fois dans le projet communiqué
par Nubar-Pacha aux représentants des diverses puissances
près de la Sublime-Porte, vers la fin février 1873, en con-

formité du projet de la commission française de 1870, lequel ne visait que des contestations mixtes, ou bien entre étrangers de la même nationalité. L'opposition énergique de S. E. Fakhri-Pacha, ministre de la justice, et les hautes raisons qu'il a fait valoir, démontrent combien il est peu vraisemblable que le gouvernement égyptien ait jamais songé à soumettre aux nouveaux tribunaux les actions réelles immobilières entre indigènes. Au surplus, on ne saurait ne pas tenir compte que la commission technique internationale était une commission législative et devait se préoccuper du côté législatif de la question qui échappe entièrement à l'appréciation de l'autorité judiciaire.

Dans le doute, l'interprétation restrictive s'impose.

Attendu que, si un doute pouvait encore exister après tout ce qui vient d'être exposé au sujet de l'interprétation de la dernière partie de l'article 9 du règlement d'organisation judiciaire, la question devrait être tranchée dans le sens restrictif de la compétence des tribunaux mixtes, pour trois raisons distinctes et également péremptoires :

1°) *Dans le doute on se prononce en faveur de la règle et contre l'exception.* On ne saurait méconnaître que, s'agissant de questions entre indigènes, sans le moindre mélange d'intérêt étranger, la règle est la juridiction indigène, la juridiction mixte représentant l'exception.

2°) *Les innovations ne se présument pas ; elles doivent être clairement exprimées.* Or, le caractère radical et l'importance majeure d'une réforme consistant à dépouiller les Mehkémés de toute compétence en matière territoriale ne saurait échapper à personne.

3°) *Dans le doute doit prévaloir l'interprétation qui présente dans la pratique le moins d'inconvénients ou le*

*plus d'avantages : In ambigua voce legis ea potius fa-
cienda est interpretatio quæ vitio careat.*

Or, en l'espèce, sur la base de la jurisprudence consacrée par la Cour d'appel mixte dès sa première année, et
universellement acceptée, le gouvernement égyptien, en
réorganisant la justice indigène, en 1883, a attribué aux
nouveaux tribunaux locaux les actions réelles immobilières entre indigènes, jadis de la compétence des Mehkémés. Lesdits tribunaux fonctionnent depuis janvier 1884,
et des délégations judiciaires avec compétence étendue
ont été constituées dans les principaux centres de la Basse
et de la Haute-Egypte. Une nouvelle jurisprudence qui
consacrerait, en faveur de la magistrature mixte, la plénitude de la juridiction territoriale, enlèverait aux indigènes
tous les bénéfices d'une justice essentiellement organisée
dans leur intérêt, en les exposant aux plus grands inconvénients ci-dessus énumérés.

En outre, tous les jugements et les arrêts rendus par les
Mehkémés et par les tribunaux locaux depuis le fonctionnement de la Réforme, d'après la jurisprudence de la Cour
(arrêts des 26 mars 1890. *Bull.* p. 79, — 4 juin 1890,
Bull. p. 185, — 11 juin 1890, *Bull.* p. 186, — 11 décembre 1890, *Bull.* p. 65), pourraient être déclarés nuls comme émanant d'une autorité étrangère, absolument sans
juridiction en la matière, ce qui engendrerait le chaos et
l'anarchie et ébranlerait l'assiette de la propriété foncière,
dans laquelle sont engagés les intérêts les plus vitaux de
l'Égypte.

En présence de telles conséquences, il est difficile de ne
pas reculer au point de vue pratique, si même il n'y
avait pas tant de raisons pour faire repousser la thèse
contraire au point de vue des principes.

Par ces motifs ;

Se déclare incompétent.

Fait et prononcé à l'audience publique du tribunal mixte de 1re instance du Caire siégeant en matière civile, le trente et un janvier mil huit cent quatre-vingt-treize.

Le Greffier,
DE FARRO.

Le Président,
P. BERNARDI.

EXTRAIT DES MINUTES
DU GREFFE CIVIL DU TRIBUNAL MIXTE DE Ire INSTANCE DU CAIRE.

—

En la cause civile :

HERBAULT, NEMOURS et Consorts, *demandeurs*,

contre :

1° GOUVERNEMENT ÉGYPTIEN ; 2° MM. LOUIS, MONEY, MORANA, BARON de RICHTHOFEN, Comte ZALUSKI, YONINE, MOG BEY et MAGDI BEY, ès-noms, ès-qualités, *défendeurs ;*

3° MM. C. G. ZERVUDACHI et fils et Cie ; 4° M. EDOUARD BOUTERON ; 5° MM. GIBSON et CHAKIB PACHA, *intervenants.*

—

Le Tribunal mixte,

Après en avoir délibéré conformément à la loi ;

Attendu que MM. Herbault et consorts, porteurs de titres de la Dette unifiée, prétendant que c'est en violation des garanties à eux données et contrairement à la lettre et à l'esprit du décret du 12 juillet 1888, que la Caisse a autorisé le prélèvement par le Gouvernement sur le Fonds de réserve général, de diverses sommes spécialement affectées par divers décrets aux porteurs de titres, pour les employer à l'expédition militaire de Dongola, ont assigné : 1° le Gouvernement égyptien à l'effet de s'entendre condamner à restituer au dit Fonds de réserve les sommes qui auraient été indûment prélevées par lui ; et 2° MM. Money, Morana, baron de Richthofen et comte Zaluski, à l'effet de se voir condamner solidairement avec le Gouvernement, à défaut de restitution des sommes dont s'agit par ce dernier ;

Attendu que MM. Louis et Yonine, en leur qualité de Commissaires de la Caisse de la Dette, ont assigné le Gouvernement égytien, en basant leur demande sur les mêmes motifs que MM. Herbault et consorts, ont déclaré agir conformément aux dispositions de l'article 38 de la Loi de liquidation et demandé que le Gouvernement égyptien soit condamné à restituer les sommes indûment prélevées par lui, dont il vient d'être parlé ;

Attendu qu'il y a lieu de joindre les deux instances, vu leur connexité ;

Attendu qu'à l'audience, les Commissaires des Domaines, répondant à la sommation à eux signifiée, à la requête de MM. Herbault et consorts, ont déclaré intervenir dans le débat ;

Que sont intervenus également les Syndicats Zervudachi et consorts, Stagni et consorts ;

Attendu que M. Bouteron, en sa qualité de Commissaire des Domaines, prétendant que, par suite du dit prélèvement par le Gouvernement, les droits des porteurs de titres de la Dette domaniale, résultant des décrets du 12 juillet 1888 et 6 juin 1890, ont été violés, a conclu aux mêmes fins que le Syndicat Herbault et consorts ;

Attendu qu'à ces demandes, fins et conclusions, le Gouvernement égyptien et MM. Money, Morana, baron de Richthofen et comte Zaluski ont opposé une exception d'incompétence à laquelle se sont ralliés MM. Chekib pacha et Gibson, Commissaires des Domaines, et les Syndicats intervenants ;

Attendu que les dits Syndicats intervenants ont soulevé des fins de non-recevoir, tant contre les demandes dont s'agit que contre l'intervention de M. Bouteron ;

Attendu enfin que le Gouvernement et les Commissaires, Money, Morana, baron de Richtofen et comte Zaluski ayant conclu à ce qu'il ne soit statué que sur la question de compétence, le Tribunal a ordonné de joindre l'incident au fond ;

Compétence :

Attendu que le Gouvernement égyptien formule ainsi son exception dans ses conclusions :

« Attendu, en effet, que la décision prise par le Gouvernement, « d'accord avec la Caisse de la Dette, d'affecter à un usage déterminé « une partie du Fonds de réserve, constitue un acte de gouverne-« ment ou, en d'autres termes, de souveraineté, qui échappe, par sa « nature même, à l'appréciation ou à l'examen de l'autorité judiciaire. »

Que, de leur côté, MM. Money, Morana, baron de Richthofen et comte Zaluski disent :

« Que le Tribunal ne pourrait connaître des dispositions prises par
« le Gouvernement égyptien, d'accord avec la Commission de la
« Caisse de la Dette publique sans commettre un véritable excès de
« pouvoirs, car le gouvernement, en demandant le prélèvement de
« 500,000 L. E. sur le Fonds général de réserve, et la Commission de
« la Caisse de la dette publique, à la majorité des votes, en accor-
« dant ce prélèvement pour l'expédition de Dongola, ont agi les deux
« comme pouvoir souverain préposé à la gestion des intérêts géné-
« raux de l'État, et, comme tels, ne sauraient raisonnablement être
« assignés par-devant le Tribunal, contrairement aux dispositions de
« l'article 11 du Règlement d'organisation judiciaire, d'après lequel
« les Tribunaux mixtes ne peuvent interpréter ni arrêter l'exécution
« d'une mesure administrative : Qu'ainsi donc, le prélèvement sur le
« Fonds de réserve, avec l'assentiment de la Commission de la dette,
« constitue, comme dans les États constitutionnels pour tout emploi
« des deniers de l'État affectés avec vote du Parlement, un acte de
« l'exercice de la souveraineté échappant à la compétence des
« Tribunaux, beaucoup plus encore que de simples mesures adminis-
« tratives. »

Attendu que le Gouvernement égyptien ne cherche même pas à démontrer qu'en demandant aux Commissaires de la Dette le prélèvement dont s'agit, il y ait eu de sa part *acte de souveraineté*, mais il
prétend que, dès que l'autorisation de prélever a été donnée par la
Commission de la Caisse de la dette, l'acte de souveraineté est parfait ;

Attendu que, ni le Gouvernement égyptien, ni les Commissaires
susnommés n'établissent à l'aide de documents légaux qu'en effet la
Commission de la Caisse de la dette publique ait un rôle à peu près
semblable à celui d'un parlement dans un gouvernement constitution-
nel, qu'en un mot MM. les Commissaires aient reçu un mandat politique, qui leur accorde certaines immunités et notamment ne les rend
pas justiciables des Tribunaux mixtes ;

Attendu que, dans ces circonstances, il est nécessaire de rechercher
quel est le véritable caractère du mandat donné aux Commissaires de
la Dette vis-à-vis des porteurs de titres :

Attendu que les rapports entre le Gouvernement égyptien emprunteur, et les porteurs de titres, prêteurs, sont régis par une série de

décrets, dont le premier est en date du 2 mai 1876, décrets qui ont été rendus en partie en vertu du droit souverain du Khédive, et en partie avec l'assentiment des Puissances ;

Attendu que le décret du 2 mai 1876, instituant la Caisse de la dette publique, porte dans son préambule : « avons résolu d'instituer « une caisse spéciale chargée du service régulier de la Dette publique, « et de nommer à sa direction des Commissaires étrangers, lesquels « seront, sur notre demande, indiqués par les Gouvernements respec- « tifs, comme fonctionnaires aptes à remplir le poste auquel ils seront « nommés par nous en qualité *de fonctionnaires égyptiens* » ,

Qu'à l'article 4, il est dit :

« Les actions qu'au nom et dans l'intérêt des créanciers, en grande « partie étrangers, la Caisse et pour elle ses directeurs croiront avoir « à exercer contre l'administration financière, seront portées devant « les Tribunaux mixtes » ;

Que la simple lecture dudit article 4 indique clairement que les Commissaires sont les mandataires légaux des porteurs de titres et que compétence est donnée aux Tribunaux mixtes dans toutes les contestations pouvant naître entre les directeurs de la Caisse et l'administration financière ;

Attendu que l'article 39 de la Loi de liquidation du 17 juillet 1880 a maintenu, avec force exécutoire, toutes les dispositions des décrets antérieurs concernant les attributions de la Commission de la dette publique qui ne sont pas contraires à la dite loi ;

Attendu que complétant les dispositions de l'article 4 du décret du 2 mai 1876, elle dit à l'article 38 : « Les Commissaires de la Dette, « représentants légaux des porteurs de titres, auront qualité pour « poursuivre devant les Tribunaux de la Réforme contre l'administra- « tion financière, représentée par notre ministre des Finances, l'exé- « cution des dispositions concernant les affectations de revenus, le « taux de l'intérêt et des dettes, la garantie du Trésor et générale- « ment toutes les obligations qui incombent à notre Gouvernement « en vertu de la présente loi, à l'égard du service des dettes Privilé- « giée et Unifiée » ;

Qu'il ne saurait donc être douteux que c'est la loi qui a donné aux Commissaires de la Dette la qualité de *mandataires légaux des porteurs de titres* et édicté que toutes contestations pouvant exister entre le Gouvernement et les porteurs de titres représentés par les Commissaires doivent être portées devant les Tribunaux mixtes ;

Attendu qu'on a objecté que cette attribution de juridiction n'a trait qu'aux contestations entre la Commission de la dette et le Gouvernement égyptien et ne saurait s'étendre au-delà ;

Mais attendu que le dit article 38, qui a réglementé le droit d'action des Commissaires de la Caisse vis-à-vis du Gouvernement, n'a pas pu avoir pour effet de priver les porteurs de titres du droit d'action que leur confère la loi ;

Attendu qu'il n'y a pas lieu de s'attarder à démontrer, ce qui est l'évidence même, que, mandataires légaux, les Commissaires de la Caisse sont, comme tous les mandataires légaux (syndics de faillite, séquestres), soumis aux règles du droit commun et régis dans leurs rapports, soit avec l'État, soit avec les porteurs de titres, par tous les décrets rendus en la matière depuis 1876, ainsi que par les codes mixtes, décrets et lois qui forment le droit public interne de l'Égypte et que les Tribunaux mixtes ont le pouvoir d'interpréter et la mission de faire observer ;

Attendu que si, depuis son institution, la commission de la Caisse de la dette a été investie à diverses reprises, par les puissances, de délégations politiques ou législatives, ces délégations n'ont été données qu'à titre temporaire ;

Qu'il suffit de rappeler, à cet égard, les réserves faites par le ministre de France à l'occasion du projet de loi sur le timbre et les patentes, et spécifiant que cette délégation n'avait « qu'un caractère ex-
« ceptionnel et ne constituait à aucun degré une extension de com-
« pétence pour l'avenir » :

Qu'il découle donc de tout ce qui précède, que ce n'est que par exception que les commissaires ont eu un mandat politique portant sur des objets déterminés, mais qu'en tant que « représentants légaux
« de porteurs de titres, ils n'ont qu'un mandat civil, régi par les
« règles du droit commun » ;

Qu'ils ne peuvent donc repousser la demande dont s'agit, en invoquant un pouvoir souverain dont jusqu'à ce jour ils n'ont pas été investis par les puissances :

Attendu que si, aux termes du décret du 6 juin 1890, les commissaires de la Dette sont les mandataires des puissances qui ont garanti l'emprunt de 1885. ils n'en sont pas moins les mandataires légaux des porteurs de titres dudit emprunt garanti, et que, par suite, leur situation légale vis-à-vis de ces derniers est la même que vis-à-vis des porteurs de titres des autres dettes;

Attendu que l'exception du gouvernement et des dits commissaires manque de fondement de ce premier chef;

Attendu qu'en admettant que l'acte dont s'agit puisse être qualifié d'acte de souveraineté, l'exception d'incompétence ne saurait être recevable, qu'en effet ce n'est pas la première fois que le gouvernement soulève la dite exception et qu'il est inutile de rappeler ici les divers arrêts qui décident que « les traités internationaux régissant les em« prunts publics constituent une limitation à l'exercice du droit émi« nent de l'État emprunteur, et confèrent aux porteurs de titres une « *base légale des droits acquis;* que les tribunaux mixtes sont, dès « lors, compétents, aux termes de l'art. 11 du règlement d'organisa« tion judiciaire, pour statuer sur les atteintes que tout acte gouver« nemental, toute mesure administrative contraire à ces traités, « peuvent faire subir aux droits d'étrangers porteurs de titres »;

Attendu que la demande dont est saisi le tribunal ne conteste en rien le pouvoir souverain du gouvernement égyptien de faire l'expédition de Dongola comme toute autre expédition militaire, qu'elle se base sur la violation des droits conférés aux porteurs de titres, sur l'inexécution des engagements pris vis-à-vis d'eux par le gouvernement ou encore sur une atteinte portée à un droit acquis; qu'il ne saurait donc être douteux que les tribunaux mixtes ont toute compétence pour en connaître;

FINS DE NON-RECEVOIR :

Attendu que les fins de non-recevoir soulevées par les parties peuvent se résumer ainsi : 1° défaut de qualité des porteurs de titres pour ester en justice soit contre le gouvernement, soit contre les commissaires; 2° nullité de l'assignation de MM. Louis et Yonine; 3°. défaut de qualité de MM. Louis et Yonine, ainsi que de M. Bouteron, en tant que faisant partie de la minorité dans leurs commissions;

SUR LE DÉFAUT DE QUALITÉ DES PORTEURS DE TITRES :

Attendu que l'on avance que l'art. 4 du décret de 1876 et l'art 38 de la Loi de liquidation ont conféré aux Commissaires de la Dette le droit d'ester en justice dans l'intérêt des créanciers, et l'on ajoute « que cet acte a toujours été interprété en ce sens que les créanciers « du Gouvernement égyptien étaient dépouillés du droit d'agir indi- « viduellement et qu'ils étaient liés par le mandat général exclusif et « irrévocable consenti en leur nom par leurs pouvoirs souverains « respectifs » ;

Attendu qu'il vient d'être démontré, à propos de la compétence, que les Commissaires, dans leurs rapports avec les porteurs de titrés, n'ont qu'un mandat ordinaire régi par les règles du droit commun ;

Que l'on n'a produit aucune décision de la Cour d'appel mixte fai- sant connaître que les articles 4 et 38 doivent être interprétés dans le sens indiqué ci-dessus ; qu'au contraire la teneur des articles cités et l'étude de l'ensemble des divers décrets ayant trait aux emprunts de l'Etat conduisent à une interprétation toute différente ;

Attendu que si la thèse soutenue par les demandeurs en exception était admise, on arriverait à proclamer l'irresponsabilité complète des Commissaires de la Caisse, de telle sorte qu'ils n'auraient plus une *souveraineté limitée*, comme ils l'ont prétendu, mais un *pou- voir absolu* :

Qu'en effet, ils pourraient répondre à l'autorité qui les a nommés mandataires légaux, qu'ils n'ont pas à lui rendre compte de leur man- dat, mais bien aux porteurs de titres, leurs mandants, et à ceux-ci qu'ils ont été *dépouillés* de toute action contre eux, et il en résulte- rait qu'ils n'auraient aucun compte à rendre à personne, ce qui est inadmissible :

Attendu que, mandataires légaux des porteurs de titres, ils doivent répondre à toute action intentée contre eux dérivant du droit com- mun :

Qu'il est au surplus inutile d'insister sur ce point ; qu'il suffit de rappeler ici les articles 9, 10 et 11 du règlement d'organisation judi- ciaire, qui déterminent la compétence dans les cas où une personne croit avoir à demander en justice réparation d'une atteinte à ses droits, sans qu'il soit nécessaire de citer les nombreux arrêts déjà rendus par la Cour d'appel mixte en cette matière, pour qu'il ne subsiste aucun doute sur la légitimité de l'exercice de ce droit d'action individuelle ;

Attendu que notamment l'art. 11 du règlement d'organisation judiciaire précité édicte d'une manière formelle que les Tribunaux mixtes pourront juger, *dans les cas prévus par le Code civil*, des atteintes, etc., etc.;

Qu'il n'est que trop évident que si, à l'article 4 du décret de 1876 et à l'art. 38 de la Loi de liquidation, le législateur avait entendu faire une dérogation aux prescriptions contenues dans le règlement d'organisation judiciaire et *dépouiller* les parties du droit à elles conféré par la loi, il l'aurait déclaré d'une manière précise, ce qui n'a pas eu lieu ;

Attendu qu'en conséquence la dite fin de non-recevoir ne saurait être accueillie ;

Sur la nullité de l'assignation de MM. Louis et Yonine :

Attendu qu'il est superflu de rechercher si la nullité existe, du moment que MM. Louis et Yonine, déjà mis en cause par MM. Herbault et consorts, pouvaient valablement prendre des conclusions à l'audience ; qu'il est constant que les conclusions du dit exploit ont été renouvelées par MM. Louis et Yonine à l'audience ; qu'il s'ensuit qu'il est sans intérêt de statuer sur la validité du dit exploit d'assignation ;

Sur le défaut de qualité de MM. Louis, Yonine et Boutron :

En ce qui concerne MM. Louis et Yonine :

Attendu que l'on a allégué que la Commission de la Caisse seule avait qualité pour ester en justice, soit sur l'avis unanime de tous les Commissaires, soit à la majorité de ses membres, mais que jamais ce droit ne pourrait appartenir à la minorité de la Commission ;

Attendu que le mandat donné aux Commissaires étant régi par le droit commun, il en résulte pour chacun d'eux un droit d'action toutes les fois que les intérêts des porteurs de titres qui lui sont confiés sont compromis par les autres Commissaires et que sa responsabilité personnelle peut être engagée ;

En ce qui concerne M. Bouteron :

Attendu que l'intérêt des porteurs de titres de la Dette domaniale ne peut être discuté en présence du passage de l'art. 3 du décret du 12 juillet 1888, qui prévoit parmi les dépenses, l'insuffisance annuelle de revenus de l'Administration des Domaines, et de l'art. 9 du décret du 6 juin 1890, qui porte *in fine* : « Le surplus sera employé pour les « 9/10⁰ à l'amortissement de la Dette unifiée, et pour 1/10ᵃ à l'amor- « tissement de la Dette domaniale » ;

Attendu que le droit de tout porteur de titres de la Dette domaniale d'ester en justice pour atteinte à un droit acquis résulte tant des conventions des 31 octobre 1878 et 1er février 1879, que de l'arrêt de la Cour d'Alexandrie en date du 1ᵉʳ novembre 1878 ;

Que l'on ne saurait donc refuser ce même droit aux Commissaires des Domaines, représentant la collectivité des porteurs de titres de l'emprunt domanial ;

Qu'il est également certain, ainsi qu'il vient d'être démontré pour les Commissaires de la Caisse de la dette, que chaque Commissaire des Domaines a un droit individuel d'action toutes les fois que sa responsabilité personnelle peut être engagée ;

Attendu qu'après discussion sur les diverses exceptions, toutes les parties défenderesses dans les deux instances principales, ainsi que les parties intervenantes, sauf M. Bouteron, ont déclaré ne pas vouloir conclure sur le fond :

Au Fond :

Attendu, en fait, que le 19 mars 1896, le Gouvernement égyptien a demandé aux Commissaires-Directeurs de la Caisse de la dette publique, l'autorisation de prélever sur le Fonds de réserve général que les porteurs de titres de certains emprunts publics prétendent être affecté à leur garantie, une somme de 500,000 L. E. pour les besoins de l'expédition militaire du Soudan ;

Attendu qu'à la séance du 26 mars, MM. Louis et Yonine ont déclaré que cet objet dépassant la compétence de la Commission de la dette, celle-ci ne pouvait délibérer valablement, et qu'ils s'opposaient au vote sur la demande de crédit :

Attendu que leur avis n'ayant pas prévalu, ils se sont retirés ;

Que MM. Money, Morana, baron de Richthofen et comte Zaluski,

Commissaires, ont accordé au Gouvernement égyptien l'autorisation qu'il demandait, et lui ont remis de suite 200,000 L. E., et le 18 avril, 150,000 L. E. ;

Attendu que c'est après cette autorisation et ce versement de fonds que le syndicat Herbault et consorts, MM. Louis et Yonine, en leur qualité de Commissaires de la Caisse de la dette, et M. Bouteron en sa qualité de Coinmissaire des Domaines, ont demandé la restitution au Fonds de réserve général des dites sommes ;

Que le tribunal a donc à trancher les questions suivantes :

1o La Commission de la Caisse de la Dette publique a-t-elle pouvoir pour autoriser le prélèvement, sur le Fonds de réserve, des dépenses occasionnées par l'expédition de Dongola ?

2o Cette autorisation porte-t-elle atteinte aux droits acquis des porteurs de titres de la Dette égyptienne ?

Attendu que la Caisse de la Dette publique a été créée par décret du 2 mai 1876 ;

Que dans le préambule du dit décret, il est formellement déclaré qu'elle a été instituée pour : « *donner toute garantie aux intérêts des porteurs de titres... pour assurer le service régulier de la Dette publique* » ;

Que l'art. 1er de ce décret porte qu'elle est chargée de recevoir les revenus affectés et de les « *destiner exclusivement* » au payement des intérêts et à l'amortissement de la Dette ;

Que l'art. 4 confie à la Commission de la dette la tutelle des garanties concédées aux porteurs de titres ;

Attendu que toutes ces dispositions du décret de 1876 ont été confirmées par la Loi de liquidation du 17 juillet 1880 ;

Attendu qu'il y a lieu tout d'abord de faire observer que la dite loi, qui a modifié les engagements antérieurs pris par le Gouvernement vis-à-vis des porteurs de titres, a eu surtout pour objet d'assurer auxdits porteurs toute garantie dans l'avenir pour l'exécution des engagements pris vis-à-vis d'eux par l'État égyptien ;

Qu'à cet effet, elle a établi le budget de l'État et indiqué les sommes devant être affectées aux porteurs de titres, et celles affectées aux besoins d'administration de l'État, en décidant que les excédents de revenus seraient employés à l'amortissement ;

Attendu que le législateur prévoyant que l'équilibre du budget établi par lui pouvait être détruit par de nouveaux emprunts, a interdit, par l'art. 37, au Gouvernement, d'émettre aucun nouvel emprunt de quelque nature que ce soit, sans l'avis conforme de la Commission de la Dette ;

Attendu qu'il est donc dès à présent certain que, de par la Loi de liquidation, tous les fonds qui doivent servir à l'amortissement sont, dès le moment où ils entrent à la Caisse de la Dette, *destinés exclusivement* à la garantie des porteurs de titres pour l'exécution des engagements pris vis-à-vis d'eux, et que cette destination ne peut être modifiée que par une nouvelle loi ;

Attendu qu'à la suite des événements de 1882, l'amortissement a été suspendu, et il allait être repris lorsque le Gouvernement égyptien eut l'idée de proposer la création d'un fonds de réserve ;

Que dans la lettre en date du 19 janvier 1888, adressée par le Gouvernement égyptien aux Commissaires de la Dette faisant part de son projet, il est dit qu'il s'agissait de parer : « aux diminutions de reve- « nus ou aux charges *extraordinaires* qui, à la *suite d'événements* « *imprévus*, peuvent déranger l'équilibre du budget, et aux incerti- « tudes des déficits essentiellement variables des Domaines et de la « Daïra Sanieh » ;

Attendu qu'à cette lettre la Commission répondait de la manière suivante : « en principe, nous avons reconnu les avantages que pré- « senterait pour les créanciers mêmes de l'État, la constitution d'un « Fonds de réserve pouvant, le cas échéant, pourvoir à l'insuffisance « de revenus affectés, et créant ainsi une *garantie de plus* pour le « service de la Dette. »

Attendu qu'à la suite de cet échange de vues entre le Gouverne- ment et la Commission de la Caisse, le Gouvernement égyptien a saisi officiellement les Puissances, à la date du 3 mars 1888, et leur a de- mandé de donner leur assentiment audit projet de décret par la dépêche suivante :

« Le Gouvernement de Son Altesse le Khédive vient de décider la « création d'un Fonds de réserve en vue de parer aux diminutions de « revenus et aux *charges extraordinaires* qui peuvent *accidentelle-* « *ment* déranger l'équilibre budgétaire de l'État. Le but de cette « mesure et les moyens propres à en assurer la réalisation ayant « rencontré l'avis favorable de la Caisse de la dette, le Gouvernement,

« de concert avec MM. les Commissaires de la Dette, a élaboré un
« projet de décret qui règle l'organisation du Fonds de réserve, son
« emploi et les dispositions législatives à intervenir pour sa consti-
« tution » ;

Il ajoutait : « les porteurs de titres obtiendraient, ainsi, une garan-
« tie de plus par ce fait que, en cas d'insuffisance des revenus affec-
« tés, la réserve est *appelée* en *première ligne* à parfaire les sommes
« *nécessaires au service des dettes dont la Caisse de la dette pu-*
« *blique est chargée...*

« A un point de vue d'intérêt plus général, l'existence d'un Fonds
« de réserve serait un gage précieux de sécurité et de stabilité pour
« les finances du pays » ;

Attendu qu'il ressort clairement des déclarations contenues dans
les documents visés plus haut, que la création du Fonds de réserve a
été faite en vue de parer aux diminutions de revenus ou aux charges
extraordinaires qui peuvent, à la suite d'évènements imprévus, accidentels, déranger l'équilibre budgétaire de l'Etat, et que cette mesure
est prise en vue de donner une garantie de plus aux porteurs de titres ;

Qu'en outre, il est bon de faire observer dès à présent que ce sont
les ressources destinées à l'amortissement, ressources déjà spécialement affectées aux porteurs de titres par la Loi de liquidation, qui
doivent servir à former le Fonds de réserve général ;

Attendu qu'à la date du 12 juillet 1888 paraissait le décret constituant le Fonds de réserve, où il est dit à l'art. 3 : « Le Fonds de ré-
« serve est destiné : 1o en cas d'insuffisance des revenus affectés, à
« parfaire les sommes nécessaires au service des dettes dont la Caisse
« est chargée ; 2o à combler l'insuffisance des revenus non affectés
« pour pourvoir aux dépenses prévues par l'art. 18 de notre décret
« du 27 juillet 1885 et autres consenties ou à consentir par les Puis-
« sances ; 3o à des dépenses extraordinaires engagées conformément
« à l'avis préalable de la Commission de la dette... » et l'art. 4 :

« L'amortissement des dettes sera repris dans les conditions énon-
« cées à l'art. 22 de notre décret du 27 juillet 1885, dès que le Fonds
« de réserve aura été intégralement constitué, pour être suspendu de
« nouveau quand et tant que par suite des prélèvements opérés en
« vertu de l'art. 3 ci-dessus, son capital sera inférieur à livres égyp.
« 2,000.000 » ;

Attendu qu'il est facile de voir, rien qu'à la simple lecture de la teneur de ces deux articles, tout l'intérêt qu'ont les porteurs de titres à veiller à ce que le Fonds de réserve général ne soit pas détourné de sa destination spéciale, ledit Fonds de réserve devant parer aux déficits budgétaires possibles et ensuite permettre à l'amortissement de reprendre son cours ;

Attendu que c'est la teneur du paragraphe 3 de l'article 3 dudit décret :

« Le fonds de réserve est destiné... à des dépenses extraordinaires « engagées conformément à l'avis préalable de la Commission de la « dette », qui donne lieu à la difficulté actuelle ;

Attendu que MM. Money, Morana, baron de Richthofen et comte Zaluski ont soutenu, dans leurs conclusions relatives à l'incompétence, qu'ils avaient le droit, aux termes dudit paragraphe, de voter toutes dépenses extraordinaires, de quelque nature que ce soit, et ce en vertu d'un mandat politique ; qu'ils ont même déclaré dans leurs conclusions que le gouvernement est propriétaire desdits fonds ;

Attendu qu'il a déjà été établi que lesdits commissaires n'avaient pas de mandats politiques dans leurs rapports avec les porteurs de titres et que leur mandat était régi par le droit commun ;

Que le gouvernement n'a pas le droit d'user desdites sommes comme propriétaire, puisqu'elles ont été affectées à la garantie des porteurs de titres et qu'elles ne peuvent recevoir d'autres destinations que celles prévues par la dite loi ;

Qu'il s'agit maintenant d'interpréter ce que signifient ces mots : DÉ-PENSES EXTRAORDINAIRES, insérés au § 3 du dit art. 3 ;

Attendu que tout d'abord ces mots « dépenses extraordinaires » démontrent que le mandat des commissaires est essentiellement limité et ne saurait s'étendre aux dépenses de toutes natures ainsi qu'il l'avance ;

Attendu que l'échange de correspondances entre le gouvernement et la Caisse de la dette publique indique que par le mot « extraordi-naires » on n'a entendu parler que des seules dépenses accidentelles, imprévues qui pourraient déranger l'équilibre du budget de l'État et porter ainsi atteinte aux intérêts des porteurs de titres ;

Attendu, en conséquence, que par « dépenses extraordinaires » on doit entendre celles qui sont motivées par un accident imprévu, telle qu'une crue anormale du Nil, l'incendie de certains bâtiments de l'État, etc., etc., causes qui peuvent amener une diminution des revenus de l'État ou l'obliger à faire des travaux exceptionnels en vue de prévenir ou d'atténuer le mal, diminutions de revenus ou dépenses qui peuvent rompre l'équilibre du budget ;

Attendu que cette interprétation qui s'impose, rien qu'à la lecture du passage des documents cités plus haut, se trouve très nettement expliquée par M. Milner, ancien sous-secrétaire d'État au ministère des finances d'Égypte, dans son ouvrage *England in Egypt* :

« L'Égypte, dit-il, est un pays dont les revenus sont exposés, dans une « proportion exceptionnelle, à être affectés par les accidents naturels « (physical accidents). Que le Nil soit exceptionnellement haut ou « exceptionnellement bas une année quelconque et le budget est com- « plètement bouleversé, bien que l'état général des finances du pays « soit exceptionnellement bon. *Dans ces conditions*, un fonds de ré- « serve est de première nécessité... »

Attendu qu'en résumé le mot « extraordinaire » dont s'agit ne peut être interprété que de la manière suivante : dépenses exceptionnelles, accidentelles, imprévues, et au sujet desquelles les mandataires légaux des porteurs de titres ont le devoir de sauvegarder avant tout les droits desdits porteurs, objet principal de leur mandat ;

Attendu que le gouvernement égyptien et le gouvernement français ont, du reste, déjà interprété ledit article dans ce sens, lorsqu'en 1890 le premier a proposé d'affecter une partie du fonds de réserve général à des dépenses militaires d'ordre intérieur, ce qui a été refusé ;

Qu'ainsi on reconnaissait à ce moment qu'on ne pouvait toucher au Fonds de réserve général pour certaines dépenses militaires, sans l'assentiment des Puissances ;

Attendu que si les dépenses militaires d'ordre intérieur ne doivent pas être comprises dans les dépenses extraordinaires dont parle le paragraphe 3 de l'article 3, à plus forte raison celles nécessitées par l'expédition de Dongola, qui n'ont rien d'accidentel ni d'imprévu et n'ont certainement pas été faites en vue de sauvegarder d'une manière quelconque les droits des porteurs de titres ;

Que dans tous les cas elles ne rentrent pas dans la catégorie de celles qui, aux termes dudit décret, peuvent être autorisées par la Commission de la dette, puisqu'il est reconnu par tous qu'elles sont d'ordre purement politique ;

Attendu que le décret du 6 juin 1890 vient encore démontrer que le § 3 de l'art. 3 du décret de 1888 ne peut avoir d'autre interprétation que celle qui a été donnée ci-dessus ;

Qu'en effet il indique de quelle manière devra avoir lieu l'amortissement, et qu'il n'est que trop clair que si l'interprétation du gouvernement était admise, c'est-à-dire que le Fonds de réserve général peut être employé à des dépenses de toute nature, les porteurs de titres n'auraient plus de garantie et leurs droits seraient illusoires ;

Qu'il est démontré qu'il n'appartenait pas aux dits Commissaires de consentir le prélèvement dont s'agit pour une expédition militaire, prélèvement qui peut porter la plus grave atteinte aux droits des porteurs de titres, anéantir la garantie à eux exclusivement destinée par la création du Fonds de réserve général ;

Attendu que seules les Puissances pouvaient donner un tel consentement, et modifier la destination du Fonds de réserve ;

Attendu que tant que cette modification n'a pas eu lieu législativement, il est du devoir des Tribunaux de faire observer les prescriptions contenues dans les divers décrets en vigueur ;

Attendu que les Commissaires n'ayant ni qualité, ni droit pour autoriser le dit prélèvement, il devient inutile de rechercher si leur décision devait être prise à la majorité ou à l'unanimité ;

Attendu, en ce qui concerne l'atteinte portée aux droits acquis des porteurs de titres, qu'il ne saurait être contesté que les sommes devant servir à l'amortissement leur ont été spécialement affectées, que c'est avec ces sommes qu'a été formé le Fonds de réserve général, et que dès lors en employant ces fonds à une autre destination que celle prévue dans ledit décret, on diminue tout au moins leurs sûretés, soit pour le paiement des coupons en cas d'insuffisance des revenus affectés, soit pour l'amortissement, si on ne les fait pas disparaître ;

Attendu que l'on a essayé de soutenir que le droit individuel de chaque porteur de titres ne saurait lui permettre de demander la restitution des sommes prélevées au-delà de l'atteinte réellement portée à son droit acquis ; mais attendu qu'on oublie que la masse entière du Fonds de réserve est globalement affectée à la garantie de chaque créancier comme à la garantie collective de tous ;

Qu'il y a là une indivisibilité de garantie dont on retrouve d'ailleurs le même caractère légal dans les autres sûretés réelles, tels que le gage et l'hypothèque, dont la totalité garantit chaque fraction de la dette (art. 669 du Code civil mixte et 2083 et 2090 du Code civil français) ;

Attendu que la violation du décret de 1888 dont s'agit étant établie, il importe de déterminer la responsabilité de chacun des défendeurs ;

Attendu que parmi les personnes assignées se trouvent : Mog bey en sa qualité de contrôleur et Mahdi bey en sa qualité de caissier de la Caisse de la dette ;

Attendu qu'aucune demande n'ayant été formulée à leur encontre, il y a lieu de les mettre purement et simplement hors de cause ;

Attendu, en ce qui concerne MM. Louis et Yonine, que les demandeurs Herbault et consorts reconnaissant que lesdits Commissaires ont à bon droit protesté contre la décision prise par la majorité de la Commission, ainsi qu'il résulte du procès-verbal de la séance du jeudi 26 mars 1896, versé au dossier, ont renoncé à l'action à leur encontre, et qu'il y a lieu de leur en donner acte ;

Attendu, en ce qui touche le Gouvernement égyptien, qu'il est constant qu'il a retiré indûment des sommes provenant du Fonds de réserve général ; qu'il y a lieu d'ajouter qu'en méconnaissant les engagements répétés pris par lui vis-à-vis des porteurs de titres et en violant des décrets qu'il ne pouvait ignorer, puisqu'ils émanaient soit de sa propre initiative, soit d'un accord avec les Puissances, il a commis une faute grave et que dès lors il doit être tenu de restituer, au Fonds de réserve général, les sommes par lui prélevées et de supporter les frais de l'instance ;

Attendu, quant à MM. Money, Morana, baron de Richthofen et comte Zaluski, que c'est à tort qu'ils ont autorisé le prélèvement desdites sommes, au mépris des décrets susvisés, qui leur donnaient pour mission de n'employer la réserve du Fonds général que dans

certains cas accidentels, mais toujours dans l'intérêt des porteurs de
titres ;

Qu'en agissant ainsi, surtout après la protestation de deux de leurs
collègues dont il a été parlé ci-dessus, il ne saurait être douteux que
leur responsabilité personnelle est engagée ;

Mais, attendu que les demandeurs principaux et M. Bouteron ne
concluant à leur condamnation personnelle qu'au cas d'inexécution
par le Gouvernement du présent jugement, il y a lieu de réserver,
quant à présent, la décision sur ce point ;

Attendu, quant à MM. Gibson et Chekib pacha, Commissaires des
Domaines, que, tout en s'étant ralliés aux fins et conclusions prises
par le Gouvernement égyptien et les Commissaires Money, Morana,
baron de Richthofen et comte Zaluski, on doit constater qu'ils ne se
sont présentés que sur la sommation de MM. Herbault et consorts, et
que, dès lors, les dépens de leur intervention doivent être supportés
par la partie qui succombe dans l'instance ;

Attendu, en ce qui concerne l'exécution, que, bien que le droit
d'ester en justice ait été reconnu à MM. Herbault et consorts et à
M. Bouteron, Commissaire des Domaines, et que, en principe, leurs
conclusions soient accueillies, il importe de confier ladite exécution à
MM. Louis et Yonine, soit collectivement, soit séparément, en la
qualité qu'ils agissent, en laissant seulement à MM. Herbault et consorts et à M. Bouteron, ès-qualités, le droit de faire exécuter le jugement en ce qui concerne les dépens ;

Attendu, quant aux syndicats Zervudachi et consorts, Stagni et
consorts, intervenants, que le Tribunal n'a qu'à leur donner acte
de leur intervention, et mettre les dépens de leur intervention à leur
charge ;

Par ces motifs :

Oui le ministère public en ses conclusions ;

Joint les instances inscrites sous les numéros 1404 et 1525 de la
XXI A. J., vu leur connexité ;

Donne acte de l'intervention de MM. Bouteron, Gibson et Chekib
pacha, Syndicats Zervudachi et consorts, Stagni et consorts ;

Se déclare compétent ;

Rejette toutes exceptions et fins de non-recevoir ;

Au Fond :

Donne défaut contre le Gouvernement égyptien, MM. Money, Morana, baron de Richthoffen et comte Zaluski, Gibson et Chekib pacha, les Syndicats Zervudachi et Consorts, Stagni et Consorts ;

Met hors de cause MM. Mog bey et Mahdi bey ;

Donne acte à MM. Herbault et Consorts de leur renonciation à l'action à l'encontre de MM. Louis et Yonine ;

Dit que les prélèvements de la somme de 350,000 L. E., opérés à la date des 26 mars et 11 avril 1896, ont eu lieu en violation des droits conférés aux porteurs de titres par les décrets susvisés ;

Condamne en conséquence le Gouvernement égyptien à payer à la Caisse de la dette publique, pour être versée au Fonds de réserve général, ladite somme de 350,000 L. E. pour les causes sus-énoncées, avec intérêts à raison de 5 o/o l'an à partir du 26 mars et du 18 avril 1896, ainsi que toutes sommes qui ont pu être prélevées ou seront prélevées pour le même objet, avec intérêts à raison de 5 o/o l'an à partir de chaque prélèvement ;

Dit qu'il n'y a pas lieu de statuer quant à présent sur les conclusions prises à l'encontre de MM. Money, Morana, baron de Richthoffen, et comte Zaluski ;

Ordonne à MM. G. Louis, A. Money, J.-B. Morana, baron de Richtoffen, comte Zaluski et A. Yonine, en leur qualité de Commissaires de la Dette publique, de retenir toutes les sommes qu'ils peuvent ou pourront ultérieurement avoir en mains appartenant ou revenant au Gouvernement jusqu'à concurrence des sommes qui auraient été prélevées dans les conditions rapportées ci-dessus, en y ajoutant les intérêts, et de les restituer au Fonds de réserve général ; dit que les poursuites en exécution du jugement ci-dessus auront lieu par toutes les voies légales, aux requêtes et diligences de MM. Louis et Yonine, en leur qualité de Commissaires de la Dette, soit collectivement, soit séparément.

Condamne enfin le Gouvernement égyptien en tous les dépens vis-à-vis de tous demandeurs ou intervenants, à l'exception des dépens de l'intervention des Syndicats Zervudachi et Consorts, Stagni et Consorts, qui sont mis à la charge de ces derniers.

Prononcé à l'audience publique du Tribunal mixte de première instance au Caire, siégeant en matière civile, le 8 juin 1896 ; Présents :
MM. Prunières, président ; de Stoppelaar, de Sande y Castro, Ismaïl
bey Serri, Joseph bey Aziz, juges ; Neguib bey Ghali, substitut du
Procureur Général, et Lucchesi, commis-greffier.

Le Président,
(Signé) PRUNIÈRES.

Le Commis-Greffier,
   (Signé) LUCCHESI.

Pour copie conforme à l'original délivré, etc.

Le Caire, le 9 juin 1896.

Le C.-Greffier,
(Signé) DE FARRO.

Acte d'appel du Gouvernement Égyptien

—

CONTENTIEUX DE L'ÉTAT
Direction du Ministère des Finances

L'an mil huit cent quatre-vingt-seize et le 11 juin au Caire, à la requête du Gouvernement égyptien représenté par Son Excellence Ahmed-Mazloum pacha, ministre des finances, pour lequel domicile est élu, à Alexandrie, en les bureaux du contentieux de l'État.

J'ai, Angelo Janni, huissier soussigné près le Tribunal mixte du Caire, signifié à MM. :

1° Georges Louis, 2° Alexandre Yonine, tous les deux Commissaires de la Dette publique égyptienne, domiciliés au Caire, avec domicile élu dans le cabinet de M⁰ G. Privat, avocat :

3° Morana Jean-Baptiste, 4° le baron de Richthofen, 5° Alonzo Money, 6° le comte Zaluski, tous les quatre Commissaires de la Dette publique égyptienne, domiciliés au Caire et ayant élu collectivement domicile dans le cabinet de M⁰ T. Figari, avocat.

7° E. Bouteron, Commissaire des Domaine de l'État, domicilié au Caire, avec domicile élu dans le cabinet de M⁰ Bahled, avocat ;

8° S. E. Chékib pacha, 9° Gibson, tous les deux Commissaires des Domaines de l'État, domiciliés au Caire, avec domicile élu dans le cabinet de M⁰ T. Figari, avocat ;

10° C. G. Zervudachi, Suarès frères et consorts, tous avec domicile élu dans le cabinet de M⁰ Carton de Wiart, avocat ;

Que le requérant — tout en réservant son recours éventuel par toutes voies de droit contre le jugement ci-dessous dans celles de ses dispositions qui ont statué par défaut sur la recevabilité et le fond de l'action — entend interjeter comme de fait et interjette formellement appel par les présentes du chef du jugement intervenu entre parties le 8 juin courant par lequel le tribunal civil mixte de première instance du Caire s'est déclaré compétent et ce pour les torts et griefs qui seront ci-après déduits ;

Et de même suite, aux mêmes requête et élection de domicile que dessus, j'ai, huissier soussigné, cité MM. Georges Louis, Alexandre Yonine, E. Bouteron et, en tant que de besoin, MM. Morana, le baron de Richthofen, Money, le comte Zaluski, Gibson, S. E. Chékib pacha, tous ci-dessus prénommés et qualifiés ainsi que les sieurs Zervudachi, Suarès frères et consorts, à comparaître par devant MM. le Président et Conseillers composant la Cour d'appel mixte siégeant à Alexandrie, à l'audience qui sera tenue au Palais de Justice le vingt et un octobre 1896, à 8 h. 1 2 du matin et aux audiences suivantes, pour, là étant,

Attendu qu'à tort, le Tribunal du Caire s'est déclaré compétent :

Que l'acte par lequel le Gouvernement égyptien a décidé — avec le consentement de la Caisse de la Dette — de prélever sur le Fonds de réserve, institué par le décret du 19 juillet 1888, une somme de 500,000 livres égyptiennes pour faire face aux dépenses de la réoccupation de la province de Dongola, constitue un acte de souveraineté ;

Que les mesures prises par le gouvernement pour l'organisation ou la disposition de ses finances publiques sont en effet, ainsi que l'a proclamé la Cour dans son arrêt du 22 avril 1880 (Sursock contre gouvernement), des actes de souveraineté échappant par leur nature même au contrôle de l'autorité judiciaire ;

Que, postérieurement audit arrêt, l'organisation financière de l'Égypte a fait, il est vrai, l'objet d'arrangements internationaux (Loi de liquidation, convention de Londres, etc.) qui ont eu pour but et pour effet d'apporter des restrictions à la souveraineté du gouvernement égyptien, en matière de finances publiques ;

Qu'il s'ensuit que le gouvernement ne peut déroger auxdits arrangements qu'avec le consentement des puissances, sauf, bien entendu, pour certains actes spécialement prévus, qu'aux termes des mêmes arrangements, il peut faire avec le simple consentement de la Caisse de la Dette ;

Qu'il s'ensuit également que toute mesure prise avec le consentement soit des puissances, soit de la Caisse de la Dette, suivant les cas, revêt le caractère d'un acte de pleine souveraineté ;

Que, dans l'espèce, l'acte incriminé a été posé dans les formes et conditions prescrites par les arrangements internationaux ;

Qu'en effet le décret du 19 juillet 1888 constitutif du fonds de ré-

serve est affecté : « 1º... 2º... et 3º à faire face aux dépenses extra-
« ordinaires engagées avec le consentement de la Caisse de la
« Dette »;

Que se conformant scrupuleusement à ces dispositions, le gouvernement a obtenu le consentement de la Caisse ;

Que l'acte est donc parfait et que les tribunaux ne peuvent l'apprécier ;

Que les tribunaux ont seulement à examiner si oui ou non les engagements internationaux ont été respectés ou, en d'autres termes,
si oui ou non la Caisse de la Dette a donné son consentement :

Que c'est seulement au cas où celle-ci n'aurait pas donné son consentement qu'il y aurait violation des droits acquis et que, par suite,
l'action serait compétemment introduite ;

Mais que, devant la justification du consentement donné par la
Caisse au prélèvement incriminé, ils doivent se déclarer incompétents ;

Que le jugement soutient à tort que c'est là une dépense d'une nature telle que la Caisse de la Dette, fût-elle unanime, ne pouvait
consentir et que les puissances seules avaient qualité pour autoriser ;

Que cette thèse va à l'encontre aussi bien du texte formel du décret
que de la correspondance tant administrative que diplomatique qui
en précède la promulgation ;

Qu'il était loisible aux Puissances, en donnant leur assentiment à la
création d'un Fonds de réserve, de stipuler soit que l'emploi ne pouvait
en avoir lieu qu'avec leur consentement (ainsi qu'elles l'ont fait pour
l'emploi des économies provenant de la Conversion), soit que l'emploi
ne pouvait en avoir lieu qu'avec le consentement unanime des Commissaires (ainsi que cela a été fait pour le projet de loi des patentes) ;
soit enfin que ce fonds ne pouvait être affecté qu'à telle ou telle catégorie de dépenses à l'exclusion de toute autre ;

Qu'elles n'ont, au contraire, fait aucune réserve ou distinction
quelconque et s'en sont rapportées entièrement à la décision de la
Caisse de la Dette, décision qui se trouve ainsi, aux termes de la loi,
avoir un caractère absolu ;

Qu'il s'ensuit que tout prélèvement sur le Fonds de réserve autorisé
par la Caisse de la Dette revêt un caractère souverain ;

Que cette délégation en matière financière est analogue à celle qui a été conférée en matière pénale à la Cour d'appel mixte par le décret du 31 janvier 1889 ; que les actes posés, dans le premier cas avec le consentement de la Caisse de la Dette, dans le second cas avec l'avis favorable de la Cour d'appel mixte, sont obligatoires pour tous et ne sauraient faire l'objet d'un recours devant les Tribunaux, soit de la part des tiers, soit de la part des membres de la minorité de ces Assemblées ;

Que le jugement entrepris a donc déclaré à tort, sous prétexte d'interprétation, qu'un prélèvement pour une dépense de cette nature ne pouvait être consenti que par les Puissances, la Caisse de la Dette n'ayant ni qualité ni compétence à cet effet ;

Que le Tribunal n'hésite pas à déterminer de sa propre autorité, des catégories de dépenses extraordinaires pour lesquelles le consentement de la Caisse serait insuffisant ;

Qu'il a fait ainsi œuvre non d'interprétation mais bien de législation en apportant au décret des restrictions et réserves qu'aucune des Puissances n'a formulées avant la promulgation dudit décret, ni même jusqu'à ce jour ;

Qu'il n'est point permis aux tribunaux, aux termes d'une jurisprudence constante, sous prétexte d'interpréter des accords et d'en rechercher l'esprit, de LES MODIFIER ET D'Y AJOUTER DES STIPULATIONS NOUVELLES, de même que là où le législateur n'a pas distingué, le juge ne peut ni ne doit distinguer ;

Qu'il résulte de ce qui précède que la mesure prise par le Gouvernement, d'accord avec la Caisse de la Dette, a été prise en conformité des arrangements internationaux, qu'elle n'a violé aucun droit acquis et que les Tribunaux mixtes, en conséquence, aux termes de leur jurisprudence, ne peuvent en connaître ;

Qu'à tort également le jugement invoque l'article 38 de la loi de liquidation ;

Que cet article constituant une véritable exception, doit en conséquence être interprété restrictivement ;

Que s'il attribue qualité aux Commissaires et compétence aux Tribunaux mixtes, c'est uniquement dans les actions introduites par les Commissaires contre l'administration financière représentée par le ministre des finances, et non pas dans une action introduite par des porteurs ou par la minorité des Commissaires contre une décision prise par la majorité, d'accord avec le Gouvernement, et dans un des cas prévus par les arrangements internationaux;

- PAR CES MOTIFS et tous autres à faire valoir en plaidant ou à suppléer même d'office au besoin.

Entendre LA COUR,

Mettre à néant le jugement du Tribunal du Caire, dont appel, et, faisant ce que les premiers juges auraient dû faire, se déclarer INCOMPÉTENTE, condamner conjointement les demandeurs et les intervenants en tous les dépens tant judiciaires qu'extra-judiciaires de première instance et d'appel;

Et afin qu'ils n'en ignorent, etc...

Signé: ANGELO JANNI,
Huissier.

GRANDE IMPRIMERIE DE BLOIS.
DIRECTEUR-GÉRANT : EMMANUEL RIVIÈRE, INGÉNIEUR DES ARTS ET MANUFACTURES.

GRANDE IMPRIMERIE DE BLOIS.

Directeur-Gérant : EMMANUEL RIVIÈRE, Ingénieur des Arts et Manufactures